敏捷指挥控制组织结构设计方法

修保新　张维明　牟亮　著

国防工业出版社

·北京·

内 容 简 介

本书阐述了动态不确定使命环境下指控组织结构的敏捷性需求和设计原理,建立了敏捷指控组织模型,包含组织状态模型、结构模型和转移方程,详细讨论了组织结构重构的触发条件和适应性优化策略;提出了不确定使命环境下指控组织结构设计的流程、模型和算法,在此基础上提出了指控组织决策层结构动态适应性优化方法,以及组织资源层结构动态适应性优化方法,并以多军兵种联合作战为背景,对指控组织结构的动态适应性优化进行了详细的案例分析。

本书可以作为管理科学与工程和军事学领域指挥自动化专业的研究生教材,同时适合于从事作战体系设计、体系对抗、网络中心战等军事前沿领域研究的科研人员阅读。

图书在版编目(CIP)数据

敏捷指挥控制组织结构设计方法/修保新,张维明,牟亮著.—北京:国防工业出版社,2016.1

ISBN 978-7-118-10677-0

Ⅰ.①敏… Ⅱ.①修…②张…③牟… Ⅲ.①指挥控制系统-组织结构-结构设计 Ⅳ.①E072

中国版本图书馆 CIP 数据核字(2015)第 275430 号

※

国防工业出版社出版发行

(北京市海淀区紫竹院南路 23 号 邮政编码 100048)

三河市众誉天成印务有限公司印刷

新华书店经售

*

开本 710×1000 1/16 印张 12¾ 字数 265 千字

2016 年 1 月第 1 版第 1 次印刷 印数 1—2000 册 定价 56.00 元

(本书如有印装错误,我社负责调换)

国防书店:(010)88540777 发行邮购:(010)88540776

发行传真:(010)88540755 发行业务:(010)88540717

前　言

在信息时代,商业竞争的根本是运作体制的竞争,军事竞争的焦点同样是在兵力资源的运作机制上。这种运作机制主要体现在指挥控制(Command and Control, C^2)组织的设计。由于信息时代的作战兵力和作战系统中包含有大量非线性的相互作用的规则、逻辑、设备等元素,现行的指挥控制组织已无法适应时间、速度、精度和规模等方面的指挥控制要求。有鉴于此,有必要设计一种全新的指挥控制组织,其设计的目标就是保证组织在执行任务时发挥最佳性能,以达到充分提升作战效能、缩短作战时间、减小作战资源浪费的目的。该类型的指挥控制组织是建立在敏捷的指挥控制结构之上的,称为敏捷指挥控制组织。相比于传统的针对特定使命任务设计的指挥控制组织,敏捷指挥控制组织包含的要素更多,结构更加复杂和多变,面向的使命任务更为广泛。从目前的指挥控制组织研究成果来看,对敏捷指挥控制组织作用和地位的认识已逐步提高并为实践证明。但敏捷指挥控制组织这种先进的理念还没有得到充分的体现,主要体现在对敏捷指挥控制组织的研究还处于探索阶段,特别是对组织的模型、组织的设计方法和运作机制等方面还仍停留在概念和实验阶段,缺少理论指导。本书旨在总结作者在敏捷指控组织设计上多年来的研究成果,为对指控组织设计感兴趣的读者提供系统的研究思路和研究方法。

本书主要阐述了动态不确定使命环境下指控组织结构的敏捷性需求和设计原理,建立了指控组织适应性模型,提出了不确定使命环境下指控组织结构设计及优化调整的流程、模型和算法,并以多军兵种联合作战为背景,对指控组织结构的动态适应性优化进行了详细的案例分析。

在章节的组织上,第 1 章总结了组织的敏捷性和组织适应性设计的研究现状。第 2 章介绍了 C^2 组织元素和组织结构的定义和描述,定义了 C^2 组织为有效完成使命所提供的 C^2 组织能力,以及测度组织能力的测度参数的定义和描述,分析了 C^2 组织所面向的使命环境中各种不确定因素的类型、来源及其对组织的影响。第 3 章提出了适应性 C^2 组织模型,讨论了适应性 C^2 组织的优化设计问题,并针对组织结构变量与能力测度的复杂关联性特点,提出了基于组织结构分层的适应性优化策略。第 4 章针对初始条件下的 C^2 组织设计问题,通过引入问题论域的粒度计算,提出了基于粒度计算的 C^2 组织结构设计方法,从而在不同的论域层次上尽可能地实现了多个组织目标的同时优化。第 5 章分析了不确定使命环境下 C^2 组织结构的鲁棒性,给出了 C^2 组织结构的一种鲁棒性度量,该度量在一定程度上反映了一个组织结构在任务资源分配上的冗余程度,并以此为基础提出了 C^2 组织结构的鲁棒性设计方法。第 6 章建立了 C^2 组织决策能力测度的数学模型,讨论了影响决策能力的决策执行能力损耗事件和任务决策负载强度变化事件,构建了决策层结构适应性优化模型。针对决策层结构适应性优化模型具有的动态不确定性特点,提出了基于滚动时域的决策层结构动态适应性优化方法,详细设计了预测窗口、滚动窗口、优化子问题以及滚动机制等滚动时域策略要素。第 7 章建立了 C^2 组织资源能力测度的数学模型,讨论了影响资源能力的平台损耗事件、任务新增或取消事件以及任务处理时间变化事件,构建了组织资源层结构适应性优化模型,提出了基于关键事件的 C^2 组织资源层结构两阶段动态适应性优化方法。第 8 章以一次多军兵种联合作战的登陆战役为例,综合讨论决策能力影响事件和资源能力影响事件对 C^2 组织的影响,对本书所提出的基于组织结构分层的动态适应性优化方法进行了验证。

本书可以作为管理科学与工程和军事学领域指挥自动化专业的研究生教材,同时适合于从事组织设计与性能分析、作战体系设计、网络中心战等军事前沿领域研究的科研人员阅读。

本书的出版得到了国家自然科学基金(NO:71471176)以及国防科技大学"十二五"研究生一流课程体系建设项目的资助,在此深表谢意。感谢本团队的研究成员阳东升、刘忠、黄金才、刘振亚、杨杉、于鸣、刘海啸、杜伟、彭小宏、黄广连、杨国利,他们的工作丰富了本书的内容。特别感谢冯旸赫和杨婷婷,他们参与了部分章节的撰写,以及案例设计和分析的工作;感谢黄小寒对本书编排和校对上的辛苦工作。

指挥控制是指挥信息系统的核心,指控组织设计是管理科学组织理论与军事科学指挥与控制理论的交叉研究领域。本书中所阐述的内容由于仍处于探索阶段,还没有完全成熟,错误和疏漏之处在所难免,敬请广大读者朋友批评指正,以利于我们的继续研究。

作 者

2015 年 10 月

目　录

第1章 绪 论

随着信息和网络技术在现代社会生活中的广泛渗透,新的组织概念和模式不断涌现,如网络组织、虚拟企业、敏捷制造系统、灵性组织和超链接组织[1-3]等,这些新型的组织模式突破了传统的地域限制、组织资源限制以及结构限制,呈现出分布性、扁平性、灵活性和自主性的特点。与之对应,在军事组织中,由于战场环境的不确定性和不对称性,军事行动的复杂性也在不断增加,出现了网络中心战等作战样式,以及"力量走向前沿"(Power to the Edge)[1]等新型组织模式。"力量走向前沿"代表着一种新的组织原则,能够将组织所有的资源和机会都最好地呈现出来,以不断变化和演进的组织结构和组织行为来适应外界环境的不确定性和复杂性,从而使组织完全实现其潜在力量,在更短的时间内、更不利的情况下,以更低的代价,比工业时代组织和结构完成更多更复杂的任务。

"力量走向前沿"的优势获取与维持是建立在敏捷的指挥控制(Command and Control,C^2)结构之上的[1]。"敏捷"是信息时代组织取得成功的重要特征,而适应性又是其中最重要的特征之一。《孙子兵法》有云:"兵无常势,水无常形。能因敌变化而取胜者,谓之神"。由于信息化战场环境具有高度不确定性与复杂性,要维持战争中的对抗优势就必须根据作战使命与战场环境适时调整组织对抗部署和策略,在战场空间中这种行动包括作战资源配置和部署的调整、作战行动的协同,以及确保这些行动快速、有效、准确的信息链接部署,所有这些适时、有效的行动是维持战场空间对抗优势的关键。

"工欲善其事,必先利其器"。作为信息化战争中作战体系的"大脑"与"中枢",C^2 组织承担着态势观察、信息处理、决策制定以及指挥行动等关键任务。面对复杂多变的战场环境,C^2 组织能否适时地对当前组织结构进行优化调整将直接关系战争对抗优势的获取,因此 C^2 组织结构适应性优化问题也成为 C^2 组织研究的关键问题之一,这个问题具有复杂性、不确定性和动态性等特点。

(1) 复杂性。复杂性是指 C^2 组织结构适应性优化所面临战场环境的复杂性、作战模式的复杂性以及作战使命的复杂性。C^2 组织不是孤立存在的,组织

1

内部以及组织与环境之间都存在着复杂的关联关系,在复杂多变的战场环境之中,无论是组织内部还是外部的复杂关系都会对组织的运作效果产生影响;并且由于以信息技术为主的高新技术在作战中的大量应用,导致作战理论和作战方式的变革,打破了传统的"对称""集中式"的单一作战模式,"非对称""分布式"等多种多样的作战模式孕育而生;最后,外界环境中多样的威胁因素导致组织所执行的使命具有多重性质。这些复杂性将给 C^2 组织结构适应性优化问题的建模与求解带来困难。

(2) 不确定性。不确定性是指由于对作战空间的有限感知而导致 C^2 组织结构适应性优化问题研究中存在关于敌我双方、环境信息获取的不确定性以及对战争发展趋势判断的不确定性。不确定性的存在使指挥决策和行动执行的难度增加,大量未知事件的出现将干扰原有计划和当前行动,也使组织结构适应性优化面临触发的不确定性,而不确定性事件的信息一般难以准确获取,这也将导致求解 C^2 组织结构适应性优化问题时面临高度的不确定性。

(3) 动态性。动态性是指随着作战进程的推移,作战目标、作战态势、作战资源等作战要素的动态变化导致 C^2 组织结构适应性优化的触发条件、优化目标、优化对象以及优化效果也随之动态变化,因此,C^2 组织结构适应性优化问题具有很高的实时性要求。

上述特点使得在现实作战中 C^2 组织结构适应性优化问题的研究成为一个极具挑战性的课题。由于现实的绝对可变性与信息的相对贫乏性,我们对战场环境中 C^2 组织的历史状态、现实状态与演化过程的理解能力和对其未来状态的预测能力都是有限的[3],传统的组织结构适应性优化方法虽然取得了一些研究成果,但对于问题建模及求解时所面临的复杂性、不确定性和动态性等难题,仍然缺乏行之有效的通用优化框架和可执行的优化过程,因此关于 C^2 组织结构的适应性优化问题还需要进一步深入研究。

C^2 组织结构适应性优化是管理科学领域组织理论与军事科学领域军事指挥与控制理论的交叉点。运用现代组织理论解决战场空间兵力组织的描述、结构设计与调整是当前各国军事变革研究领域中的研究热点,其最终目标是通过战斗部队的适应性指挥与控制结构设计实现作战部队快速构建与部署。从目前研究文献来看,组织适应性研究的主要理论成果与方法有组织适应性理论、组织适应性设计的系统工程技术、组织适应性的实验研究以及其他相关领域的适应性优化研究。

1.1 敏捷指控组织研究

敏捷的指挥控制组织是 Alberts 和 Hayes 于 2003 年首次提出,他们认为敏捷的 C^2 组织是信息时代军事力量的新的组织方式[4],这种方式通过共享感知信息和动态知识来增强作战部队的战斗力。这一新型的组织模式具有两个方面的特征:①达成互操作性;②敏捷性。

1.1.1 组织的敏捷性

Alberts 认为,敏捷性是指能够成功处理情况和环境变化带来的改变的能力[5]。敏捷 C^2 组织面临的不再是固定的使命任务和环境,而是不断来袭的全局任务和不断变化的不确定的环境,这些变化和不确定性的存在,使组织预先设定的计划和情况判断的有效性降低,组织必须依赖兵力组织自身和敏捷 C^2 组织的敏捷性,来应对这些可能的变化和不确定性。因此,敏捷性代表着一种性质和行为的集合,这些性质和行为使组织中的人、实体或者组织本身能够成功地处理自身或者任务变化带来的改变。

Alberts 和 Hayes 于 2003 年首次提出敏捷的 C^2 组织的敏捷性的六个表现方面:鲁棒性、恢复性、响应性、灵活性、适应性和创新性,并将它们的含义分别定义为:

(1) 鲁棒性:跨越任务、态势和条件范围保持有效性的能力;

(2) 恢复性:从灾难、受损或不稳定干扰的环境中恢复或调整的能力;

(3) 响应性:及时地对环境的变化产生反应的能力;

(4) 灵活性:采用多样方法取得成功的能力和在它们之间无缝移动的能力;

(5) 适应性:改变工作程序和改变组织的能力;

(6) 创新性:产生新的解决办法的能力,形成新的作战模式的能力。

将这六个维度放入任务和组织结构的变化空间里可以看到这六个角度之间的关系,如图 1.1 所示。

从图 1.1 可以看出,这六个角度的划分较为全面地将组织敏捷特性的各个层次和角度的敏捷性表现了出来。但是,在这样的维度划分中,鲁棒性和灵活性、适应性和恢复性的度量中存在重复度量的部分。

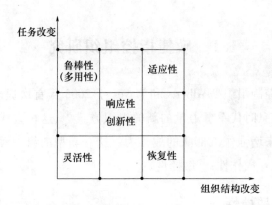

图 1.1　国外学者对敏捷性的六个角度的定义

其中,根据鲁棒性的定义,鲁棒性是在组织结构不改变的情况下对任务完成能力的度量,灵活性实际上也是对在结构不改变的情况下对任务完成能力的度量,二者的差别在于任务是否发生改变。但实际上,只要任务的改变不超过组织预计的范围,组织可以认为任务是没有改变的。尤其是在研究面向信息时代的敏捷 C^2 组织的过程中,对于一个敏捷 C^2 组织来说,它面对的是整个灵活多变的战场环境和随时可变的使命任务,在这样的条件下,我们并不能也不需要确切知道它所有可能执行的全部任务。因此,在这样的组织模型下,灵活性的度量可以被涵盖在鲁棒性的度量之中。

恢复性定义的是在组织任务完成中组织要素失效,即组织结构改变的情况下完成任务的能力的度量,要求组织能力修复组织要素、启用备用或者加入新的同功能的组织要素。实际上,如果组织要素可以及时修复继续参加任务执行,那么它就仍然能够不改变组织结构完成任务;相反,如果需要启用备份,或者加入新的同功能的组织要素就意味着组织结构的改变,是组织在结构改变的情况下对任务的完成能力的度量。

由于定义中重复定义的存在,较难针对性地进行敏捷性的量化度量。因此,根据敏捷特性的不同表现,可以总结为四个维度的敏捷特性,分别是鲁棒性、适应性、响应性、创新性,如图 1.2 所示。

其中,鲁棒性定义的是在组织结构不改变的情况下对任务的完成能力的度量,其中包含了六个角度的定义中的鲁棒性部分,也包含了灵活性的内容,以及恢复性中的部分内容。而适应性则定义为在组织结构改变的情况下对任务的完成能力,其中包括了六个角度定义中的适应性的内容,也包含了需要做出组织结构改变的恢复性的部分内容。响应性定义为对组织响应时间角度的度量,创新性是对组织学习和创新能力的度量。

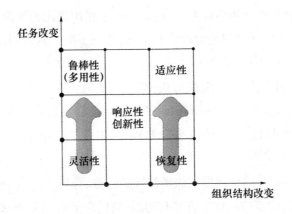

图 1.2　敏捷性的四个相对独立的维度分析

　　本书主要从组织结构优化设计的角度展开研究,因此后续章节将主要考虑组织的鲁棒性和适应性两个敏捷特性。

1.1.2　敏捷性研究现状

　　从目前的研究文献来看,对组织的敏捷性这一问题的研究还处于探索阶段,主要成果是对敏捷的 C^2 组织的结构模型和内部信息流动有了初步认识。

　　2011 年 Alberts 重新对敏捷性进行了分析和定义[5],将鲁棒性改为 Versatility 多用性(鲁棒性),顾名思义,就是多功能性,是指同样一个组织可以完成多种不同的能力,在不改变组织结构的情况下对不同的任务使命都能够很好地完成的能力。与鲁棒性不同,多用性只度量在任务和使命变化时,组织的敏捷性。鲁棒性含有在环境或者使命任务变化时的敏捷性度量。并以这两个文献的敏捷性定义为基础,通过 ELICIT 实验平台,从组织的政策、方法和基础建设等宏观的角度分析影响组织的敏捷特性的因素,对敏捷性及其对组织效能的影响进行了定性的分析。

　　斯坦福大学的 Douglas MacKinnon 等人[6]还对组织内部信息流和知识流的走向、个体知识的学习和遗忘以及技能的掌握和生疏对组织性能的影响等方面进行了初步研究。Reiner K. 等人则在文献[7]中对通过组织的操作流程中各个环节的性能提升,以及人在组织中的作用及影响的等角度,对组织敏捷性的提高做了定性的分析。

　　此外,在组织理论研究方面,有学者建立了基于权变理论组织结构设计专家系统[8],根据目前的层次结构 C^2 组织和敏捷的 C^2 组织特点建立了两个组织模型,并分析了不同组织结构的多军种联合作战完成有限确定任务的效能;通

5

过语言刻画和静态模型相结合方式,建立了基于组织理论的半形式化组织计算模型[9],并利用计算组织理论的理论和工具,开展了一系列的假设检验实验,对比分析了敏捷 C^2 组织和层次组织,肯定了在 21 世纪的战场环境下敏捷 C^2 组织的整体效能优于其他任何组织形式;在理论研究的基础上,前沿力量中心还开展了实验室研究,首先采用 ELICIT 多成员智能游戏检查在实际任务中敏捷的 C^2 组织的良好性能,并与仿真平台 POW – ER 3.2 的结果比较,校准敏捷的 C^2 组织的结构模型[10,11]。

Adam Forsyth 等人[12]根据组织敏捷性的特点,分析了网络中心战中敏捷的 C^2 组织和复杂适应系统的相似点,用研究复杂适应系统的基于 Agent 建模的仿真方法和网络挖掘的知识发现手段研究了敏捷 C^2 组织的信息提炼问题。Lenard Simpson 等人还分析了在敏捷 C^2 组织中基于组织的敏捷特性的组织网络特性和动态的兵力组织等内容[13]。

目前的研究成果中对敏捷的组织模式的研究还停留在概念和实验阶段,为了在信息时代的体系作战中更好地应用这种新型的组织模式,还需要在组织的模型、结构构造方法以及组织运作机制等方面进行深入的理论研究。

1.2　组织适应性理论研究

适应性是经济学、生物学、社会科学、物理学、认知科学、学习理论以及管理和组织科学等众多学科领域中的一个重要概念。近年来,随着组织面临的环境日趋复杂多变,组织适应性成为组织研究领域广泛关注的重点问题。

1.2.1　组织适应性的内涵

不同的学科领域对组织适应性的内涵有着不同的理解,也采用了不同的研究方法,得到了不同的结论。

人类社会学研究认为,组织的适应性是指组织能够随着环境变化而改变自身状态,从而提高组织的生存能力。从人类社会学的研究成果来看,组织的适应性行为强调人的因素所发挥的重要作用,认为只有组织中的成员个体适应了外部环境的变化,组织才能提高自身的适应性。这一观点推动了组织适应性研究的发展,组织不再被单纯的视为无机体,而是作为有机生命体来研究[3,14],并重视组织学习对组织适应性的影响和作用[15-18]。

生物进化理论的引入也丰富了组织适应性研究成果[19-21],南开大学吕鸿江等[20]将生态视角下的组织适应性过程总结为环境推动的适应过程与组织拉动的适应过程,他们认为"一方面,在组织适应性的演化过程中,由于人的有限理性及组织惯性等因素的存在,组织的长期变化更多受环境的影响;而另一方面,组织是由人管理和运作的,对环境能够主动预测并作出反应,把握环境变化带来的机会,通过主动变异去适应环境的变化。"

随着复杂科学的兴趣,开始有学者将复杂系统理论引入组织研究,从复杂适应系统视角[22-25]解释组织的适应性,认为组织在外部条件作用下,可以通过自组织形成特定时空下的有序状态,通过自组织、自学习、自适应,不断进行组织变革,完成组织的发展和进化。从目前来看,复杂适应系统理论主要从理论上探讨组织适应性,而实际的组织中存在许多未知与不可控的因素。

计算数学组织理论是社会和组织科学领域中的重大创新与突破,自计算社会和组织科学兴起之后,组织科学与社会科学领域的学者开始使用计算分析的方法来研究复杂动态社会问题[27-30]。基于计算模型的组织适应性是指组织策略层和运作层对环境变化的反应[26],这一定义建立在计算组织适应性模型的基础上,以方便采用计算方法来研究组织适应性。从目前国内外的研究文献来看,众多学者采用这一思想来建立计算模型,只是研究的侧重点不同,分别从组织设计[31-33]、组织学习[34,35]、组织的演化与变革[36-40]等不同方面研究了组织适应性问题。

1.2.2 组织适应性研究的基本观点与理论

组织理论的许多问题都与组织适应性密切相关,大多数组织设计理论都认为面临不同环境和形式的组织应该有不同的设计[41,42]。这些理论原则上为组织的调整提供了依据指导,例如 Rajan[43] 和 Chuma[44]认为:随着技术复杂性以及环境不确定性的日益增加,组织为了适应环境的变化更趋向于采取扁平以及集权式的组织结构。Barr[45]将组织抽象为一个层级网络,将组织所执行的复杂项目抽象为一个改进的 NK 模型,在假定不同的项目复杂程度以及环境不确定性条件下,研究了组织结构、集权式/分权式的决策与组织绩效之间的关系。Lin[46]从环境与组织设计的关系角度,通过计算仿真模型研究了不确定环境如何影响组织决策绩效问题。组织适应性研究的基本观点和理论包括[47-54]:

(1)复杂适应性的主体组织不可能面对环境变化产生最优的组织形式,但可以通过改变其结构来提高组织效能。

(2)组织应该不断变化调整,而不能一成不变。组织的变化部分原因是组织策略上的变化,包括组织工作流程的重组和组织结构上的调整。但并不是所有组织的调整都是有价值的,如组织成员在其职位上的经验和熟练就可能使组织的效能提高[55],而组织在减少成员调整规模时可能导致组织的协调困难或成员的经验不足。

(3)组织的动态变化是组织内部简单的但却可能是非线性过程的结果,因此,组织过程适应性的研究对组织适应性是有价值的。

(4)适应性组织的11个一致性原则,包括:目标与环境一致;策略与环境一致;目标与策略一致;运作与目标、策略和环境一致;环境构想前提与实际环境一致;策略构想前提与策略一致;组织构想前提与组织逻辑一致;组织结构与实际组织一致;组织构造与组织技术一致;组织构造与目标一致。

(5)适应性组织的三个交互依赖,包括任务过程的交互依赖、任务－资源的交互依赖以及环境－组织的交互依赖。任务过程的交互是指任务处理的顺序关系;任务－资源的交互是指任务处理的资源配置、协作和控制关系;环境－组织的交互依赖指环境影响组织任务处理、资源与任务的交互,同时组织行为也改变环境。

上述理论观点为组织的适应性调整提供了依据,但是在诸如组织变化途径、不同适应策略下的调整过程等环节上并没有提供具体的方法指导。

1.3　组织设计的系统工程技术

合适的组织结构和流程是组织良好运作的关键,根据组织权变理论,没有一致的普遍适用的最优组织结构和形式,只有在某一具体使命环境下,适用于这一个具体环境的最佳组织[58]。因此,使命环境与组织结构的匹配成为组织优化设计研究的重点内容,这一问题的研究完全取决于实际的使命参数和组织的约束参数,这个前提使系统工程技术在优化设计人类组织或团队时得以应用,其设计方法通常是首先建立描述任务和组织约束的定量模型,然后把不同的组织优化标准用于组织的性能比较,最后产生面向任务和环境的最佳组织[56,57]。然而,设计面向某一使命环境下的最佳组织并不是指挥决策人员的最终目标,人们希望面向特定的使命建立优化的组织结构之后,组织能够随着环境的变化进行动态调整,从而始终保持良好的性能,这个问题称为组织适应性设计问题。

自20世纪90年代中期以来,在美国海军研究办公室和联合作战分析协会的支持下,康涅狄格大学以Levchuk为首的研究团队联合Aptima公司、海军研

8

究生院、卡耐基梅隆大学和乔治梅森大学等研究单位,开始研究复杂使命环境下的组织适应性设计问题,系统工程技术是美军进行战场空间兵力组织适应性设计的主要方法。为了解决动态的、不确定使命环境下的组织适应性设计问题,康涅狄格大学和 Aptima 公司等研究团队在组织结构与使命环境匹配的一致性测度、面向特定使命环境的最优组织设计方法,以及不确定使命环境下的组织适应性优化方法等方面进行了深入的研究,并将研究成果成功应用于美军的组织团队设计。

1.3.1 组织结构与使命环境匹配的一致性测度研究

组织设计工作的本质是为了构建与使命环境匹配的组织,组织只有与使命环境匹配时才能表现出最佳的运作效能。一个组织的整体运作效能可以从多个方面进行评价,而各个方面的效能对每一次组织的设计都是重要的,采用不同的效能作为优化目标将导致不同的设计结果。研究组织适应性设计问题需要寻求合适的优化目标,优化目标通常是使组织运作效能最好,也就是使组织与环境的匹配程度最高,因此,组织适应性设计首先需要建立组织结构与使命环境匹配的一致性测度。

康涅狄格大学以 Levchuk 为首的研究团队提出了组织与使命环境匹配的三类测度,以及基于三类测度计算组织与使命环境匹配程度的一致性方法。组织运作效能的三类测度分别是行动效率测度、协作效率测度和信息交换效率测度。各类测度又包含了不同的测度参数,具体如下[63,64]:

1. 行动效率测度参数

PR(Platform Routing):平台的调度效率;

DT(Task Delay):任务延迟效率;

DP(Platform Delay):平台延迟效率;

DD(DM Delay):决策延迟效率;

AT(DM – Task Activity):决策者执行任务的效率。

2. 协作效率测度参数

CT(DM – Task Coordination):决策者通过任务的协作效率;

CD(DM – DM Coordination):决策者同决策者之间的协作效率;

CW(DM Coordination Workload):决策者的协作负载效率;

OT(DM – Task Overhead):决策者任务负载效率;

OD(DM – DM Overhead):决策者的人员管理负载效率;

OW(DM Workload Overhead):决策者的工作负载效率。

3. 信息交换效率测度参数

IT(DM – Task Information Exchange):决策者 – 任务的信息交换效率;

ID(DM – DM Information Exchange):决策者 – 决策者的信息交换效率;

IW(DM Information Exchange Workload):决策者信息交换负载效率。

通过这些测度参数可以测度组织结构与使命环境匹配的一致性程度,但是由于测度参数过多,导致组织优化设计过程过于复杂,因此,Levchuk 等在考虑决策者的内部协作负载[63]和外部协作负载[63]的基础上,提炼出组织结构与使命环境匹配的重要测度参数——决策者的工作负载均方根[65],并给出了该测度参数的计算模型。

此外,还有学者对组织结构与使命环境匹配的一致性测度进行了研究:Perdu 等[14]在研究基于着色 Petri 网的 C² 组织结构适应性变化时,考虑了吞吐率、响应时间、平均备份数和负载均衡等测度参数;杨春辉等[72]基于着色 Petri 网对 C² 组织结构在使命动态变化情况下的决策负载测度参数和通信量测度参数进行了仿真评价。

在上述研究成果中,Levchuk 提出的组织与环境一致性的测度参数涵盖范围较广,为选取组织适应性设计的优化目标提供了参考借鉴。但是由于其实用性一般,在大多情况下,需要根据指挥决策人员的关注侧重点来建立一致性测度。同时,当前研究所考虑的测度参数还不全面,忽略了测度决策者能力属性以及任务决策能力需求的参数。

1.3.2 组织结构的设计方法研究

在建立组织结构与使命环境匹配的一致性测度的基础上,Levchuk 的研究团队以美军系列 A²C² 的实验想定环境为背景,采用系统工程技术研究战场空间兵力组织的设计方法问题,针对 A²C² 实验团队构建需要解决的问题,提出了战场空间快速构建兵力组织 C² 关系的计算框架——组织设计三阶段方法[59-63],以组织设计的三阶段流程为基础建立了战场兵力组织快速构建的系列算法流程。此外,相关学者采用系统工程技术对组织结构的优化设计方法进行了研究,取得了不少成果,如康涅狄格大学的 Yu 等[76]提出了基于成组技术和嵌套遗传算法的组织设计方法,国防科技大学的阳东升等[69,70]提出了改进三阶段设计方法。

1. 三阶段组织设计方法[62,64,65]

Levchuk 等人首先对组织内部的组成关系进行了分析,认为组织包括三种基本实体:决策者、平台资源和构成组织使命的任务序列,这三种基本实体构成了组织内部的三种链接关系,即决策者之间的层次结构关系、决策者与平台资源之间控制与被控制关系以及平台资源在任务上的配置关系,组织内部的三种关系便表征了一个完整的组织。

然后,确定了三阶段设计方法的前提,包括两个方面:①组织平台资源的分类,建立组织平台资源模型,确立组织资源的度量方法;②对组织使命的有效分解,建立组织设计的任务模型,其模型包括了任务的资源需求、完成时间以及任务完成的先后顺序关系等。

最后,确立了三阶段设计方法的基本思想,即一次完整的组织设计要经历三个阶段:第一阶段根据组织拥有的平台资源和所需要完成任务的资源需求约束确立任务到平台的优化配置;第二阶段根据决策者的各种能力确立平台资源到决策者的聚类;第三阶段根据组织高效运作的协作需求确立组织内决策者间的层次关系和协作关系。

国防科技大学的阳东升等分析了三阶段方法中解决第一阶段任务规划问题的传统多维动态列表规划(MDLS)算法的缺陷,提出了多优先列列表动态规划(MPLDP)算法,该算法通过平台的自主选择与任务对平台选择两者的结合使得任务计划过程更为紧凑,节省了使命的完成时间,同时也充分利用了战场平台资源,提高了作战平台资源利用率,但在任务总数较多时算法的计算量却有显著的增加[69,70]。

2. 基于成组技术和嵌套遗传算法的组织设计方法

Yu 等[76]认为组织设计三阶段方法的三个阶段都是同一个问题的三个不同的优化目标,它们之间并不存在相互独立性。组织设计三阶段方法人为地将组织设计分为三个阶段,并且在第一个阶段使命任务 – 资源分配关系设计时只考虑了使命完成时间最短,而没有考虑使命和组织结构匹配的测度,这样将会影响第二阶段决策者 – 资源分配关系设计以及第三阶段决策者之间的指挥关系设计。为此,Yu 等人提出了基于成组技术和嵌套遗传算法的组织设计方法,通过引入成组技术的思想,将相似的任务和资源聚类到相同的分组中以促进任务的规划和执行,应用嵌套遗传算法一次性完成组织结构的设计,即同时完成平台到任务的指派和平台到决策者的分配。

这种设计方法的不足之处在于基于嵌套遗传算法进行组织设计时,无法考虑任务执行顺序和任务执行时间等任务相关属性,从而没有优化使命完成时间。目前,基于成组技术和嵌套遗传算法的组织设计方法仅仅用于静态环境下的组织设计,还没有扩展应用于不确定使命环境下的组织适应性设计研究。

1.3.3 组织适应性优化方法研究

组织设计三阶段方法是系统工程技术在组织设计领域中的经典研究成果,在这一方法的指导下,Levchuk 团队进行了复杂动态环境中组织适应性研究[64-68],以解决战场空间所构建作战部队结构的灵活性,同时提高作战部队面临使命环境变化的快速反应能力。

Levchuk 团队基于三阶段方法进行了组织适应性优化研究[65],其基本思想认为组织结构的调整是从一种组织模式过渡到新的结构模式,这种过渡需要承担变化的风险和代价,新结构的选择是寻求结构与使命的匹配与结构调整的风险代价之间的平衡。因此,通过组织结构执行使命的性能测度和设计结构调整的代价函数,来决定组织的适应性变化,选择适应现有使命的最佳组织结构,最后选择的最佳组织结构并不一定是与现有使命匹配的组织结构。

组织适应性优化将组织使命划分为多个阶段,在阶段划分的基础上依据组织与使命环境匹配的一致性测度分别计算各个阶段组织结构的匹配程度,通过结构变迁的路径以及相邻结构转换的代价搜索最佳结构变化策略的过程,具体步骤如下:

步骤 1:假设组织使命 M 由使命集 $\{M_i\}$ 中的使命串联构成,即 $M = M_1 \to M_2 \to \cdots \to M_k$,并由三阶段设计方法预先给出可用作调整的组织集 $\{O_j\}$。

步骤 2:计算每一个阶段的使命 M_i 与组织 O_j 的不匹配程度 p_{ij}。

步骤 3:以组织阶段使命 M_i 与组织 O_j 以及其匹配程度 p_{ij} 三变量构建组织结构变迁的网格。

步骤 4:确定适应性触发条件,计算相邻结构 O_j 到 O_l 过渡的代价,通过最短路径算法寻找结构转变的最佳路径[73-75]。

Levchuk 等提出的组织适应性优化方法虽然考虑了使命执行期间组织结构的变化,但是其调整模式有限,并且没有详细讨论触发结构变化的条件,不足之处表现为以下几方面:

(1)该方法要求设计者事先存在几种可供选择的组织结构,这些组织结构都来自于三阶段设计流程的结果。由于使命环境的不确定性,要使组织适应性优化方法获得良好的效果需要保证可供选择的组织结构的数量,同时还必须改进生成这些组织结构的方法。

(2)该方法实质上是针对使命序列 $\{M_i\}$ 的执行来确定最优的组织结构变

化路径,由于战场环境的不确定性导致了使命序列$\{M_i\}$本身组成的不确定性。因此,面向使命序列$\{M_i\}$得到的结构变化路径的有效性和合理性值得探讨。

(3)该方法仅提供了四种可供选择的组织结构,并且均事先由三阶段设计方法得到,本质上属于静态优化方法,因此,在不确定使命环境下面临随机事件对组织的影响或者是组织要素的动态变化将无法适用。

(4)使命环境中的不确定因素是C^2组织结构适应性优化的驱动条件,只有明确它们对组织的影响,才能有针对性地调整组织结构。该方法仅仅简单讨论了使命环境中的不确定因素,而没有详细分析不确定因素的类型以及对组织运作效能的影响。

(5)C^2组织结构适应性优化问题面向不确定使命环境,因而组织适应性优化方法需要根据战场态势的感知而灵活触发适应性优化。该方法未研究优化的触发条件。

上述有待深入研究之处正是本书所要着力解决的问题。

此外,国内学者也对组织适应性优化方法进行了深入研究,并取得了相关成果。国防科技大学的杨春辉等[71]对面向任务的C^2组织(Task Oriented Command and Control Organization,TOC^2O)的适应性优化方法进行了深入研究,建立了适应性优化的多阶段决策数学模型。针对模型中各个阶段可行决策集合的规模的"指数膨胀"问题,提出了两阶段的模型求解方法。在模型初始化过程中,利用TOC^2O的CPN模型的仿真数据获得算法的初始种群,然后采用遗传算法结合蚁群优化算法的动态窗口蚁群优化算法进行求解。

1.3.4　分布式战场环境的自同步作战研究

自网络中心战兴起以来,自同步作战已成为近年来军事学术研究的热点问题之一。实现自同步作战的关键在于解决在分布的战场环境中作战单元间在作战行动上的同步问题。目前,探索这一问题的文献较多,但仅有少量的文献提出系统的解决方案,其中,以Levchuk通过A^2C^2(Adaptive Architectures for Command and Control)计算框架建立的分布式战场自同步作战机制最为系统[77-79]。

在分布的战场环境中,Levchuk认为作战单元间的自同步行为是一种组织或团队的整体行为,是作战使命驱动的组织结构及过程重组与重构行为。因此,可以借鉴组织的自适应机理来建立分布的战场环境中作战单元间自同步,包括重新定义信息化战场的指挥与控制以及以组织自适应框架为基础的分布式战场环境作战单元自同步机制。

1. 分布式战场的指挥与控制的定义

分布式战场的指挥与控制不再如传统定义中描述的那样是一个不可分割的统一体,在未来分布的网络环境中,指挥与控制应该被赋予不同的定义。在分布的网络环境中指挥应该是对网络组织初始条件的设置,包括网络化作战组织的边界(组成单元)、组织的使命与目标、组织的过程与结构等要素。而分布网络环境中的战场控制应该是在组织初始条件下,作战组织在运行中持续的修正与调整行为,包括使命任务的修正、结构与关系要素的调整。

2. 分布式战场环境作战单元自同步机理

分布式战场环境中作战单元间的自同步需要有一种能够整合战场资源、适时对作战力量或作战策略进行调整或变革以适应分布式战场快速变化战场环境的机制,这种机制以模块化作战单元、作战力量和作战使命任务、威胁事件等条件为输入,通过标准化模型(如知识模型、认知与学习模型、决策模型、态势感知模型)、系列优化方法设置分布战场环境中作战单元间的 C^2 结构与角色、作战单元在使命任务上的执行策略(如在任务执行上的协作与协同方案、任务分配与调整策略以及应对时敏事件的措施等)。

文献[77]建立的分布式战场环境作战单元自同步机制如图 1.3 所示。文献[77-79]对作战单元间自同步机理的探索以团队和组织的"自设计"理论与方法为基础,该方法源于 A^2C^2 研究成果,被广泛应用于作战力量的编成、作战组织和团队的设计等领域,为自同步作战机制的研究做出了里程碑的贡献,但其工作还没有完全解决或者说还没有建立完整的作战自同步方法。

关于分布式战场环境的自同步作战研究,国内学者黄广连[80,81]提出了分布式作战体系自同步的构建思想,即将"自顶向下"进行体系使命分解与"自底向上"聚合分布环境中的作战资源相结合,进行体系构建的自同步,并给出了自同步行为原则以及自同步构建流程与具体内容,其流程包括从使命目标的分解与任务建模到确定任务序列关系的行动规划、从行动规划方案到任务计划、从任务计划输出至作战单元的协同问题、作战单元的编成问题以及作战单元间的信息计划,分析了构建框架中存在的关键技术问题。

本质上,自同步作战是信息化战场分布式作战体系的自同步构建与重构行为。自同步作战是分布式的信息化战场作战样式发展的必然趋势,但是从现有的研究成果来看,尚没有完成一次完全意义上的作战体系构建,大多只是探索了体系构建的基本思想与原则、构建的主要内容与构建方法,在具体的构建工

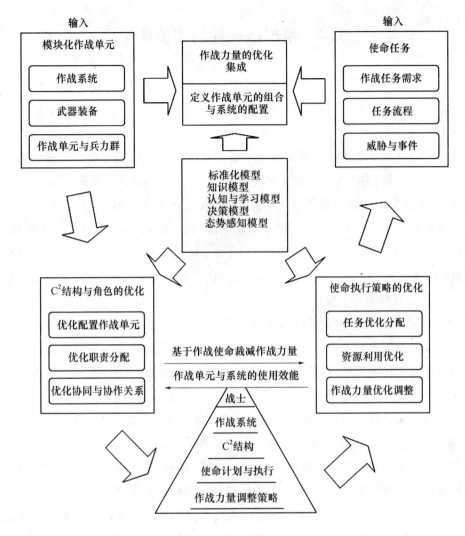

图 1.3 分布式战场环境作战单元自同步机制

作上仅进行了部分基础工作,包括作战使命的分解与作战资源的集成,以及确定了体系问题的边界,对于分布式作战体系构建流程中系列内容,包括作战行动的规划问题、任务计划问题、作战单元的协同问题、兵力的编成配置问题以及信息计划问题等都还需要进一步的深入研究。本课题所研究的 C^2 组织结构适应性优化问题正是自同步作战体系构建流程中的基础内容。

综上所述,系统工程技术已成功应用于 C^2 组织这一复杂系统的研究中,本书同样采用组织系统工程技术对 C^2 组织结构的适应性优化问题进行研究。

1.4 组织适应性的实验研究

C^2 组织结构适应性优化问题的实验验证是组织适应性的重要研究手段,从目前的研究文献看,美国海军研究院组织实施的 A^2C^2 系列实验取得了最为显著的研究成果。

围绕解决复杂战场空间兵力组织根据作战使命和战场环境快速进行重组与重构的问题,美国海军研究生院联合 Aptima 公司、康涅狄格大学、密歇根州立大学、卡耐基梅隆大学等多所大学和企业单位进行了系列的 A^2C^2 实验,期望建立战场空间适应性 C^2 结构。这一实验在海军研究办公室(Office of Naval Research,ONR)和联合作战分析协会(The Institute for Joint Warfare Analysis,IJWA)支持下,始于 1995 年,到 2003 年为止已经实施了八次实验,全部实验均在 DDD - Ⅲ 模拟器上实施。

A^2C^2 系列实验的主要目的是通过记录、分析预先设计的团队在具体使命环境中的性能参数来研究 C^2 组织的适应性问题,期望建立解决多兵种在联合作战中兵力协同组织问题的理论依据,并在这一理论指导下建立未来战场上多军兵种联合作战快速构建战场兵力资源的 C^2 结构的计算框架。

该实验着眼于多兵种联合作战的指挥控制问题,借鉴了组织适应性研究的理论和方法,其中包括了以 Levchuk 为首的研究团队所取的成果,实验目的是获取联合决策过程知识并验证假设(组织理论),同时,用实验数据与模型预测进行比较以改进模型、检验组织效能与组织结构的相关性[82-84]。

A2C^2 系列实验表明:在复杂任务环境下,C^2 组织可以通过资源的优化配置、组织成员的层次结构和信息链接的调整以及任务的合理计划来提高组织效能,同时也证实了通过计算优化构建的 C^2 组织具有更高的效能。

1.4.1 A^2C^2 研究的理论支撑

A^2C^2 的概念是在传统组织模式和运作方式受到信息时代技术的革新与社会环境的剧烈变革冲击的挑战的背景下提出的,在这一背景下,在高技术战场环境中的兵力组织比其他任何社会实体组织都更迫切需要变革其模式和运作方式,以适应新的战场环境和战争形态。这种变革的核心是建立新的兵力组织运作机制,这种运作机制能够依据作战使命的调整与战争进程进行作战编成的快速重组,以适应新的作战使命环境。而 A^2C^2 研究旨在建立这样一种计算框

16

架,这种计算框架能依据作战使命和战场环境快速产生适应于战场使命环境的最佳作战编成。

这一研究是建立在传统组织理论的基础之上,是对传统组织理论的实验验证和信息时代组织与组织设计理论的拓展,其基础理论支撑包括组织权变理论、组织适应性基本原则及理论等。

组织权变理论(Structure Contingency Theory,SCT)把组织分为功能性组织和区域性组织。所谓功能性组织指组织部门的划分依据成员工作的相似程度,区域性组织指部门的划分依据产品的类型或市场地域。组织权变理论认为组织不是一成不变的,没有普遍适用的最佳组织模式,只有在某一具体使命环境下,适用于这一具体条件的最佳组织。使命环境的需求与组织特征的匹配影响组织的有效性[85]。当使命环境和组织结构匹配时组织才表现出最佳运作,组织使命、环境和结构的匹配是组织优化设计的重点[58]。

在环境能以任务区域划分,且具备较高的稳定性和可预测性时,由多个自治单元组成的功能性组织表现出良好的效能[86]。当然这种组织限制了信息处理和协作的需求,这种组织在面对非预期的跨区域或部门的协作需求时表现出较低的效能[87]。在不确定的环境中,组织内部个体间双向协作能使组织满足不断增长的信息处理需求[88,89],其环境的不确定性在组织理论中没有统一的定义,通常被认为具备以下特征:复杂性(变量众多)、不可预测性、交互依赖性以及变化的速率[85]。在不稳定、不确定性的环境中区域性组织要优于功能性组织(也可以认为区域性组织有更好的灵活性或者说柔性)[90−92]。

团队 SCT 理论[93]认为团队效能与团队结构和团队的任务环境密切相关。在区域性结构的团队中,成员的感知(认知)能力影响个体的效能,或者说在区域性结构的团队中成员的认知能力越强则成员与团队结构越适应(团队结构的内部适应性)。当区域性结构与任务环境不匹配时,团队成员的情绪稳定是维持团队效能的关键因素(团队结构的内部适应性)。在功能性结构的团队中,团队的效能与成员的表现没有直接联系。

组织适应性理论认为组织应该不断变化调整,而不能一成不变。组织的变化部分原因是组织策略上的变化,包括组织工作流程的重组和组织结构上的调整。但并不是所有组织的调整都有价值[47]。组织适应性基本原则包括目标与环境一致;策略与环境一致;目标与策略一致;行动与目标、策略与环境一致;环境构想前提与实际环境一致;策略构想前提与策略一致;组织构想前提与组织逻辑一致;组织结构与实际组织一致;组织构造与组织技术一致;组织构造与目标一致[53]。

组织权变理论、适应性理论为建立战场空间适应性 C^2 结构提供了理论基础,在这一基础之上,A^2C^2 研究的相关单位都提出了解决战场空间兵力组织快速构建与重组的理论、方法和技术实现途径,为验证传统组织理论的正确性以及所构建的兵力组织的可行性,A^2C^2 研究进行了系列的实验。

1.4.2 A^2C^2 实验方法

自 1995 年以来,以 A^2C^2 项目为背景,各研究单位都提出了各自不同的理论和方法来解决战场兵力组织设计与快速重构的关键问题,针对这些理论和方法,A^2C^2 项目在美国海军研究生院组织了系列基于模型的实验,以此来测试联合作战 C^2 结构的适应性,验证这些理论和方法的正确性和可行性。所谓基于模型的实验是指实验前针对实验想定的使命环境采用不同方法从理论上预先设计最佳的兵力组织 C^2 结构,在设计好这一结构后针对作战使命进行训练,最后在分布式动态决策模拟器上进行团队实验,记录并分析实验结果,比较设计的不同团队结构在使命执行上所表现出的效能[82-84]。

截止 2003 年,A^2C^2 实验共进行了八次,主要目的是通过对预先设计的团队在具体使命环境中运作性能参数的记录、分析来研究 C^2 适应性结构,期望建立解决多兵种在联合作战中兵力协同组织问题的理论依据,并在这一理论指导下建立未来战场上多军兵种联合作战快速构建战场兵力资源的 C^2 结构的计算框架。

系列 A^2C^2 研究实验分三个阶段进行。第一阶段实验主要是检验 A^2C^2 基本理论,仅限于高度抽象的想定环境,不具备应用性和可操作性。第二阶段和第三阶段进一步检验研究成果向实际应用的转换。后两个层次的实验都在复杂的环境中实施,实验具有可操作性、策略性、长时间性和分布性的特点。

第一阶段实施的四个实验[94]都在美国海军研究生院完成,这四个实验都是在分布式动态决策模拟器 DDD – Ⅲ上实施[82],实验都在同样的想定环境:美国的某一盟友遭受到邻国的侵略,并向美国请求军事援助;应对盟友的请求,美军派遣了一个联合作战部队,其任务是抢占一个港口、一个机场和一座桥梁,为后续部队开路。

实验四的目的是比较优化的组织结构与传统结构在完成战役使命上的效能。

实验五于 1999 年 2～3 月在海军研究院实施,是一次理论校正性质的实

18

验[95]，实验选择了 MAGTF（Marine Air – Ground Task Force）战术模拟器替代 DDD – Ⅲ。

实验六是一次从 A^2C^2 概念方法运用到作战部队的过渡性实验。

实验七是实验四的继续，其目的是检验"自主性"结构与"相互依赖性"结构在完成战役任务时的效能。所谓"自主性"是指在执行想定的战役任务过程中所需的决策者间的协作量较少（经过优化设计的结构），强调节点间的"自主性"。与之相反，"相互依赖性"结构与传统的联合作战部队兵力组织相似，是没有优化的、在执行任务过程中需要更多的协作，它强调节点间的协作。

目前，这一研究已经取得阶段性成果——通过标准的设计流程快速有效组织兵力资源，建立高效运作的 C^2 结构[59-64]。以第八次实验为标志，A^2C^2 的研究已经转入对使命环境与结构的匹配和不同结构（功能性结构、区域性结构等）之间转换测度研究。

A^2C^2 的系列实验验证了传统组织理论和假设以及在组织建模分析设计上的不同理论和方法所表现出的优缺点，对组织结构与使命环境匹配测度方法进行实验验证，其系列实验成果为美国海军实现未来战场网络中心战和无人智能作战系统进行了理论探讨和实验验证。

A^2C^2 系列实验结论[96-98]为组织描述和效能测度、较大规模人机系统的设计和组织优化设计提供了理论基础，使得建立组织优化设计的计算框架成为可能。

1.4.3 A^2C^2 研究成果及其应用领域

在 A^2C^2 项目背景下，为建立战场空间适应性 C^2 结构，康涅狄格大学提出了快速构建兵力组织 C^2 结构的计算框架——三阶段设计方法。这一方法在经过系列实验验证、与其他方法的实验比较和反复改进后成为 A^2C^2 后期实验团队优化设计的标准方法。由此，康涅狄格大学开发出了组织设计的原型系统——组织设计环境。

Aptima 公司在康涅狄格大学研究成果基础上开发出了组织设计的系列工具，包括资源分析建模、使命分解和组织优化设计环境，并采用这些工具进行实验团队的设计。目前 Aptima 公司正致力于向民用产品的转换研究。其中，由 Aptima 公司开发的团队集成设计环境（Team Integrated Design Environment，TIDE）已经为美国各军兵种所采用，其应用包括下列项目：

（1）联合特遣部队适应性 C^2 结构 JTF – A^2C^2；

（2）未来水面舰艇 CIC 中心的改进；

（3）机载预警与控制系统（AWACS）中 C^2 团队的设计与重组；

（4）无人侦察机（UCAV）控制中心的设计；

（5）雷达导弹控制中心（ATIDS）的设计；

（6）时敏目标打击的空中军事行动（JFACC）；

（7）运筹中心基于效果的军事运筹（EBO）；

（8）陆军未来作战系统（FCS）；

（9）关于联合特遣部队作战全局博弈的设计与评估。

C^2 组织设计三阶段方法为美军组织的系列 A^2C^2 实验提供了标准的团队结构，A^2C^2 实验也充分验证了组织适应性优化的必要性以及基于系统工程技术的组织设计方法的可行性和有效性，并对于实现分布式战场环境的作战单元自同步提供了指导机制，形成了从理论指导实验，到实验促进理论发展的良好循环。

第 2 章 C^2 组织与组织能力

组织是一个具有明确的目标、精心设计的结构和有意识的协调活动社会实体,同时又与外部环境保持密切的联系[99]。组织存在的目的是为了完成使命目标,为了关注组织完成使命的情况,需要能够描述组织具体特征的模型和方法,组织结构为描述组织特征提供了标尺,从而为比较组织之间的异同以及测度组织运作的效能奠定了基础。目前,关于组织的描述以及测度在组织理论研究领域还没有形成统一的认识,不存在普遍适用的组织描述以及测度的方法,只能根据领域背景及实际需求来解决不同领域中的问题。

C^2 组织是战场环境中的作战实体在作战使命的驱动下形成的有序行为和与之协调的结构关系[100],其有序的行为是 C^2 组织完成使命的行动过程或任务流程,协调的结构关系是与有序行为匹配的实体间的 C^2 结构关系。C^2 组织具有以下基本特征[101]:①是人与物理资源实体的集合;②面向特定的作战使命;③有实现其使命的整体有序行为;④有与整体有序行为匹配的 C^2 结构关系;⑤处在分布的、复杂的战场空间。

C^2 组织是为了完成作战使命而存在的军事组织,评价并改善 C^2 组织的运作效能必须首先定义和描述 C^2 组织及其组织结构;在此基础上,建立测度评价组织完成使命的效果;进而结合 C^2 组织所处的不确定使命环境,分析不确定因素对 C^2 组织的影响并调整 C^2 组织结构,从而改善组织执行使命的效果。

2.1 C^2 组织概念定义

2.1.1 C^2 组织与组织元素

C^2 组织是作战指挥控制活动的承担者与协调者,它能响应战场环境的使命需求,依靠情报、侦察、通信和计算机技术将多个作战实体集成,为完成作战使命提供资源能力和决策能力。

C^2 组织元素包括任务、平台和决策者[62],其中,任务是组织的子目标,是由使命分解得到的一系列活动;平台是组织中的物理资源载体,提供武器装备、通信设施和侦察监视设备等资源;决策者是组织中负责信息处理并进行决策的实体,提供信息处理、通信和管理下属决策者及平台的人员和设备。

虽然已有研究给出了 C^2 组织元素的定义及其属性[62],但在描述任务属性和决策者属性时只考虑了其资源能力属性,而忽略了关于两类元素的决策能力属性的定义和描述,因而无法度量使命的决策能力需求以及使命环境中不确定因素对组织决策能力的影响。为此,本书针对上述不足,在已有任务、平台和决策者等组织元素属性定义的基础上,增加任务决策负载强度、决策者工作负载上限以及决策者的决策执行能力等属性。

定义 2.1 功能是指在某一次组织活动(如战役活动,战术活动,产品制造等)中被认为是在执行使命中不可再分割的基本能力。记描述组织基本功能的资源矢量为 $\boldsymbol{F} = [f_1, f_2, \cdots, N_A]$,$N_A$ 为组织资源的基本功能数量,$f_i(1 \leqslant i \leqslant N_A)$ 表示组织具备的第 i 项功能资源。

通常,确定组织功能的依据是组织资源类型的划分。如以一次多军兵种联合作战登陆战役为例,划分其 C^2 组织的资源类型为防空类 f_1、反舰类 f_2、反潜类 f_3、地面攻击类 f_4、炮兵类 f_5、装甲类 f_6、扫雷类 f_7 和识别探测类 f_8。

定义 2.2 任务是需要特定的物理资源和决策支持才能完成的活动,是对 C^2 组织作战使命进行分解得到的基本过程单元,其分解的粒度通常到战术层次的行动,分解方法包括目标分解、功能分解和区域分解、行为分解等。记包含 N_T 个任务的使命任务集 $T = \{T_1, T_2, \cdots, T_i, \cdots, T_{N_T}\}$。每个任务 T_i 有如下属性:

(1) 任务处理时间 DT_i,$DT_i = FT_i - ST_i$,其中 FT_i 为任务 T_i 的结束时间,ST_i 为任务 T_i 的开始时间;

(2) 地理位置坐标 $TP_i = (x_i, y_i)$;

(3) 资源需求向量 $TR_i = (TR_{i1}, TR_{i2}, \cdots, TR_{ik}, \cdots, TR_{iN_A})$,其中 TR_{ik} 表示成功地处理任务 T_i 所需的 f_k 类型资源的数量,N_A 为资源类型的数量;

(4) 任务决策负载强度是指每个参与任务的决策者单位时间内所需承担的决策负载。实际作战中,任务决策负载强度与具体任务的性质和特点密切相关,并且与任务执行环境也有很大关联。记任务 T_i 的决策负载强度为 DI_i,则 DI_i 可以表示为

$$DI_i = \mathrm{Cor}(T_i, EV) \tag{2.1}$$

其中,EV 表示任务执行环境,Cor 是任务决策负载强度 DI_i 与任务 T_i 本身及任

务执行环境 EV 的关联函数。从式(2.1)可知,在处理一些有经验可循的任务或者是对抗激烈程度较低的任务时,决策者在任务进行过程中无需过多干预,因此任务决策负载强度也较低;反之,若在任务执行过程中需要决策者频繁参与指挥协调,那么任务决策负载强度自然就会增大。同样,在自然条件恶劣或是作战态势不明的任务执行环境中,决策者需要实时把握任务进度,频繁地进行协调与指挥,任务决策负载强度会比较大;反之,在自然条件良好或者作战态势明确的情况下,决策者无需过多干预任务执行,任务决策负载强度就会降低。在使命执行过程中,任务负载强度 DI_i 会随着使命环境的变化而发生变化。

定义 2.3 任务图是一个包含 N_T 个节点的有向非循环图,图中每个节点对应于使命任务集 T 中的一个任务 T_i,有向边表示任务先后关系,其等价的表达方式是 $N_T \times N_T$ 的任务先后关系矩阵 $\boldsymbol{R}_{T-T}(T_{i_1}, T_{i_2})$,$i_1, i_2 = 1, 2, \cdots, N_T$。$\boldsymbol{R}_{T-T}$ 是 $0-1$ 矩阵,若 $\boldsymbol{R}_{T-T}(T_{i_1}, T_{i_2}) = 1$,则 T_{i_2} 必须在 T_{i_1} 完成之后开始。任务图定性描述任务间的依赖关系,如任务的优先顺序、数据流程以及任务间的输入/输出关系等,具体例子如图 2.1 所示。

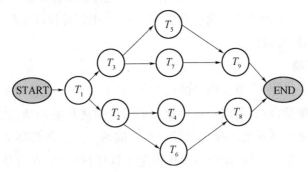

图 2.1　任务图示例

定义 2.4 平台是物理资源载体,为执行任务提供武器装备、通信设施和侦察监视设备等资源。记包含 N_P 个平台的平台集为 $P = \{P_1, P_2, \cdots, P_j, \cdots, P_{N_P}\}$。每个平台 P_j 具有如下属性:

(1) 最大移动速度 v_j;

(2) 平台资源能力向量 $\boldsymbol{PR}_j = (PR_{j1}, PR_{j2}, \cdots, PR_{jk}, \cdots, PR_{jN_A})$,其中 PR_{jk} 表示平台 P_j 所拥有的 f_k 类型资源的数量。

定义 2.5 决策者是负责信息处理并进行决策的实体,完成管理平台、协作交流、信息处理和指挥决策等工作。记包含 N_{DM} 个决策者的决策者集为 $DM = \{DM_1, DM_2, \cdots, DM_m, \cdots, DM_{N_{DM}}\}$。$DM$ 中每个决策者 DM_m 的属性可以用一个三元组$\langle DWB_m, DA_m, \overline{CN} \rangle$来表示：

（1）DWB_m是决策者DM_m的工作负载上限，表示了DM_m所能处理的最大决策工作量。

（2）DA_m表示决策者DM_m的决策执行能力，同样的决策工作交由具有不同决策执行能力的决策者来做，决策工作的完成效果不同，决策执行能力越高的决策者完成决策工作的情况越好。依据科学考察和实践表明[102]，1~9的标度能够很好地区分事物各种属性存在的差异，因此，为了评价决策者的决策执行能力，本书将决策执行能力分为1~9的九个等级，即DA_m的取值范围是1~9。

（3）$\overline{CN}$是决策者DM_m控制平台的数量上限，表示DM_m最多可控制的平台数量。

2.1.2 C^2组织的分层描述

阳东升等[103,104]把战场C^2组织划分为三个层次，即使命环境层、过程层与结构层。基于C^2组织的分层测度思想明确了C^2组织的设计流程：使命环境分析、过程设计和结构设计。

1. 使命环境

使命环境层描述C^2组织所处的使命环境，对使命环境的测度通常采用复杂性和稳定性度量，也有采用对环境观察的矢量描述环境的动态复杂特征，不同的使命环境复杂性对组织模式设计产生不同的需求。使命环境的复杂性确定了组织设计参数，即对组织内的协作确定了设计目标（如在简单任务环境中需要减少组织内的协作，在较为复杂的环境中则需要尽可能增加协作量），不同的使命环境特征需要建立与之相适应的组织模式，这些模式包括刚性或柔性组织、集中或分散性组织、扁平或等级组织等。

2. C^2组织过程

组织过程描述C^2组织为实现其目标或使命的运作流程，在任务分工组织是任务流程。组织过程设计是团队并行工程研究的重要内容之一，是动态联盟组织模式构造的基础。组织过程存在三种关系，即串行关系、并行关系和串并交叉关系。组织过程可以表示为过程流的有向图$GT = (NT, ET)$，其中NT为过程节点，有向边ET描述过程间的顺序关系和数据或信息流。

3. C^2组织结构

C^2组织结构是C^2组织决策者、平台实体与任务之间的C^2关系体现，组织结构决定了组织内的协作,组织内的协作在很大程度上决定了过程执行的好坏。C^2 组织在决策者、平台实体与任务间的关系包括:平台在过程(或任务)上的协作关系 R_{P-T},决策者–平台控制关系 R_{DM-P},决策者间的决策分层关系 R_{DM-DM},决策者和任务的执行关系 R_{DM-T}^E 以及决策者与任务间的指挥关系 R_{DM-T}^C。平台在过程(或任务)上的协作关系是组织内协作的基础,决策者在任务过程上的协作是通过各自所控制的物理平台在任务执行上的行动协同,没有平台的协同就不存在决策者在过程上的协作;决策者—平台控制关系建立了组织决策者对平台的控制和决策者通过平台在过程上的协同;决策分层关系确定了 C^2 组织内决策者间的决策交流关系,即决策者间的直接水平协作、垂直协作以及通过第三方的间接协作等。

2.2 C^2 组织能力与测度

2.2.1 C^2 组织能力

C^2 组织的运作效能反映了组织完成使命的程度。使命的完成依赖于多种物理资源以及不同类型的决策支持,我们称之为使命的能力需求,这些能力需求需要由 C^2 组织来满足。为此,我们定义 C^2 组织能力是 C^2 组织为有效完成使命所提供的能力,对应于使命的决策能力和资源能力需求,C^2 组织能力包括决策能力和资源能力,C^2 组织能力与能力需求匹配程度越高,组织的运作效能越好。

C^2 组织能力依赖于组织元素和组织结构,组织元素是能力的承载个体,决定了使命能力需求和组织所能提供的决策能力和资源能力的上限,组织结构决定了组织有限的决策能力和资源能力的提供方式,不同的元素属性和不同的组织结构将导致不同的组织能力。

1. C^2 组织元素与能力

C^2 组织元素包括任务、平台和决策者,组织元素的能力属性是组织能力以及使命能力需求在其承载个体上的具体表现,具有可度量性。其中,任务属性代表了使命的能力需求;平台的能力属性代表了 C^2 组织的资源能力;决策者的能力属性代表了 C^2 组织的决策能力。

C^2 组织元素及其能力属性的定义可以归纳为表 2.1 所示。

表 2.1 C² 组织元素及其能力属性

元素名称	元素定义	元素属性名称	能力属性	能力类型
任务	任务是需要特定的物理资源和决策支持才能完成的活动,是对 C² 组织作战使命进行分解得到的基本过程单元	处理时间	时间、地点等任务执行需求	能力需求
		地理位置坐标		
		资源需求	火力打击需求侦察预警需求综合保障能力	
		任务决策负载强度	信息处理需求,指挥控制需求	
平台	平台是物理资源载体,为执行任务提供武器装备、通信设施和侦察监视设备等资源	最大速度	运动能力	资源能力
		资源能力向量	火力打击能力,侦察预警能力,综合保障能力	
决策者	决策者是负责信息处理并进行决策的实体,完成管理平台、协作交流、信息处理和指挥决策等工作	决策者工作负载	信息处理能力,指挥控制能力	决策能力
		决策执行能力		

2. C² 组织结构与能力

C² 组织结构是决策者、平台与任务等组织元素之间的 C² 关系的体现,决定了组织提供决策能力和资源能力的方式。

当明确了组织需要执行的使命之后,由任务图确定了使命分解后各任务执行的先后顺序。在执行每个任务时,根据 C² 组织的各种结构关系,C² 组织提供决策能力和资源能力的方式分为三种情况,如图 2.3 所示。

(1) **情况 1**:当某一任务只需要单个平台就可完成时,直接由单个平台完成该任务。通过任务与平台间的分配关系 R_{P-T} 可以确定任务的执行平台。

(2) **情况 2**:当某一任务需要由多个平台完成,且这些平台同属于一个决策者控制时,则该任务就由单个决策者控制下的多个平台共同完成。通过决策者与平台间的控制关系 R_{DM-P} 可以确定管理各参与平台的决策者,该决策者即任务的执行决策者。

(3) **情况 3**:当某一任务需要由多个平台完成,且这些平台分属于多个决策者控制时,该任务就由指挥决策者指挥多个决策者协作完成。通过决策者间的层级关系 R_{DM-DM} 可以确定管理各执行决策者的指挥决策者。

26

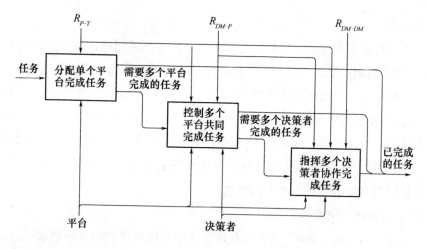

图 2.2   C^2 组织能力的提供方式

由图 2.2 可见,在给定使命任务集合之后,决定 C^2 组织能力提供方式的结构关系是任务与平台间的分配关系 R_{P-T}、决策者与平台间的控制关系 R_{DM-P} 以及决策者之间的层级关系 R_{DM-DM},这三种结构关系组成了 C^2 组织结构的核心关系,如何设计核心结构关系决定了组织能力能否与能力需求最大程度的匹配。

2.2.2   C^2 组织能力测度

C^2 组织能力测度是对组织能力达到规定目标程度的定量评价,是分析比较组织能力的一种基本标准,是进行组织结构设计以及组织结构适应性优化的基础和关键。实现 C^2 组织能力测度涉及到两个关键步骤:①"用什么测";②"如何测"。"用什么测"涉及如何选取合适的测度参数作为评价组织能力的客观依据,"如何测"涉及如何通过正确的测度方法实现组织能力的评价,不同的测度参数和测度方法将导致截然不同的评判结果。

当前 C^2 组织结构适应性优化研究领域中,测度决策能力的参数主要有内部协作负载[63]、外部协作负载[63]、决策者负载均方根[65]和决策者通信量[65]等参数,测度资源能力的参数主要有任务完成时间[66]、任务延迟时间[66]、任务资源满足度[66]、任务收益[66]等参数。决策能力测度仅从决策者管辖平台的数量以及决策者间的任务协作数量来度量组织决策能力,而忽略了任务本身的决策能力需求。同时,当前适应性优化研究所考虑的 C^2 组织资源能力测度参数还不够全面,虽然考虑了任务完成的时效性和任务资源满足度,但是忽略了任务资源满足度对使命执行过程的影响,而充足的组织资源能力恰恰是完成使命的基本前提。

在现有研究的基础上,本节的所有测度参数都采用面向任务的方式定义,以体现 C^2 组织的能力提供是否匹配使命的能力需求。考虑到不确定使命环境下只有保证组织有效地完成所承担的决策工作量,才能满足使命的决策能力需求,在已有决策能力测度的基础上,我们提出任务决策负载与任务决策质量作为决策能力测度参数。同时,为了反映任务资源需求满足情况对使命执行的影响,在沿用原有的任务完成时间与任务资源满足度的参数基础上,增加任务执行质量作为测度组织资源能力的参数。

1. 决策能力测度

决策能力测度是对 C^2 组织为有效完成使命所提供的信息处理能力以及指挥控制能力等决策能力的定量评价,是分析比较组织决策能力的标准。测度组织决策能力的决策能力测度参数包括任务决策负载和任务决策质量。

(1) 任务决策负载是 C^2 组织中的决策者为了完成所参与的任务而承担的决策工作量。从 C^2 组织结构的定义以及组织能力的提供方式可知,决策者可能承担任务执行或者任务指挥等不同类型的决策工作,因而也将承担不同类型的决策工作量。在确定了决策者和任务的执行关系以及决策者与任务间的指挥关系的基础上,任务决策负载应该是参与任务的所有决策者的决策工作量的总和,并与任务的决策负载强度以及任务处理时间相关联。任务 T_i 的决策负载 DW_i 可以表示为

$$DW_i = S_1(DT_i, DI_i) \tag{2.2}$$

其中,S_1 表示任务决策负载 DW_i 与任务处理时间 DT_i 以及任务决策负载强度 DI_i 之间的关系函数。任务处理时间越长或者任务的决策负载强度越大,那么决策者所承担的决策工作量也会越大,反之则越小。

(2) 任务决策质量是参与任务的各决策者的决策工作质量、决策执行能力以及决策贡献度的函数,反映了各决策者能否有效完成决策工作。记决策者 DM_m 的决策工作质量为 q_m,决策执行能力为 DA_m,决策贡献度为 DG_m,在确定了决策者和任务的执行关系以及决策者与任务间的指挥关系的基础上,任务 T_i 的决策质量 DQ_i 可以表示为

$$DQ_i = S_2(q_m, DA_m, DG_m) \tag{2.3}$$

其中,S_2 表示任务决策质量 DQ_i 与各参与决策者的决策工作质量 q_m、决策执行能力 DA_m、决策贡献度 DG_m 之间的关系函数。决策贡献度 DG_m 为每个参与执行任务 T_i 的决策者 DM_m 所承担的决策负载占完成 T_i 所需的决策负载总量的

比例。决策者的工作质量越高,或者决策贡献度越高,或者决策执行能力越强,那么任务的决策质量越高,反之则越小。

2. 资源能力测度

资源能力测度是对 C^2 组织为有效完成使命所提供的火力打击、侦察预警以及综合保障等资源能力的定量评价,是分析比较组织资源能力的标准。测度组织资源能力的资源能力测度参数包括任务完成时间、任务资源满足度和任务执行质量。

(1)任务完成时间是任务的结束时刻,反映了组织执行任务的时效性。由使命分解得到的任务图可知,任务之间存在着串行或并行的关系,单独度量某个任务的完成时间意义不大,只有在给定任务集的情况下,度量一组任务的完成时间才能说明组织执行任务的时效性。在确定了任务与平台间的分配关系 R_{P-T} 的基础上,任务集中所有任务的完成时间 TFT 可以表示为

$$TFT = S_3(FT_i) \qquad (2.4)$$

其中,S_3 是任务集中所有任务的完成时间 TFT 与各任务的结束时间 FT_i 之间的关系函数。

(2)任务资源满足度[66]是任务所需的各类型资源的获取量与需求量之比,度量了任务资源需求得到满足的程度。记任务 T_i 对各类型资源的实际获取量为 R_i,在确定了任务与平台间的分配关系 R_{P-T} 的基础上,任务 T_i 的资源满足度 TA_i 可以表示为

$$TA_i = S_4(TR_i, R_i) \qquad (2.5)$$

其中,S_4 是任务资源满足度 TA_i 与资源需求量 TR_i 以及资源获取量 R_i 之间的关系函数。

(3)任务执行质量是任务资源满足度的函数,度量了任务完成的程度,反映了组织资源能力对任务执行的影响。在确定了任务与平台间的分配关系 R_{P-T} 的基础上,当任务的资源需求得到满足的程度越高时,任务的执行情况越好。记任务 T_i 的执行质量为 TQ_i,表示为

$$TQ_i = S_5(TA_i) \qquad (2.6)$$

其中,S_5 是任务执行质量 TQ_i 和任务资源满足度 TA_i 之间的关系函数。

2.3　不确定使命环境下的 C^2 组织能力

C^2 组织能力测度参数为度量组织在不确定使命环境中的运作效能提供了标准和依据,如何使用测度参数,采用何种测度方法关系到能否正确及时地评

判使命环境中不确定因素对组织能力的影响。不确定使命环境下 C^2 组织元素的能力属性受不确定因素的影响而变化,导致能力需求与组织能力也会随之变化,虽然我们无法控制不确定因素对组织的影响,但从组织结构与能力的分析可知,通过 C^2 组织结构的调整可以改善组织能力的提供方式,从而使 C^2 组织能力与使命能力需求更加匹配,提升组织的运作效能。本节将基于上一节所提出的组织能力测度参数分析不确定使命环境下的 C^2 组织能力,明确不确定因素对能力需求和组织能力的影响,并建立组织结构与组织能力间的优化关系。

2.3.1 不确定因素对 C^2 组织能力的影响

使命环境中不确定因素对 C^2 组织的影响体现为组织元素属性的不确定变化,导致组织元素能力属性的变化,进而导致 C^2 组织决策能力和资源能力的下降,影响使命的完成。

当前组织结构适应性优化研究[65,105]考虑了使命环境中存在的不确定因素,具体包括:任务参数变化,任务间依赖关系变化,任务分解变化,平台实体和决策者的参数变化,以及平台实体和决策者的加入或离开。由于本书扩展了已有任务、平台与决策者的属性定义,因此在讨论组织元素属性的不确定因素类型时,除了考虑上述不确定因素之外,还需要考虑任务决策负载强度不确定性与决策执行能力不确定性。

表 2.2 描述了影响组织元素属性的不确定因素类型、来源及其对组织的影响。

表 2.2 使命环境中不确定因素的类型、来源及影响

不确定因素类型	不确定因素来源	不确定因素对 C^2 组织的影响
任务处理时间不确定性	制定作战计划时任务到达时刻和执行时间的信息缺失或失真;任务执行过程中的延误和等待	任务实际处理时间与预计时间不一致,导致使命进程拖延,无法按时完成使命
任务地理位置不确定性	制定作战计划时任务执行地点的信息缺失;使命执行过程中的任务地点变更	任务实际执行地点与预计地点不一致,使平台集结所需的时间受到影响
任务资源需求不确定性	制定作战计划时任务目标不合理;使命执行过程中的敌情和自然环境变化;我方任务目标变更	当任务资源需求高于 C^2 组织的资源能力时,将影响任务的完成

（续）

不确定因素类型	不确定因素来源	不确定因素对 C^2 组织的影响
任务决策负载强度不确定性	制定作战计划时所获取的战场环境信息不完整；决策者的决策能力和平台的资源能力不能适应变化的任务需求	作战平台无法按计划完成任务，需要决策者实时决策干预；在多个决策者参与的任务中，各决策者无法按计划执行任务，彼此间需要频繁的通信、指挥和协调
任务数量不确定性	使命分解和制定作战计划时存在信息缺失和信息失真；使命执行过程中根据需要新增任务和取消任务	需要为新增的任务分配平台和决策者
平台最大速度不确定性	恶劣的自然环境	平台无法达到其最大的移动速度，平台集结耗时增加
平台资源能力不确定性	作战中的平台战损、故障和消耗	平台无法达到其原有资源能力，影响所执行任务的完成
决策执行能力不确定性	决策者的战损、故障和受干扰	决策者的决策执行能力减少，导致部分决策工作无法完成

这八类不确定因素对组织的影响表现为组织能力测度的变化，根据所影响的 C^2 组织能力测度参数，将表 2.2 中所列八类不确定因素归纳为以下五类能力测度影响因素（Capability Measure Influence Factor，CMIF）：

（1）**CMIF1**：任务决策负载影响因素，本类型不确定因素将引起任务决策负载的变化，从而影响决策能力测度。任务决策负载影响因素包括任务处理时间不确定性、任务数量不确定性与任务决策负载强度不确定性。

（2）**CMIF2**：任务决策质量影响因素，本类型因素将引起任务决策质量的变化，从而影响决策能力测度。任务决策质量影响因素包括任务数量不确定性、决策执行能力不确定性与任务决策负载强度不确定性。

（3）**CMIF3**：任务完成时间影响因素，本类型因素将引起任务完成时间的变化，从而影响资源能力测度。任务完成时间影响因素包括任务处理时间不确定性、任务地理位置不确定性、平台最大速度不确定性和任务数量不确定性。

（4）**CMIF4**：任务资源满足度影响因素，本类型因素将引起任务资源满足度的变化，从而影响资源能力测度。任务资源满足度影响因素包括任务资源能力需求不确定性、平台资源能力不确定性与任务数量不确定性。

31

（5）**CMIF5**：任务执行质量影响因素，本类型因素将引起任务执行质量的变化，从而影响资源能力测度。任务执行质量影响因素包括任务资源能力需求不确定性、平台资源能力不确定性与任务数量不确定性。

综上所述，各种类型的组织能力测度影响因素的分类如表2.3所示。

表2.3　能力测度影响因素分类

CMIF 类型	能力测度 影响因素	影响的能力测度	不确定因素类型
1	任务决策负载 影响因素	决策能力测度	任务处理时间不确定性
			任务数量不确定性
			任务决策负载强度不确定性
2	任务决策质量 影响因素	决策能力测度	任务数量不确定性
			决策执行能力不确定性
			任务决策负载强度不确定性
3	任务完成时间 影响因素	资源能力测度	任务处理时间不确定性
			任务地理位置不确定性
			平台最大速度不确定性
			任务数量不确定性
4	任务资源满足度 影响因素	资源能力测度	任务资源能力需求不确定性
			平台资源能力不确定性
			任务数量不确定性
5	任务执行质量 影响因素	资源能力测度	任务资源能力需求不确定性
			平台资源能力不确定性
			任务数量不确定性

2.3.2　C^2 组织结构对组织能力的影响

在不确定使命环境下，不确定因素的影响将导致 C^2 组织能力无法满足使命的能力需求，进而影响使命的完成。由组织结构与能力的关系分析可知，组织结构决定了组织有限的决策能力和资源能力的提供方式，不同的组织结构将导致不同的组织能力。为了保证组织能够有效完成使命，当 C^2 组织能力受不确定因素的影响而下降时，组织能力测度会随之发生变化，此时，需要通过调整组织结构改善决策能力和资源能力的提供方式，实现 C^2 组织能力的提升。

1. 影响任务决策负载的结构变量

由任务决策负载的定义可知，决策者和任务的执行关系 R_{DM-T}^{E} 以及决策者与任务间的指挥关系 R_{DM-T}^{C} 的变更将导致任务决策负载的变化。由于在给定任务与平台间的分配关系 R_{P-T} 和决策者与平台间的控制关系 R_{DM-P} 之后，可以确定 R_{DM-T}^{E}。在确定了 R_{DM-T}^{E} 之后，给定决策者间的层级关系 R_{DM-DM}，就可以确定 R_{DM-T}^{C}。因此，虽然 R_{DM-T}^{E} 和 R_{DM-T}^{C} 是直接影响任务决策负载的结构变量，但是 R_{DM-P}、R_{DM-DM} 和 R_{P-T} 是实质上的决定任务决策负载的关键结构变量。

2. 影响任务决策质量的结构变量

由任务决策质量的定义可知，决策者和任务的执行关系 R_{DM-T}^{E} 以及决策者与任务间的指挥关系 R_{DM-T}^{C} 的变更将导致任务决策质量的变化。所以，影响任务决策质量的结构变量与影响任务决策负载的结构变量相同，即 R_{DM-T}^{E} 和 R_{DM-T}^{C} 是直接影响任务决策负载的结构变量，而 R_{DM-P}、R_{DM-DM} 和 R_{P-T} 是决定任务决策质量的关键结构变量。

3. 影响任务完成时间的结构变量

在完成使命分解并给定任务图的前提下，R_{P-T} 确定了任务与平台间的分配关系。在组织资源有限的情况下，不合理的任务与平台间的分配关系可能会引发任务间争用相同平台的冲突，通过调整任务与平台间的分配关系，可以消解任务间的平台争用冲突。无论是平台争用冲突的产生或者消解，都会影响任务开始执行的时间。因此，R_{P-T} 的变化将影响任务的开始时间，从而影响任务的完成时间。

4. 影响任务资源满足度的结构变量

由任务资源满足度的定义可知，在确定了任务与平台间的分配关系 R_{P-T} 之后，也就确定了任务的资源获取量，任务所获得的平台资源是否满足任务的资源需求将直接影响任务的资源满足度。因此，任务与平台间的分配关系 R_{P-T} 是决定任务资源满足度的关键结构变量。

5. 影响任务执行质量的结构变量

由任务资源满足度和任务执行质量的定义可知，在确定了任务与平台间的分配关系 R_{P-T} 之后，也就确定了任务的资源满足度，而任务资源满足度将影响任务的执行质量。因此，任务与平台间的分配关系 R_{P-T} 是决定任务执行质量的关键结构变量。

综上所述,将组织结构变量与组织能力之间的关联归纳为表2.4。

表2.4　组织能力与结构变量间的关联

能力类型	能力测度参数	影响能力测度的关键结构变量
决策能力	任务决策负载	R_{DM-P}、R_{DM-DM}、R_{P-T}
	任务决策质量	R_{DM-P}、R_{DM-DM}、R_{P-T}
资源能力	任务完成时间	R_{P-T}
	任务资源满足度	R_{P-T}
	任务执行质量	R_{P-T}

由表2.4中组织能力与结构变量间的关联可见,影响组织能力的主要结构变量是任务与平台间的分配关系 R_{P-T}、决策者与平台间的控制关系 R_{DM-P} 以及决策者之间的层级关系 R_{DM-DM},这是由于上述三种关键结构变量决定了组织能力的提供方式。在不确定使命环境下,当组织元素能力属性受不确定因素影响而下降时,只有调整组织中的关键结构变量,才能改善 C^2 组织能力的提供方式,从而实现组织能力的提升。

第 3 章 C² 组织适应性模型

从目前计算组织的研究来看,由于对组织还没有一个公认的定义,更谈不上对一个组织的完整描述,对这一问题的研究并没有停止于争论和疑问,在不同问题的解决上提出了众多不同的解决方法。这些描述方法包括:有色 Petri 网(乔治梅森大学 C³I 研究中心 Monguillet)[106,107]、元矩阵(卡耐基梅隆大学社会决策科学系)、网络描述(卡耐基梅隆大学复杂工程系统协会(ICES))[109]和组织元(康涅狄格大学电子计算机工程系、加拿大多伦多大学知识管理实验室)[110,111]等。

这些描述方法的重点体现在两方面:一是强调过程,即静态结构视图通过运作过程来比较组织效能,这一方向具有代表性的是 Monguillet 变结构理论,这一理论通过建立组织的有色 Petri 网模型得到很好的验证;另一方面强调静态的完整描述,试图找到组织的核心元素[109],通过这些核心元素建立整体视图,以此来建立组织测度标准,这一方向具有代表性是 Kathleen 的元矩阵思想,这一思想在 C²、C³I 的拓扑结构描述中得到了应用。

计算组织理论认为组织应自适应提高性能或者效率,"最成功的组织趋向于高灵活性"[108],以及最好的组织设计高度依赖于应用和环境[112]。由于在使命的执行过程中,环境不断地在发生变化,组织为了能够很好地匹配使命环境必须要进行适当的调整,从目前的研究来看,计算组织理论只依赖静态视图不足以完整地描述 C² 组织,需要扩展原有模型来描述 C² 组织的这种适应性变化。

3.1 适应性 C² 组织模型

在不断发生变化的环境环境中,敏捷的 C² 组织应该能够很好地匹配使命环境而进行适当的调整。为了能够描述组织的这种适应性变化,我们以 C² 组织的分层描述[103,104]为基础,借鉴自适应多主体系统设计的组织模型[113],提出适应性 C² 组织模型,该模型定义和约束了适应性 C² 组织所需的元素,描述

了动态环境下 C^2 组织的适应性变化。我们提出的适应性 C^2 组织模型(O)包含组织状态模型 O_{state}、组织结构模型 O_{struct} 和组织转移方程 O_{trans}：

$$O = < O_{state}, O_{struct}, O_{trans} > \tag{3.1}$$

3.1.1 组织状态模型

组织状态模型描述了组织各实体和任务的当前状态,包括平台集 P,决策者集 DM,当前组织要实现的任务集 T,组织当前拥有的功能类型集 F,约束组织的规则集 $Rule$ 以及平台和功能类型间的占有关系 R_P,任务和功能类型间的需求关系 R_T 和任务间的依赖关系 A_T。形式上,我们将组织状态定义为一个多元组:

$$O_{state} = < P, DM, T, F, Rule, R_P, R_T, A_T > \tag{3.2}$$

其中,$R_P(k, l)$ 表示平台 P_k 拥有的功能类型 f_l 的数量,即 $R_P(k, l) = PR_{kl}$;$R_T(i, l)$ 表示任务 T_i 需要的功能类型 f_l 的数量,即 $R_T(i, l) = TR_{il}$;

$$A_T(i, j) = \begin{cases} 1, & \text{如果任务 } T_i \text{ 必须在任务 } T_j \text{ 执行前完成} \\ 0, & \text{否则} \end{cases}$$

平台集 P 包括了组织当前拥有的可以执行组织使命的平台,平台当前可用的功能由 R_P 表示;任务集 T 描述了当前组织需要完成的任务的状态,包括该任务已完成、正在执行或者尚未执行等。T, R_T 和 A_T 一起表示了使命规划的结果。决策者集 DM 描述了组织当前可用的决策者的状态,可包括当前决策者的执行能力、协调能力、通信能力等。功能类型集 F 描述了当前组织拥有哪些资源类型。约束组织的规则集 $Rule$ 用来约束组织中平台到决策者和任务的指派,一般的规则,例如一个平台在一个时刻只能执行一个任务,一个平台只能由一个决策者控制等;特殊的规则,例如需要特定的平台来执行特定的任务等。

3.1.2 组织结构模型

组织结构模型描述了 C^2 组织的平台实体和决策者为了完成使命任务而建立的三者之间的 C^2 关系。这些关系包括:平台在任务上的协作关系 R_{P-T},决策者和平台的控制关系 R_{DM-P},决策者间的决策分层关系 R_{DM-DM},决策者和任务的执行关系 R_{DM-T}^E 以及决策者与任务间的指挥关系 R_{DM-T}^C。当多个决策者协作执行任务时,R_{DM-T}^C 确定了完成该任务的指挥决策者,指挥决策者负责管理任务期间各决策者的协作。同样,我们将组织结构定义为一个多元组:

$$O_{struct} = < R_{P-T}, R_{DM-P}, R_{DM-DM}, R_{DM-T}^E, R_{DM-T}^C > \tag{3.3}$$

其中，

$$\boldsymbol{R}_{P-T}(i,k) = \begin{cases} 1, & \text{如果平台 } P_k \text{ 分配到任务 } T_i \\ 0, & \text{否则} \end{cases}$$

$$\boldsymbol{R}_{DM-P}(k,m) = \begin{cases} 1, & \text{如果平台 } P_k \text{ 分配到 } DM_m \\ 0, & \text{否则} \end{cases}$$

$$\boldsymbol{R}_{DM-DM}(m,n) = \begin{cases} 1, & \text{如果从 } DM_m \text{ 到 } DM_n \text{ 存在决策链接} \\ 0, & \text{否则} \end{cases}$$

$$\boldsymbol{R}^E_{DM-T}(i,m) = \begin{cases} 1, & \text{如果任务 } T_i \text{ 分配到 } DM_m \\ 0, & \text{否则} \end{cases}$$

即

$$\boldsymbol{R}^E_{DM-T}(m,i) = \begin{cases} 1, & \text{如果存在平台 } P_j \text{ 满足 } \boldsymbol{R}_{DM-P}(m,j) = 1 \text{ 且 } \boldsymbol{R}_{P-T}(i,j) = 1 \\ 0, & \text{否则} \end{cases}$$

$$\boldsymbol{R}^C_{DM-T}(m,i) =$$

$$\begin{cases} 1 & \text{满足 } \prod_{m_i \in DM(i)} \boldsymbol{P}(m,m_i) = 1, \\ & \text{且 } \forall m' \in \left\{ m' \Big| \prod_{m_i \in DM(i)} \boldsymbol{P}(m',m_i) = 1 \cap m'' \neq m \right\}, \text{满足 } \boldsymbol{P}(m,m') = 0 \\ 0, & \text{否则} \end{cases}$$

其中，$DM(i)$ 是执行任务 T_i 的决策者集合，$\boldsymbol{P}(m,m_i)$ 为决策树中决策者之间的有向连通判断矩阵，表示为

$$\boldsymbol{P}(m,m_i) = \begin{cases} 1, & \text{如果决策者 } DM_m \text{ 到决策者 } DM_{m_i} \text{ 存在有向链接} \\ 0, & \text{否则} \end{cases}$$

$\boldsymbol{P}(m,m_i)$ 表明决策者 DM_m 是协作执行任务 T_i 的决策者的指挥决策者。

$\boldsymbol{R}_{P-T}$ 是组织内协作的基础，决策者在任务上的协作是通过各自所控制的物理平台在任务执行上行动的协同，没有平台的协同就不存在决策者在任务上的协作；$\boldsymbol{R}_{DM-P}$ 建立了组织决策者对平台的控制；$\boldsymbol{R}_{DM-P}$ 和 $\boldsymbol{R}_{P-T}$ 的确定就决定了由哪个决策者来执行哪个任务，即确定了 $\boldsymbol{R}^E_{DM-T}$ 和 $\boldsymbol{R}^C_{DM-T}$，从而确定了决策者在任务上的协作；$\boldsymbol{R}_{DM-DM}$ 确定了 C^2 组织内的决策者间的决策交流关系。

需要指出的是，文献[103,104]中定义的 C^2 组织结构不包括 $\boldsymbol{R}^E_{DM-T}$ 和 $\boldsymbol{R}^C_{DM-T}$，他们认为 $\boldsymbol{R}_{P-T}$ 和 $\boldsymbol{R}_{DM-P}$ 存在递进关系，这样由 $\boldsymbol{R}_{DM-P}$ 和 $\boldsymbol{R}_{P-T}$ 即可确定 $\boldsymbol{R}^E_{DM-T}$。但是现实中存在这样的情况：首先明确 $\boldsymbol{R}_{DM-P}$ 和 $\boldsymbol{R}_{DM-T}$，即每个决策者

拥有哪些平台,执行哪些任务;然后再由决策者自己决定平台到任务的具体指派,这样可以提高组织的适应性和灵活性。因此,有必要将R_{DM-T}^{E}单独提炼出来作为组织结构模型的要素,事实上,这样做的结果是将直接导致组织结构设计方法的变化。

3.1.3 组织转移方程

在不确定的战场环境下,组织要素(决策者,平台和任务)会随着时间动态变化,组织状态和组织结构也要进行相应的变化从而实现组织到使命的最佳匹配。组织转移方程定义了组织如何从一个组织状态过渡到另一个状态,以及从一个组织结构过渡到另一个组织结构。组织转移方程正是组织适应性的体现。这个方程是不能预先确定的,必须根据当前状态、正在追求的目标和组织规则来计算。组织转移方程可以形式化表示为

$$O_{\text{trans}} : O \rightarrow O \tag{3.4}$$

组织转移包括两个不同类型的重构,一个是状态重构,仅考虑组织状态的改变;另一个是结构重构,仅考虑组织结构的改变。

对于状态重构,可以形式化表示为

$$O_{\text{trans}}(state) : O \rightarrow O \tag{3.5}$$

并限定满足约束条件:

$$O_{\text{trans}}(state)(O) . O_{\text{struct}} = O . O_{\text{struct}} \tag{3.6}$$

对于结构重构,可以形式化表示为

$$O_{\text{trans}}(struct) : O \rightarrow O \tag{3.7}$$

并限定满足约束条件

$$O_{\text{trans}}(struct)(O) . O_{\text{state}} = O . O_{\text{state}} \tag{3.8}$$

这样,通过式(3.4)~式(3.8),可以将组织转移方程分解为

$$O_{\text{trans}}(O) = O_{\text{trans}}(struct)(O_{\text{trans}}(state)(O)) \tag{3.9}$$

从技术上来说,组织转移方程允许改变平台集P、决策者集DM、任务集T、功能类型集F、平台和功能类型间的占有关系R_P、任务和功能类型间的需求关系R_T和任务间的依赖关系A_T,以及C^2组织在决策者、平台实体与任务间的C^2关系。然而,这些组成部分并不都在组织转移的控制之下。我们假设平台、功能类型和决策者可以加入和离开组织或者关系,但是这些行为是引起组织转移的触发条件而并不是转移的结果。同样,平台和资源间的占有关系R_P完全受限于自身的能力以及执行任务时的消耗,并决定它可以在组织中扮演的角色,

组织仅仅能够利用这些信息来决定自身的组织结构,因此平台自身能力的改变同样也只是组织转移的触发条件。这样剩下的其他元素可以通过组织转移来改变。

因此,我们完整地定义组织转移为

$$O_{\text{trans}} : O \to O$$

其中,

$$\begin{cases} O_{\text{trans}}(O) = O_{\text{trans}}(struct)(O_{\text{trans}}(state)(O)) \\ O_{\text{trans}}(state)(O).O_{\text{struct}} = O.O_{\text{struct}} \\ O_{\text{trans}}(struct)(O).O_{\text{state}} = O.O_{\text{state}} \\ O_{\text{trans}}(O).O_{\text{state}}.\boldsymbol{P} = O.O_{\text{state}}.\boldsymbol{P} \\ O_{\text{trans}}(O).O_{\text{state}}.\boldsymbol{DM} = O.O_{\text{state}}.\boldsymbol{DM} \\ O_{\text{trans}}(O).O_{\text{state}}.\boldsymbol{F} = O.O_{\text{state}}.\boldsymbol{F} \\ O_{\text{trans}}(O).O_{\text{state}}.\boldsymbol{R}_P = O.O_{\text{state}}.\boldsymbol{R}_P \end{cases} \tag{3.10}$$

组织转移实质上是组织面对动态环境的适应性变化的体现,这里我们仅仅给出了组织转移方程的形式化表示,对于具体的组织转移方法或者说是组织的适应性设计方法是本书的一项重要研究内容,将在第 5 章进行详细的讨论。

3.1.4 重构触发条件

在组织的生命周期中,面对使命环境的动态变化,为了及时地实现适应性 C^2 组织的组织转移,需要建立完整的重构触发条件。重构触发条件可以分为三类:①组织资源约束,即根据当前的组织结构,资源的分配是否能够完成当前的组织使命;②组织性能约束,即当前组织是否能够在一定的性能测度范围内完成当前的组织使命;③使命环境的变化。

3.1.4.1 组织资源约束

这类约束是判断当前的组织结构、资源的分配是否能够完成当前的组织使命;这里包括两个约束,一个是使命资源约束,即判断组织当前所拥有的资源是否能够完成整个使命;另一个是任务资源约束,即判断当前的组织结构是否能够完成所有的任务。

1. 使命资源约束

$\forall T_i \in \boldsymbol{T}, f_l \in \boldsymbol{F}$,有下式成立:

$$\sum_{k=1}^{K} R_P(k,l) \geqslant R_T(i,l) \tag{3.11}$$

如果存在 $T_i \in \mathbf{T}, f_l \in \mathbf{F}$ 使得式(3.11)不成立,说明组织当前所拥有的资源不能完成整个使命,因此需要加入新的平台实体到当前组织中,从而引发组织结构重构,即该约束条件的不满足将触发适应性 C^2 组织模型的组织结构重构方程 $O_{\text{trans}}(struct)$。

2. 任务资源约束

对于 $\forall T_i \in \mathbf{T}, f_l \in \mathbf{F}$,有

$$\sum_{k=1}^{N_P} R_{P-T}(i,k) \cdot R_P(k,l) \geqslant R_T(i,l) \tag{3.12}$$

如果存在 $T_i \in \mathbf{T}, f_l \in \mathbf{F}$ 使得式(3.12)不成立,说明当前组织结构中的平台在任务上的协作关系已经不适合当前的使命环境,需要进行组织结构的重构,即该约束条件的不满足将触发适应性 C^2 组织模型的组织结构重构方程 $O_{\text{trans}}(struct)$。

需要指出的是,在组织的生命周期中,组织实体成员(平台实体和决策者实体)在执行任务时可能会损耗严重或被销毁从而退出组织;或者由于战局的需要会有实体成员的离开以及新的实体成员的加盟,因此组织实体成员的变更将需要重新判断使命资源约束和任务资源约束是否满足。

3.1.4.2 组织性能约束

这类约束是判断当前的组织结构是否能够在一定的性能范围内完成当前的组织使命。组织结构与使命环境和过程的匹配或适应是对组织结构完成使命的性能度量,是组织最佳运作的关键[114]。经过大量的实验验证[115],结构匹配主要的测度参数包括:工作负载、交流和个体间的依赖关系,而适应性 C^2 组织模型的组织结构模型的四种 C^2 关系就确定了这些测度参数。

这里我们首先考虑组织结构完成使命的两个基本的测度参数:决策者的内部工作负载和外部协作负载[116]。

DM_m 的内部工作负载 $I(m)$ 是分配到该决策者的平台的累积负载,即

$$I(m) = \sum_{k=1}^{N_P} R_{DM-P}(k,m) \tag{3.13}$$

DM_m 的外部协作负载 $E(m)$ 是该决策者与其他决策者的协作的和,即

$$E(m) = \sum_{n=1, n \neq m}^{N_{DM}} d(m,n) \tag{3.14}$$

其中,$d(m,n)$是决策者 m 和决策者 n 间的协作量。

$$d(m,n) = \sum_{i=1}^{N_T} R_{DM-T}^E(i,m) \cdot R_{DM-T}^E(i,n),(m \neq n) \tag{3.15}$$

DM_m 的工作负载是它的内部工作负载和外部协作负载的加权和[117],即

$$W(m) = W^I \cdot I(m) + W^E \cdot E(m) \tag{3.16}$$

其中,W^I 和 W^E 是权重。

定义 3.1 组织结构 O_{struct} 执行使命 M 的性能测度定义为各决策者工作负载的均方根(RMS)[118]:

$$W_{RMS}(O_{struct},M) = \sqrt{\frac{1}{N_{DM}} \sum_{m=1}^{N_{DM}} W^2(m)} \tag{3.17}$$

该度量同时最小化组织中各决策者实体负载的均值和方差,度量值越小,组织结构匹配组织使命的效果越好。

在适应性组织模型中的重构触发条件里,我们事先给定性能测度的上限 W_{max},当前组织结构执行当前使命的性能测度记为 W_{RMS},则一个可接受的组织结构需要满足下面的条件:

$$W_{RMS} \leqslant W_{max} \tag{3.18}$$

当式(3.18)不成立时,说明当前的组织结构已经不适应当前组织使命(即不适应当前的组织状态),需要进行组织结构的重构,即该约束条件的不满足将触发适应性 C^2 组织模型的组织结构重构方程 $O_{trans}(struct)$。

3.1.4.3 使命环境的变化

由于外界环境的变化,当前使命目标和使命分解可能不再适应改变后的外界环境,从而引发组织的重构。这里首先需要建立使命 M 与环境 E_n 的有效性测度 $Eof(M,E_n)$,该测度是对执行使命的行动过程或任务流程的有效量度[104],因此,使命的有效性测度亦可表示为 $Eof(T,R_T,A_T,E_n)$,该测度值越大,使命与环境的匹配越好。

在适应性 C^2 组织模型中的重构触发条件里,可以事先给定使命有效性测度的下限 Eof_{min},则一个可接受的组织使命需要满足

$$Eof(M,E_n) \geqslant Eof_{min} \tag{3.19}$$

当式(3.19)不成立时,说明当前的使命目标和使命分解已经不适应当前的外界环境,需要设计得到新的使命,从而该约束条件的破坏将触发适应性 C^2 组织模型的组织状态重构方程 $O_{trans}(state)$,而组织状态的重构将进一步触发组织

结构重构方程 $O_{\text{trans}}(\mathit{struct})$。

3.2　适应性 C^2 组织的优化设计

适应性 C^2 组织的设计涉及两个主要问题,首先是需要根据初始环境设计初始的 C^2 组织;然后是根据使命环境的变化,对组织进行适应性优化调整。

3.2.1　初始条件下的 C^2 组织设计

建立了 C^2 组织的适应性模型以后,我们需要根据初始环境设计初始的 C^2 组织。在设计一个组织或者团队去完成具体使命时我们通常都会遇到这些问题:组织或团队的使命是什么? 有哪些可获取的资源? 在组织或团队中谁拥有什么? 谁能做什么? 谁能控制什么? 谁能看见什么? 谁知道什么? 谁能和谁交流? 谁发布命令? 谁作出决策? 谁负责什么平台功能? 谁需要与谁交流? 谁与谁在任务上协作? 谁需要与谁协调? 等等。明确了这些问题也就构造了一个完整的组织或者团队。

C^2 组织设计的这些问题可以概括为对以下问题的回答[103]:

(1) 所设计的团队或组织需要面临什么样的环境和使命?

(2) 基于组织使命产生任务序列和任务对资源的需求,即在什么时间去做什么? 什么任务的执行需要哪些功能的协作? 这一问题的本质是执行使命的行动策略问题。

(3) 平台资源到任务的分配,即哪些平台执行什么功能去完成什么任务? 这一问题的本质是作战平台的部署问题。

(4) 平台资源的聚类,即哪些平台归属同一决策者的指挥更有利于组织的整体效能?

(5) 决策者的协作交流与指挥控制关系,即在平台资源聚类基础上建立这些聚类之间的关系,这些关系的建立就确立了决策者之间的指挥协同关系。

对组织的不同理解和认识导致组织设计的不同定义,如 Galbraith 认为组织设计是制订一个结构的关系模式,在这一关系模式下,组织成员各自执行自己的分工,以实现既定的目标[121],而 Levchuk 认为组织设计就是建立组织内部最佳运作的物质流和信息流[119,120]。

基于适应性组织模型,C^2 组织的设计是基于组织使命环境的分析,在组织约束(决策者与平台资源能力约束)条件下设计执行组织使命的有效的组织初始状态和与这一状态相匹配的组织结构以实现组织使命目标。其设计工作包括如下步骤(图3.1)：

(1) C^2 组织使命环境分析；

(2) 建立 C^2 组织的实体模型,确定 C^2 组织设计的约束参数；

(3) 设计与环境相适应的初始组织状态,也称为使命规划；

(4) 设计与使命规划结果相匹配的组织结构,也称为结构设计。

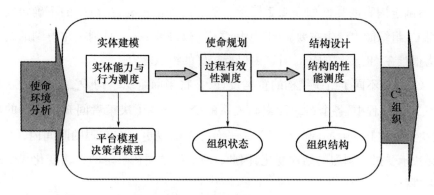

图3.1 C^2 组织设计步骤

3.2.2 C^2 组织结构的适应性优化

使命执行期间, C^2 组织的能力因受到使命环境中各种不确定因素变化的影响而下降,无法满足使命的能力需求,最终影响使命的完成。计算组织理论认为"最成功的组织趋向于高灵活性",组织应根据环境的变化调整自身结构,从而提高性能或者效率[54]。如何根据使命环境中动态到达的不确定事件对 C^2 组织能力的影响,适时地对当前组织结构进行优化调整,是 C^2 组织研究的关键问题之一,称为 C^2 组织结构适应性优化(C^2 Organization Structure Adaptive Optimization,COSAO)问题。

在不确定使命环境下, C^2 组织能力会因不确定因素的影响而下降,根据组织结构对组织能力的优化作用分析,通过调整对应的结构变量,可以改善 C^2 组织提供能力的方式,优化受影响的组织能力,使组织能力与使命的能力需求相匹配,保证组织有效完成使命。

以下针对第2章中讨论的八类不确定因素对组织能力的影响,建立综合考虑资源能力测度和决策能力测度的 COSAO 模型。 t 时刻建立的 COSAO 模型包含着已知信息 $I(t)$ 和不确定因素 $\xi(t)$ 。

（1）已知信息 $I(t)$。$I(t)$ 是 t 时刻已知信息的集合，包括当前组织元素信息和组织结构 O_{struct} 信息以及 t 时刻之后的作战任务集。针对 $I(t)$ 中包含的任务能力需求、平台资源能力和决策者的决策能力等信息，所进行的组织结构适应性优化能够有效改善 C^2 组织提供决策能力和资源能力的方式，并提升 C^2 组织能力。

（2）不确定性因素 $\xi(t)$。$\xi(t)$ 是 t 时刻之后使命环境中的不确定因素集合，不确定因素的类型如表 2.2 所示。随着时间的推移，$\xi(t)$ 中的不确定因素将对 C^2 组织能力产生主要影响。因此，在 $\xi(t)$ 影响下，t 时刻优化得到的组织结构很难在 t 时刻后的较长时域内保持较好的组织能力。

COSAO 不同于组织结构的重构设计，在将当前组织结构 O_{struct} 调整为新结构 O_{struct}^* 的过程中，各个组织元素间关系的变化导致了决策者间知识储备的转移、决策者控制平台的调整和任务 – 平台分配的变更。在有限的时间内，C^2 组织无法承受过于剧烈的结构变化，因此，COSAO 必须在一定的结构变化代价约束内进行。

不失一般性，以组织能力测度最大化为目标，建立 t 时刻的 COSAO 模型：

$$\max\{E(OP_{I(t),\xi(t)}(O_{struct}^*)) - TC(O_{struct},O_{struct}^*)\}$$
$$\text{s. t. } O_{struct}^* \in O_{struct}^*\_Set \tag{3.20}$$

其中，$OP_{I(t),\xi(t)}(O_{struct}^*)$ 表示在 t 时刻已知信息 $I(t)$ 和不确定因素 $\xi(t)$ 共同影响下组织结构 O_{struct}^* 的能力测度；$OP_{I(t),\xi(t)}(O_{struct}^*)$ 受 $\xi(t)$ 的影响而变化，$E(OP_{I(t),\xi(t)}(O_{struct}^*))$ 表示 $OP_{I(t),\xi(t)}(O_{struct}^*)$ 的期望；$TC(O_{struct},O_{struct}^*)$ 表示组织结构从 O_{struct} 调整为 O_{struct}^* 的结构变化代价；$O_{struct}^*\_Set$ 表示 O_{struct}^* 解的可行域。从式（3.20）可见，COSAO 模型是一个包含随机变量的随机规划模型，具有如下特点：

（1）动态不确定性。使命环境中的高度不确定性使 COSAO 具有动态不确定性的特点，一方面，使命环境中的不确定因素 $\xi(t)$ 是随机变量，很难预先估计，无法解析计算在 $\xi(t)$ 影响下 O_{struct}^* 的能力测度均值 $E(OP_{I(t),\xi(t)}(O_{struct}^*))$，因而也无法评价 O_{struct}^* 的优劣；另一方面，即使可以估算 $E(OP_{I(t),\xi(t)}(O_{struct}^*))$ 并得到期望意义上的最优结构，在 $\xi(t)$ 的作用下，C^2 组织的能力测度仍然是围绕期望能力测度值波动的，随着不确定因素对组织影响的增大，O_{struct}^* 的能力测度值变化幅度将增大。

（2）复杂关联性。由表 2.4 可知，结构变量对于 C^2 组织能力测度的优化作用具有交叉关联影响,通过某个结构变量优化其中一个组织能力测度参数时,可能会影响其他四个组织能力测度参数,进而引起更多结构变量的调整。以任务资源满足度的优化为例,该优化是通过任务与平台间的分配关系 R_{P-T} 的调整来进行的,而从表 2.4 可知,R_{P-T} 的调整又将影响任务决策负载、任务决策质量、任务完成时间和任务执行质量等测度参数,为了避免单独调整 R_{P-T} 使这四个测度参数值变差,同时还应调整 R_{DM-P}、R_{DM-DM}。可见,结构变量和能力测度的交叉关联性导致了在 C^2 组织结构适应性优化过程中,难以控制参与优化的结构变量,使得优化问题规模变大、结构变化成本变高和计算耗时增加。

COSAO 模型的特点决定了使用传统的组织结构适应性优化方法[65,105,122]将无法获得满意的结果,需要提出新的优化方法来降低模型求解时面临的动态不确定性和复杂关联性。

3.3 C^2 组织结构的分层动态适应性优化策略

C^2 组织结构的结构变量和能力测度之间具有复杂的交叉关联性,在 C^2 组织结构的适应性优化过程中,为了控制优化问题的规模,在保证组织能力优化效果的前提下应尽量减少参与优化的结构变量个数。本节将提出基于组织结构分层的适应性优化策略,降低求解 COSAO 模型的复杂关联性。

3.3.1 基于能力测度的组织结构分层方法

当不确定因素影响组织能力时,采用组织结构整体调整的方式优化组织能力,会导致所涉及的调整范围过大,造成优化耗时过长和结构变化成本过大,并破坏原有组织的稳定性。为此,我们提出基于能力测度的组织结构分层方法,根据组织结构对组织能力的优化作用,只调整受影响的能力测度所对应的结构关系,保持其他结构关系不变,减少适应性优化时结构变量与能力测度之间的交叉关联。

根据第 2 章提出的 C^2 组织的资源能力测度和决策能力测度,可以将 C^2 组织结构分为两层,分别是决策层结构(Decision Layer Structure,DLS)和资源层结构(Resource Layer Structure,RLS)。如图 3.2 所示,决策层结构包括决策者与平台间的控制关系 R_{DM-P}、决策者间的层级关系 R_{DM-DM}、决策者与任务间的执行关系 R_{DM-T}^{E} 和决策者与任务间的指挥关系 R_{DM-T}^{C},资源层结构包括任务与平台

间的分配关系 R_{P-T}。

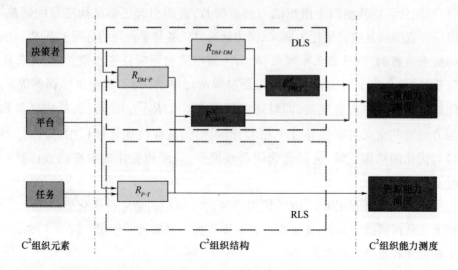

图 3.2　基于能力测度的 C² 组织结构分层

由图 3.2 中决策层结构、资源层结构与 C² 组织的决策能力测度和资源能力测度的关系可知：

（1）通过决策层结构的调整，可以在不引起组织资源能力变化的前提下优化组织决策能力。

（2）通过资源层结构的调整，可以优化组织资源能力。但是资源层结构变化以后会影响决策者与任务之间的执行关系 R_{DM-T}^{E} 和决策者与任务之间的指挥关系 R_{DM-T}^{C}，从而最终影响组织的决策能力测度。

当组织的决策能力下降时，可以通过调整决策层结构提高组织的决策能力，并且可以避免因决策能力的优化而影响资源能力，从而不会引起资源层结构的调整；当组织的资源能力下降时，虽然可以通过调整资源层结构提高组织的资源能力，但是可能因此而导致组织决策能力的下降，从而进一步引发决策层结构的调整。

综上所述，在组织结构的适应性优化过程中，基于能力测度的组织结构分层方法能够根据所要优化的组织能力类型选择对应的结构变量参与优化，并通过结构分层最大程度地减少结构变量与组织能力测度之间的交叉关联。但是在进行组织资源能力优化时，如何将组织决策能力的变化控制在可承受的范围，将成为减少结构变量与组织能力测度之间交叉关联的关键。

3.3.2 基于组织结构分层的动态适应性优化过程

当不确定因素的变化影响组织能力测度时,需要调整对应的结构变量以优化组织能力。基于能力测度的组织结构分层方法,以及第 2 章中关于不确定因素对 C^2 组织能力的影响分析,可以得到如图 3.3 所示的基于组织结构分层的动态适应性优化过程(Structure Layering Dynamic Adaptive Optimization,SLDAO)。

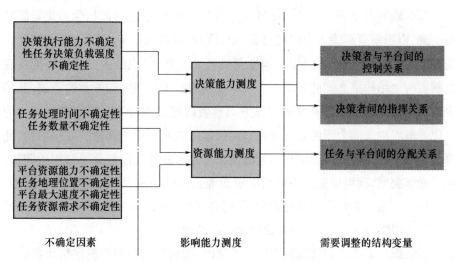

图 3.3　基于结构分层的适应性优化过程

如图 3.3 所示,由决策执行能力不确定性因素和任务决策负载强度不确定性因素引发的不确定事件可能导致组织决策能力下降,此时需要调整决策层结构来提升组织的决策能力。

由平台资源能力不确定性因素、任务地理位置不确定性因素、平台最大速度不确定性因素和任务资源需求不确定性因素引发的不确定事件可能导致组织资源能力下降,此时需要调整资源层结构来提升组织的资源能力。

由任务处理时间不确定性因素和任务数量不确定性因素引发的不确定事件可能同时导致组织资源能力和决策能力的下降,此时需要同时调整资源层和决策层结构来提升组织能力。

调整资源层结构和决策层结构时,需要设计对应的优化过程,即决策层结构适应性优化和资源层结构适应性优化两个优化过程。优化过程的核心设计思想是在确保优化效果的前提下,尽量减少参与优化变量的个数,以下分别对每个优化过程进行阐述。

（1）决策层结构适应性优化过程。当组织决策能力下降时,决策层结构适应性优化是在保持资源层结构不变的前提下,以尽量少的决策层结构关系作为优化变量,优化决策能力测度。决策层结构中包含了多类结构关系,由第 2 章中 C^2 组织结构与能力之间的关联分析可知,$\boldsymbol{R}_{DM-P}$ 和 $\boldsymbol{R}_{DM-DM}$ 决定了组织决策能力的提供方式。因此,决策层结构适应性优化的关键在于调整 $\boldsymbol{R}_{DM-P}$ 和 $\boldsymbol{R}_{DM-DM}$。

（2）资源层结构适应性优化过程。当组织资源能力下降时,保持决策层结构不变,以组织资源能力为优化目标,通过资源层结构中 $\boldsymbol{R}_{P-T}$ 的调整能够优化资源能力。但是由于 C^2 组织结构变量的彼此关联,组织结构分层仍然无法完全割裂两个结构层之间的关联。为了尽量避免扩大组织结构调整的范围,我们希望在保持决策层结构不变的前提下调整资源层结构,因此,当资源层结构的优化使组织决策能力测度的变化在一定阈值之内时可以不调整决策层结构,此时需要判断在保持决策层结构不变的情况下是否能够完成资源层结构的调整,如果能够完成,就可避免因优化组织资源能力而影响决策能力,进而引起决策层结构的调整。如果不能够完成调整,就必须根据当前的使命环境重新设计最优的资源层结构,并在此基础上设计决策层结构。

当组织决策能力和资源能力同时下降时,决策层结构和资源层结构都需要进行调整。因为调整资源层结构时会引起组织决策能力的变化,所以较好的结构优化顺序是:先优化组织资源能力再优化决策能力,在资源层结构优化调整的基础上判断是否需要进行决策层结构的优化调整。

为了实现决策层结构适应性优化过程和资源层结构适应性优化过程,需要结合组织能力测度的定义,为决策能力测度和资源能力测度提供具体的计算模型;然后,建立每个适应性优化过程的优化模型并设计模型的求解方法。组织结构适应性优化问题包含了多重优化变量,并且具有结构关系不变的约束,与现有的 C^2 组织结构优化模型相比,组织结构适应性优化模型还具有动态不确定性的特点,因此,传统的优化方法已无法适用于 C^2 组织结构适应性优化问题的求解,这也是本书后续章节将要解决的关键问题。

第 4 章　C^2 组织结构设计的粒度原理与方法

　　在一个竞争激烈的分布环境里,在确定的任务流程(或行动过程)基础上,组织资源的配置与部署、组织成员间的信息交流与协作以及决策层次结构三者之间的平衡是组织获取竞争优势的关键,而这三者之间的关系正是组织结构的体现。

　　近几年通过对团队决策的研究表明,组织结构的优化设计完全在于实际的任务结构和组织运作环境的关键属性[123]。这种结论导致了应用系统工程技术来设计人类组织,其设计方法是:首先建立描述任务和组织约束的定量模型,然后把不同的组织优化标准用于组织的性能比较,最后产生面向任务和环境的最优组织结构。目前,这一技术领域的研究引起了众多学者的兴趣,在这些研究中又以康涅狄格大学知识管理实验室和卡耐基梅隆大学社会组织系统的计算分析中心(CASOS)为代表的研究团队取得的成果尤为显著,康涅狄格大学知识管理实验室以 Levchuk 为代表一团队在美国海军研究办公室的支持下,从 20 世纪 90 年代中期开始对这一领域理论和实践进行了深入的研究,发展了使命模型并提出了组织结构的三阶段设计方法[124,125](本书以后简称为三阶段方法),其基本思想是:组织结构设计要经历三个阶段,第一阶段根据组织拥有的平台资源和所需要完成的各任务需求约束确立任务到平台的优化配置;第二阶段根据决策者的各种能力确立平台到决策者的分配;第三阶段,根据组织高效运作的协作需求确立组织内决策者间的层次关系和协作关系。与这一研究同步进行的是系列适应性指挥控制结构(A^2C^2)实验[129-131]和 Aptima 公司对组织设计的环境开发。三阶段设计方法将组织结构设计建立为三个迭代的子优化问题,克服了问题的计算复杂性。但第一个阶段采用的列表规划方法对于规模较大的问题无法给出优化的结果,此外由于第一个阶段只考虑了使命完成时间最短,没有考虑组织结构执行使命的性能测度这一重要指标,因此会潜在地影响第二、三阶段的优化设计,即影响组织的性能。文献[127,128]对三阶段方法进行了改进,主要是在第一阶段采用改进的列表规划方法优化使命完成时间,但同样存在原有方法的问题。文献[125,126]通过引入分组技术的思想,应用嵌套的遗传算法一次性完成组织结构的设计,即同时完成平台到任务的指派和平台到决策者的分配。这种设计方法部分解决了三阶段设计方法的不足,优化了组织性能,但由于无法考虑任务的执行时间和先后顺序,从而不能优化使命的完成时间。

如何平衡组织结构设计问题中的两个重要指标:使命完成时间和组织结构执行使命的性能测度,仍然是需要进一步研究的课题。在已知适应性 C^2 组织的初始组织状态的前提下,我们通过引入信息处理和人工智能领域的新兴研究领域粒度计算,提出新的组织结构设计方法,并以一次多军兵种联合作战的登陆战役为例,将之与已有方法进行比较。

4.1 粒度计算与组织结构设计

近年来,Zadeh[132-135]讨论的粒度计算理论已经成为计算科学、逻辑、人工智能、哲学和其他领域的研究热点之一。所谓粒是指一些元素的集合,这些元素具有不可分辨性、相似性或函数和功能的内聚性等[135]。Zadeh 认为,粒度计算是模糊信息粒度理论、粗糙集理论和区间计算理论的超集,是粒度数学的子集,它像一把大伞覆盖了所有有关粒度的理论、方法论、技术和工具的研究。

粒度计算的研究动机[136]:①从哲学的角度看,Yager 和 Filev 指出"人类已经形成了世界就是一个粒度的观点"以及"人们观察、度量、定义和推理的实体都是粒度",在人类的活动中,粒度无处不在[137]。复杂信息的粒度化和简单化在问题求解中的必要性是我们研究粒度计算最直接的原因。②从人工智能的角度看,粒度计算的研究对复杂的人工智能系统的设计和实现有着深远的影响。人工智能的发展还有待于进一步理解人类智能的机制。如何根据问题求解的需要选择合适的粒度,不同粒度世界之间又如何转换等问题对于现有的问题描述方法,诸如状态空间法、问题归约法以及其他表达方法都难以奏效,我们缺少描述不同粒度世界的手段。如果能够把人类的这种能力形式化,并使计算机也具备类似的能力,这对于机器智能的开发意义重大。③从优化论的角度来看,优化论是软计算科学的核心内容,虽然经典的优化理论在生产计划与调度、交通运输、商业运作、金融管理等领域的应用有数不清的成功实例,但随着信息科学的迅猛发展,现代系统越来越复杂,信息系统常常包含着海量的、不完整、模糊及不精确的数据或对象,常常使得传统的数学优化方法显得无能为力。因此,探寻能够有效处理模糊的、不完整的、不精确的及海量的信息,且具有智能特征的优化方法成为优化理论的发展趋势。粒度计算的理论与方法在观念上突破了传统优化思想的束缚,不再以数学上的精确解为目标,即:需要的是很好地理解和刻画一个问题,而不是沉溺于那些用处不大的细节信息上,这是观念上的创新,非常有价值。粒度计算理论的研究对推动优化理论的发展极其重要。④从问题求解的角度看,现实世界的许多复杂问题的求解过程中,常常需要将问题分解为更小、更易处理的一系列子任务。在这里,粒度计算能够作为处理上述任务的有效工具(或模型)。⑤从应用技术的角度看,图像处理、语音与字符识别等,是计算机多媒体的核心技术。这些信息处理质量的好坏直接依赖于分割的方法和技术,基于聚类算法、小波分析、分形分维、灰度等分割技术的方法在静态数据的处理方面取得了丰硕的成果。但随着应用的发展,迫切需要能够快速实现、处理动态数据的分割方法与技术,粒度计算的研究或许能够解决这一问题。总之,信息科学的发展需求是研究粒度计算的最根本的动机。

虽然粒度计算在理论与应用方法上还存在着许多尚待解决的问题,但已经在许多领域,如医疗诊断专家系统、图像处理、数据挖掘、模式识别与智能控制、问题求解中的启发式搜索、路径规划和时间规划等领域取得了很好的应用[136,138-143]。

4.1.1 粒度计算

粒度计算的思想实质是用简单易求、低成本的足够满意近似解代替精确解,实现智能系统和智能控制的易处理、鲁棒性,低代价和更好地刻画现实世界。凡是在分析问题和求解问题中,应用了分组、分类和聚类手段的一切理论与方法均属于粒度计算的范畴[136]。粒度计算的主要理论模型与方法包括基于模糊集合论的词计算模型[132,135]、粗糙集模型[144-150]和基于商空间的粒度计算模型[151,152],本节以后者为基础介绍粒度计算的相关问题。

4.1.1.1 信息粒度的形式化描述

在张钹院士和张铃教授提出的商空间理论[151]中,使用一个三元组(X, F, Γ)来描述一个问题,其中,X表示问题的论域,也就是我们要考虑的基本元素的集合。设F是属性函数(可以是多维的),定义为$F:X \rightarrow Y$,Y表述基本元素的属性集合。Γ表示论域的结构,定义为论域中各个基本元素之间的相互关系,一

般可取 Γ 为 X 上的某种拓扑结构。

从一个较"粗"的角度看问题，实际上是对论域 X 进行简化，把性质相近的元素看成是等价的，把它们归入一类，整体作为一个新元素，这样就形成一个粒度较大的论域 $[X]$，从而把原问题 (X,F,Γ) 转化成新层次上的问题 $([X],[F]$，$[\Gamma])$。粒度和等价关系有着非常密切的联系。实际上，上面所说的简化过程和熵集的概念完全相同。

当我们对 X 取粗粒度时，即给定 X 上的一个等价关系 R（或说一个划分），于是我们就得到一个对应于 R 的熵集记为 $[X]$，从而形成一个粒度较大的论域。这样讨论原问题 (X,F,Γ)，就转化为讨论对应的新的层次上的问题 $([X]$，$[F],[\Gamma])$。这里需要考虑的问题是如何定义 $[F]$，$[\Gamma]$，以及对应的问题在 $([X],[F],[\Gamma])$ 如何描述。文献 [151] 中详细讨论了构造 $[X]$，$[F]$，$[\Gamma]$ 的方法以及不同粒度空间之间的转换、合成、分解的方法和性质等。当然，对于不同的问题论域和不同的目标，粒的构造以及粒度空间之间的转换等都是不同的，需要根据具体问题具体设计和定义。

商空间理论就是研究各熵空间之间的关系，熵空间的合成、综合、分解以及利用在不同熵空间进行问题求解和推理、分析，最后综合出对原问题的解的理论。在这个模型下，可建立对应的推理模型，并有如下的性质[151]：

熵空间模型中推理的"保假原理"（或"无解保持原理"）和熵空间模型中推理合成的"保真原理"。

命题 1（保假原理）：若一个命题在粗粒度空间中是假的，则该命题在比它细的商空间中一定也是假无解。

命题 2（保真原理）：若命题在两个较粗粒度的商空间中是真的，则（在一定条件下），在其合成的商空间中对应的问题也是真的。

这两个原理在商空间模型的推理中起到很重要的作用。例如，若我们要对一个问题进行求解，当问题十分复杂时，常先进行初步分析，即取一个较粗粒度商空间，将问题化成在该空间上的对应的问题，然后进行求解，若得出该问题在粗粒度空间中是无解，则由"保假原理"，立即得原问题是无解的。因为粗粒度的空间规模小，故计算量也少，这样我们就可以以很少的计算量得出所要的结果，达到事半功倍的目的。同样利用"保真原理"也可达到降低求解的复杂性目的，在两个较粗空间上进行求解，得出对应的问题有解。利用"保真原理"可得，在其合成的空间上问题也有解。假设两个较粗空间的规模分别为 $|X_1|$ 和 $|X_2|$，一般情况下，合成的空间的规模最大可达到 $|X_1| \cdot |X_2|$。这样就将原来要求解

规模为 $|X_1| \cdot |X_2|$ 空间中的问题,化成求解规模分别为 $|X_1|$ 和 $|X_2|$ 的两个空间中的问题,即将复杂性从相乘降为相加。

4.1.1.2 粒度计算的基本问题

粒度计算的基本问题包括两个主要的方面,一个是如何构建信息粒度,另一个是如何利用粒度去计算。前者处理粒度的形成、粗细、表示和语义解释,而后者处理怎样利用粒度去求解问题。信息粒度的形成、表示、粗细、语义解释;信息粒子的大小;信息粒度粗细与求解有效度的关系;信息粒度的运算法则;信息粒度之间及其与外部环境的关系等,这些内容一起构成一个粒度世界。粒度世界是否构造得合理极大地影响着问题求解的效率[153]。

定义 4.1(粒度):给定论域 X 和 X 上的关系 $R:X \rightarrow 2^X$,$\Rightarrow X = \bigcup_{i \in \tau} G_i$,则称每一个 G_i 为一个信息粒,$\{G_i\}_{i \in \tau}$ 是论域 X 的一种粒度。其中,2^X 表示论域 X 的幂集,关系 R 可以代表等价关系、不可分辨关系、功能关系、函数关系等。如果 $\forall i,j \in \tau, i \neq j \Rightarrow G_i \cap G_j = \phi$,则称 $\{G_i\}_{i \in \tau}$ 是论域的粒度划分;如果 $\exists i,j \in \tau, i \neq j \Rightarrow G_i \cap G_j \neq \phi$,则称 $\{G_i\}_{i \in \tau}$ 是论域的粒度覆盖。

定义 4.2(粒子的大小):设 X 是给定的一个论域,粒度划分 $X = \bigcup_{i \in \tau} G_i$,则称粒子 G_i 的大小为 $d(G_i) = |G_i| = \int_{G_i} \mathrm{d}x$。注意:当论域为离散情形时,积分表示信息粒子 G_i 所含个体的总个数,也可能是可列个;当论域为连续状态时,积分表示信息粒子 G_i 长度的度量值,也可能是无穷大或不可数。

定义 4.3(信息粒度粗细):设 $\Re$ 是论域上关系的全体,且 $R_1, R_2 \in \Re$,若对 $\forall x, y \in X, xR_1y \Rightarrow xR_2y$,则称 R_1 比 R_2 细,简记为 $R_2 < R_1$。一个关系代表一种分类,因此也可以表示粒度粗细。设 $R_0 < R_1 < \cdots < R_{END}$ 表示一个嵌套关系簇,其中 R_0 代表论域本身是一个等价类,即最粗的划分;R_{END} 代表 $\forall x, y \in X, xR_{END}y \Leftrightarrow x = y$,也即最细的划分;其他的表示中间层次的划分。注意:同一论域的粒度之间存在不能比较粗细的情形。

目前关于多层粒化模型的讨论大多局限在嵌套的多层粒化上[146,147],虽然给理论上的讨论带来了方便,但却只能分析解决部分问题。因此有必要讨论更一般的多层粒化模型,给出相应的性质、近似方法、评价标准等。我们对这个问题的研究进行了初探,提出了推广的多层粒化模型[148],这里的覆盖集族可以是非嵌套的。

我们在图像处理中对于粒度计算的基本问题进行了系列的研究,分析了不同粒度空间之间的转换、合成和差异性分析的方法和性质等,提出了基于粒度计算的图像插值方法[139,140]、图像压缩方法[141]和图像的边缘检测方法[138]。实验验证了粒度计算在这一领域内处理问题的有效性。当然,对于不同的问题论域和不同的目标,粒的构造以及粒度空间之间的转换等都是不同的,需要根据具体问题具体设计和定义。

通过我们的研究可以发现,信息粒度的粗细影响着计算复杂度和问题的求解效果。在问题求解过程中,同一个粒度世界或不同粒度世界所要求描述的信息含量和相互变换决定了信息粒度的粗细优化。粒度计算的目的就是在误差允许的范围内,尽量找到计算复杂度最小的足够满意的可行近似解。因此,可以认为粒度计算是降低计算复杂度的有效工具。总之,如何在问题求解时选择恰当的粒度层次,以使求解效果达到最佳,这是粒度计算的一个关键内容之一。

4.1.2　组织结构设计中的粒度原理

面对复杂的、难于准确把握的问题,人们通常不是采用系统的、精确的方法去追求问题的最佳解,而是通过逐步尝试的办法达到有限的合理的目标,也就是取得所谓足够满意的解。人类就是采用这种概略的、由粗到细、不断求精的多粒度分析法,避免了计算复杂度高的困难,使得原来看似非多项式难解的问题迎刃而解。正如文献[151]中所说:"人类智能的一个公认特点,就是人们能从极不相同的粒度上观察和分析同一问题。人们不仅能在不同的粒度世界上进行问题求解,而且能够很快地从一个粒度跳到另一个粒度的世界,往返自如,毫无困难。"由于观察问题的角度和获取对象的特征信息的不同,对复杂对象可按分析问题的需要,将对象简练成若干个保留重要特征和性能的点,从而便于分析,这种点就是不同粒度世界的代表。

粒度计算的目的就是尽量找到计算复杂度最小的足够满意的可行近似解,因此,可以认为粒度计算是降低计算复杂度的有效工具之一。组织结构设计问题由于涉及大量的平台和任务,是典型的复杂问题求解,可以考虑通过引入问题论域的粒度计算来简化问题的求解。

组织结构设计中的问题论域是平台集和任务集,根据资源和任务的特点,可以将平台集和任务集进行粒化,每一个平台粒具有某种功能聚合性,每一个任务粒具有某种功能相似性,由于一个平台只能属于一个决策者,一个任务可以由多个决策者协作完成,因此粒化平台集得到的是粒度划分,粒化任务集得到的是粒度覆盖。通过粒化可以使一个平台粒有效地处理一个任务粒,这实际上是在新的粒度层次上求解原问题,简化了问题求解的复杂度。组织结构设计中的粒度原理可以通过图4.1反映。

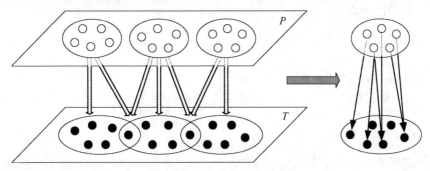

图4.1　组织结构设计中的粒度原理

4.1.2.1　基于任务的平台粒构造

定义4.4　平台集 P 的幂集为 2^P,对于任务子集 $X \subset T$,令

$$G_X(P) = \{g \in 2^P \mid \forall l, \sum_{P_j \in g} PR_{jl} \geq \bigvee_{T_i \in X} TR_{il};$$

$$\forall P_k \in g, \exists l, \sum_{P_j \in g/\{P_k\}} PR_{jl} < \bigvee_{T_i \in X} TR_{il}\} \tag{4.1}$$

称 $G_X(P)$ 为基于任务子集 X 的平台粒集合,集合中的每个元素就是平台粒。$G_X(P)$ 实际上是由所有刚好可以执行任务子集 X 的平台集所组成,也就是按着功能的聚合性得到的粒集合(平台集和任务集的定义见第2章)。

定义4.5　对于平台 $P_j \in P$ 和任务子集 $X \subset T$,如果 $P_j \in \bigcup_{g \in G_X(P)} g$,则称 P_j 是任务子集 X 可用的。

可以假设对于初始平台集的任何一个平台 P_j,都存在一个任务 T_i,使得 P_j 是任务 T_i 可用的。否则,去掉那些对所有任务来说都不是可用的平台,构成新的平台集。

4.1.2.2　平台粒的计算

定理4.1　对于任务子集 $X, Y \subset T$,有 $\bigcup_{s \in G_{X \cup Y}(P)} s \subseteq \bigcup_{g \in G_X(P)} g \cup \bigcup_{h \in G_Y(P)} h$,即如果平台 P_j 是 $X \cup Y$ 可用的,则它或者是 X 可用的或者是 Y 可用的。

证明: $\forall P_j \in \bigcup_{s \in G_{X \cup Y}(P)} s$,$\exists s \in G_{X \cup Y}(P)$,s.t. $P_j \in s$,则由定义4.4有

$$\exists l_0, \sum_{P_k \in s/\{P_j\}} PR_{kl_0} < \bigvee_{T_i \in X \cup Y} TR_{il_0} \Rightarrow \sum_{P_k \in s/\{P_j\}} PR_{kl_0} < \bigvee_{T_i \in X} TR_{il_0}$$

$$\text{或者} \sum_{P_k \in s / |P_j|} PR_{kl_0} < \bigvee_{T_i \in Y} TR_{il_0}$$

不妨设 $\sum\limits_{P_k \in s / |P_j|} PR_{kl_0} < \bigvee\limits_{T_i \in X} TR_{il_0}$

同样由定义 4.4 有, $\forall l, \sum\limits_{P_k \in s} PR_{kl} \geqslant \bigvee\limits_{T_i \in X \cup Y} TR_{il} \geqslant \bigvee\limits_{T_i \in X} TR_{il}$

因此, $\exists g^* \subseteq s, \text{s. t. } g^* \in G_X(\boldsymbol{P})$

由 $\sum\limits_{P_k \in s / |P_j|} PR_{kl_0} < \bigvee\limits_{T_i \in X} TR_{il_0}$ 可知, $P_j \in g^*$, 即 $P_j \in \bigcup\limits_{g \in G_X(P)} g$

由 P_j 的任意性, $\bigcup\limits_{s \in G_{X \cup Y}(P)} s \subseteq \bigcup\limits_{g \in G_X(P)} g \cup \bigcup\limits_{h \in G_Y(P)} h$

定理 4.1 说明计算 $G_{X \cup Y}(\boldsymbol{P})$ 只需考虑 $G_X(\boldsymbol{P})$ 和 $G_Y(\boldsymbol{P})$ 涉及的平台即可。

定理 4.2 任务子集 $X, Y \subset T$, 对于 $\forall s \in G_{X \cup Y}(\boldsymbol{P}), \exists g \in G_X(\boldsymbol{P}) \cup \phi, h \in G_Y(\boldsymbol{P}) \cup \phi, \text{s. t. } s = g \cup h$。

证明: $\forall s \in G_{X \cup Y}(\boldsymbol{P})$

(1) 如果 $s \in G_X(\boldsymbol{P})$ 或者 $s \in G_Y(\boldsymbol{P})$, 定理得证。

(2) 如果 $s \notin G_X(\boldsymbol{P})$ 且 $s \notin G_Y(\boldsymbol{P})$, 则由定义 4.4 有

$$\forall l, \sum_{P_k \in s} PR_{kl} \geqslant \bigvee_{T_i \in X \cup Y} TR_{il} \geqslant \bigvee_{T_i \in X} TR_{il}, \sum_{P_k \in s} PR_{kl} \geqslant \bigvee_{T_i \in X \cup Y} TR_{il} \geqslant \bigvee_{T_i \in Y} TR_{il}$$

则 $\exists g \subset s, h \subset s$ (这里 $\subset$ 表示真包含), s. t. $g \in G_X(\boldsymbol{P}), h \in G_Y(\boldsymbol{P})$

因此有 $\forall l, \sum\limits_{P_k \in g \cup h} PR_{kl} \geqslant \bigvee\limits_{T_i \in X \cup Y} TR_{il}$

如果 $g \cup h \subset s$, 则与 $s \in G_{X \cup Y}(\boldsymbol{P})$ 矛盾。

因此 $g \cup h = s$, 定理得证。

定理 4.2 给出了已知 $G_X(\boldsymbol{P})$ 和 $G_Y(\boldsymbol{P})$, 计算 $G_{X \cup Y}(\boldsymbol{P})$ 的计算方法。因此, 只要得到 $G_{|T_i|}(\boldsymbol{P}), i = 1, 2, \cdots, N$, 就可以计算基于任意任务子集的平台粒集合。

4.2 基于粒度计算的 C^2 组织结构设计过程

目前组织结构设计的方法, 先进行任务规划, 然后依次进行组织协作网设计和组织决策树设计, 这实质上是自底向上的分析和求解问题的方法。但这种构造方法对于组织结构设计这种复杂的多目标问题来说, 一旦规模扩大, 结果将大大偏离最优解。当建立复杂的使命模型并设计相应的组织时, 不同的使命维度以及模型粒度决定了设计过程的复杂程度。如果以自顶向下的分析方法, 先在粗粒度层次上考虑问题, 然后再进入细粒度层次上进行求解, 将在降低问

题求解复杂度的同时,获得令人满意的可行解。本章提出基于粒度计算的组织结构设计方法(Organizational Structure Design Based on Granular Computing,osdb-gc)。针对组织结构设计问题的三个优化目标,设计过程包括三个阶段,自顶向下地将组织结构设计问题分成了三个不同的子问题。

阶段 I (组织协作网 – 任务集和平台集粒化):这个阶段完成组织协作网的设计,即决定了每个决策者拥有哪些平台和需要执行哪些任务。在这个阶段,分别将平台集和任务集粒化成相同数目的信息粒,通过平台粒和任务粒的对应关系决定平台粒到任务粒的配置,以满足每一个任务粒的资源需求。该阶段的目标是最小化组织结构执行使命的性能测度。

阶段 II (粒内任务规划):这个阶段决定了平台粒和任务粒中的平台到任务的具体配置,从而实现了所有平台到任务的指派。这个阶段的目标是最小化使命完成的总时间。需要考虑任务序列限制、同步延迟、任务资源需求、资源能力和地理位置等约束。由于在第一个阶段我们已经指定了平台粒到任务粒的分配,这一阶段可以将具有大量平台和任务的规划问题分解为一些独立的具有少量平台和任务的子规划问题。

阶段 III (组织决策树 – 决策分层):这个阶段通过指定通信结构和决策分层来优化决策者的责任分配和决策者间的控制协作。

基于粒度计算的组织结构设计过程如图 4.2 所示。

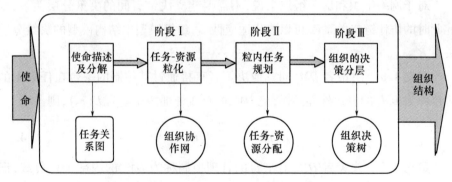

图 4.2　基于粒度计算的组织结构设计过程

OSDBGC 方法将组织结构设计问题的目标之一——最小化组织性能测度放到粗粒度的论域层次上进行求解,在完成组织协作网的设计的同时,将问题论域进行了粗粒度划分;针对结构设计问题的另一个目标——最小化使命的完成时间,该方法再进入细粒度的论域层次上进行求解,将大规模的任务规划问题分解为一些小规模的任务规划问题,从而降低了问题求解的复杂度。本章后面几节将对这三个阶段的问题描述及求解方法进行详细的讨论。

4.3 阶段 I:组织协作网 – 任务集和平台集粒化

4.3.1 问题描述

决策者通过对平台的管理控制来执行使命任务,决策者间通过平台在任务上协作构成了组织协作网[116,154]。组织决策网以决策者为节点,决策者之间的协作连接为边,边的权值为所连接的两个决策者需要协作的任务总数。组织协作网描述的是组织决策者间的直接外部协作。

定义 4.6 组织协作网中 DM_m 和 DM_n 之间的协作量 $d(m,n)$ 为 DM_m 和 DM_n 必须协作完成的任务总数(也即协作网链接边的权值),则

$$d(m,n) = \sum_{i=1}^{N_{DM}} R_{DM-T}^E(i,m) \cdot R_{DM-T}^E(i,n) \tag{4.2}$$

令 $\forall m = 1, 2, \cdots, M, d(m,m) = 0$,其中 N_{DM} 为决策者数量。

定义 4.7 组织协作网中决策者间的协作链接关系为 $\boldsymbol{R}_D$,并满足下式:

$$R_D(m,n) = \begin{cases} 1, & d(m,n) \neq 0 \\ 0, & \text{否则} \end{cases} \tag{4.3}$$

对于网络组织和扁平组织来说,不需要建立决策者间的决策分层关系,因此此时的协作链接关系 $\boldsymbol{R}_D$ 可以取代适应性 C^2 组织模型中结构模型的决策分层关系 $\boldsymbol{R}_{DM-DM}$。

定义 4.8 决策者 DM_m 同其他决策者直接通过其控制的平台在任务上的协作称为 DM_m 的直接外部协作,记 DM_m 的直接外部协作量为 $E(m)$,则

$$E(m) = \sum_{n=1}^{N_{DM}} d(m,n) \tag{4.4}$$

定义 4.9 决策者 DM_m 对平台的管理控制称为 DM_m 的内部工作负载,记 DM_m 的内部工作负载量为 $I(m)$,则

$$I(m) = \sum_{k=1}^{N_P} R_{DM-P}(k,m) \tag{4.5}$$

其中,N_P 是平台数量。

定义 4.10 决策者 DM_m 的工作负载是它的内部工作负载和外部协作负载的加权和[118],记决策者 DM_m 的工作负载为 $W(m)$,则

$$W(m) = W^I \cdot I(m) + W^E \cdot E(m) \tag{4.6}$$

58

其中,W^I 和 W^E 是权重。

如图 4.3 所示为组织完成给定任务计划的协作网,各决策者的内部工作负载、外部协作(协作链接及链接权值)构成了组织协作网。

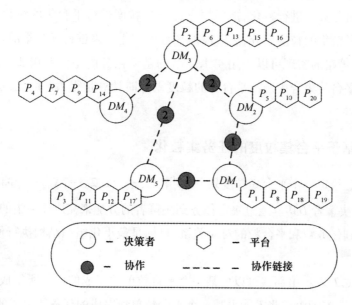

图 4.3　组织协作网

根据定义 3.1,组织结构 O_{struct} 执行使命 M 的性能测度为 $W_{RMS}(O_{struct},M)$,该度量同时最小化组织中各决策者负载的均值和方差,度量值越小,组织结构匹配使命的效果越好。这里,组织协作网的设计目标是最小化组织结构执行使命的性能测度,问题的数学描述为

$$\min W_{RMS}(O,M) = \sqrt{\frac{1}{N_{DM}}\sum_{m=1}^{N_{DM}} W^2(m)}$$

$$\begin{cases} \sum\limits_{m=1}^{N_{DM}} R_{DM-T}^E(i,m) \geqslant 1, & i = 1,2,\cdots,N_T \\[2ex] \sum\limits_{m=1}^{N_{DM}} R_{DM-P}(k,m) = 1, & k = 1,2,\cdots,N_p \\[2ex] \sum\limits_{k=1}^{N_P} R_{P-T}(i,k)\cdot PR_{kl} \geqslant TR_{il}, & i = 1,2,\cdots,N_T;l = 1,2,\cdots,N_A \end{cases} \quad (4.7)$$

注:因为本书重点组织结构设计问题,因此下文采用 O 来代表 O_{struct}。

59

第一个约束条件是指每个任务至少分配给一个决策者;第二个约束条件是指每个平台只能分配给一个决策者;第三个约束条件是任务资源需求约束。

求解这一问题的实质是进行任务集和平台集的粒化,可以采用两种策略:一种是先对任务集进行粒化,然后根据任务集粒度进行平台集的粒化;另一种是先得到平台集的粒度划分,然后根据平台集粒化结果进行任务集的粒化。其中,第一种策略的实现可以采用4.1.2节的基于任务的平台粒构造方法,但是在从多个平台粒集合中选出平台集的粒度划分时计算量很大。因此,这里采用第二种策略。

4.3.2　基于平台集粒度的任务集粒化

假设已给定一个平台集粒度划分 $\{G_i^P\}_{i\in\tau}$，$\tau=\{1,2,\cdots,N_{DM}\}$ ，并将平台粒 G_i^P 分配给决策者 DM_i。通过决定任务到决策者的分配来完成任务集的粒化,同时可以得到任务粒和平台粒的对应关系,目标是最小化组织结构执行使命的性能测度。

令 $T^0\subset T$ 表示由那些可以由某一个平台粒单独完成的任务所组成的集合;则 $T^1=T/T^0$ 表示由那些不能由某一个平台粒单独完成的任务所组成的集合。

1. T^1 到决策者的分配

通过最小化组织结构执行使命的性能测度来决定任务子集 T^1 到决策者的分配,问题可表示如下:

$$\min W_{\text{RMS}}(O,M) = \sqrt{\frac{1}{N_{DM}}\sum_{m=1}^{N_{DM}} W^2(m)}$$

$$\begin{cases} \displaystyle\sum_{m=1}^{N_{DM}} R_{DM-T}(i,m) \geqslant 2, & T_i \in T^1 \\[4mm] \displaystyle\sum_{m=1}^{N_{DM}} R_{DM-T}(i,m) \cdot \sum_{k=1}^{K} R_{DM-P}(k,m) \cdot PR_{kl} \geqslant TR_{il}, & T_i \in T^1; l=1,2,\cdots,N_A \end{cases}$$

$$(4.8)$$

这里我们采用贪婪算法进行求解。所谓贪婪算法是指逐步构造最优解的方法,在每个阶段都做出一个看上去最优的决策。具体步骤如下:

初始参数:$I(i) = |G_i^P|$，$E(i) = 0$，$i = 1,2,\cdots,N_{DM}$,其中 ‖ 表示集合的基数;

初始集合:T^1;

第一步　任取 $T_j \in T^1$,选取 T_j 到 $\{DM_i\}$ 的最优分配使得当前的 $W_{\text{RMS}}(O,M)$

60

最小；

第二步 根据第一步的分配结果,调整相应的 $E(i)$；

第三步 $T^1 \leftarrow T^1 / \{T_j\}$，如果 $T^1 \neq \phi$ 转第一步,否则算法终止。

2. T^0 到决策者的分配

由于 T^0 中的任务可以由某一个平台粒单独完成,它们对组织结构执行使命的性能测度没有影响,但可以影响整个使命的完成时间,因此通过优化 T^0 中所有任务完成的最终时间来决定 T^0 到决策者的分配,对于这个小规模的规划问题可以通过全局搜索或其他一些列表规划方法[155,157]求解。

4.3.3 平台集粒化

在平台集的所有可能的粒度划分中寻找最优的粒度划分是一个 NP 完全问题,对此类问题,目前还没有一般意义上有效的算法。遗传算法是根据自然选择和遗传进化的机理进行的随机搜索技术,具有较强的全局搜索能力,适用于解决各类组合优化问题。文献[158－160]采用遗传算法求解单元设计问题、带约束的集合划分问题和集合覆盖问题,表现了良好的性能。本书同样采用遗传算法求解组织结构设计中的平台集粒化问题。

1. 编码

对染色体的编码有两点要求:①染色体要反映所研究问题的性质;②染色体的表达要便于计算机处理。对于平台集粒化问题我们采用直接基于划分结果的整数编码。如果将 N_P 个平台划分为 N_{DM} 个子集(对应于 N_{DM} 个决策者),则一条染色体就是一个长度为 N_P 的由 1 到 N_{DM} 的整数组成的串。例如,$N_P = 4$,$N_{DM} = 2$,则染色体(1,2,2,1)表示平台 P_1 和 P_4 被划分到集合 1,平台 P_2 和 P_3 被划分到集合 2。

2. 生成初始种群

遗传算法向全局最优解的逼近程度和速度不仅与初始种群中个体数目有关系,而且与初始种群在取值域上的分布状态有很大关系,应该使初始种群在取值域上尽量均匀分布。初始种群的数量通常取 50～200。

3. 适应度函数的构造

假设一个染色体对应了一个平台集粒度划分 $\{G_i^P\}_{i \in \tau}$,$\tau = \{1, 2, \cdots, N_{DM}\}$,则用当前划分下通过求解式(4.8)得到的最小的 $W_{RMS}^*(O, M)$ 来决定该染色体的适应度值:

$$f = W_{RMS}^*(O, M) \tag{4.9}$$

这里，$W^*_{RMS}(O, M)$越小，相应的染色体被选中的概率越大。

4. 选择、交叉和变异

选择（或称为复制）的目的是把当前群体中适应度值较小的染色体按照某种规则遗传到下一代群体中。本书采用轮盘法选择优良个体，同时采用最优保存策略，即群体中适应度值最小的染色体不参与交叉、变异操作，用来替换掉下一代群体中经过交叉、变异操作后所产生的适应度值最高的染色体。

交叉运算是遗传算法中产生新染色体的主要操作过程，以某一概率相互交换两个染色体之间的部分基因。采用两点交叉的方法，交叉概率 pc 的取值范围是 0.5~1.0。

变异运算是对染色体的某一个或几个基因座上的基因按某一较小的概率（pm 通常取 0.0001~0.1）进行改变，也是产生新染色体的一种方法。采用基本位变异的方法产生变异运算，首先确定各个染色体的基因变异位置，然后依照变异概率将变异点随机选择一个与原来不同的划分结果作为新的基因值。

5. 算法终止条件

采用规定最大迭代次数（通常取 100~500），当遗传算法的操作次数达到最大迭代次数时，即终止运算，输出结果。

平台集粒化的遗传算法流程如图 4.4 所示。

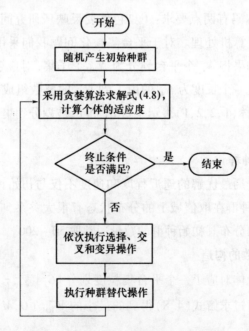

图 4.4 平台集粒化的遗传算法流程图

62

4.4 阶段Ⅱ:粒内任务规划

这一阶段决定了每个决策者控制的平台到需要执行的任务的具体配置,目标是最小化使命完成的总时间。这类问题通常都是 N_P 完全问题[124],解决这一类问题的大多数方法可以归为列表规划方法[155-157],但这些方法会随着平台和任务的增多而性能大大下降。由于通过阶段Ⅰ已经得到了平台粒到任务粒的分配,在阶段Ⅱ中,可以将具有大量平台和任务的规划问题分解为一些独立的具有少量平台和任务的子规划问题,对这些子规划问题可以采用全局搜索或者其他一些列表规划方法,由于规模较小,能够得到更加优化的结果。

4.4.1 规划分解

假设由阶段Ⅰ得到决策者 DM_m 拥有的平台集为 $DM_m(P) = \{P_{k_h^m}$ $|1 \leqslant k_h^m \leqslant N_P, h = 1,2,\cdots,p_m, 1 \leqslant p_m \leqslant N_P\}$,需要执行的任务集为 $DM_m(T) = \{T_{i_j^m}$ $|1 \leqslant i_j^m \leqslant N_T, j = 1,2,\cdots,q_m, 1 \leqslant q_m \leqslant N_T\}$,$DM_m$ 的能力向量为 $[\bar{r}_{m1}, \bar{r}_{m2}, \cdots \bar{r}_{mN_A}]$,其中 $\bar{r}_{ml} = \sum_{h=1}^{p_m} PR_{k_h^m l}$。

定义 4.11 记由任务集 $DM_m(T)$ 诱导出的新任务集为 $DM'_m(T) = \{T_{i_j^m}^m\}$,$T_{i_j^m}^m$ 的估计处理时间和地理限制向量与 $T_{i_j^m}$ 相同;资源需求向量为 $[TR_{i_j^{m_1}}^m,$ $TR_{i_j^{m_2}}^m, \cdots, TR_{i_j^{m_L}}^m]$,其中,

$$R_{i_j^{m_l}}^m = \min(TR_{i_j^{m_l}}, \bar{r}_{ml}) \tag{4.10}$$

新任务间的依赖关系参数定义为

$$A_T^m(i_{j_1}^m, i_{j_2}^m) = \begin{cases} 1, & \text{任务 } T_{i_{j_1}^m}^m \text{ 必须在任务 } T_{i_{j_2}^m}^m \text{ 执行前完成} \\ 0, & \text{否则} \end{cases} \tag{4.11}$$

并且有 $A_T^m(i_{j_1}^m, i_{j_2}^m) = A_T(i_{j_1}^m, i_{j_2}^m)$,其中,$j_1, j_2 = 1, 2, \cdots, q_m$。

由式(4.10)容易看出,新任务集 $DM'_m(T)$ 可由决策者 DM_m 单独执行。

定义 4.12 对于任务集 $DM'_m(T)$ 和平台集 $DM_m(P)$,一个合理的任务-平台分配矩阵 $\boldsymbol{R}_{P-T}^m$ 满足如下条件:

(1) $$\boldsymbol{R}_{P-T}^m(i_j^m, k_h^m) = \begin{cases} 1, & \text{平台 } P_{k_h^m} \text{ 分配到任务 } T_{i_j^m}^m \\ 0, & \text{否则} \end{cases} \tag{4.12}$$

$$(2) \qquad \sum_{h=1}^{p_m} \boldsymbol{R}_{P-T}^m(i_j^m, k_h^m) \cdot PR_{k_h^m l} \geqslant TR_{i_j^m l}^m \qquad (4.13)$$

其中,$j=1,2,\cdots,q_m,h=1,2,\cdots,p_m,l=1,2,\cdots,N_A,m=1,2,\cdots,N_{DM}$。

定理4.3 假设已有 N_{DM} 个合理的任务 – 平台分配矩阵 $\boldsymbol{R}_{P-T}^m,m=1,2,\cdots,$ N_{DM},则满足式(4.14)的任务——平台分配矩阵 $\boldsymbol{R}_{P-T}$ 是一个合理的分配矩阵:

$$R_{P-T}(i,k) = \begin{cases} 1, & \text{存在 } m, \text{满足 } R_{P-T}^m(i,k)=1 \\ 0, & \text{否则} \end{cases}$$

$$= \sum_{m=1}^{N_{DM}} R_{DM-T}^E(i,m) \cdot R_{DM-P}(k,m) \cdot R_{P-T}^m(i,k) \qquad (4.14)$$

$i=1,2,\cdots,N_T,k=1,2,\cdots,N_P$。

证明:任取任务 T_i,假设由阶段 I 得到 T_i 分配给其中 n 个决策者,即 $T_i \in DM_{m_1}(T),\cdots,T_i \in DM_{m_n}(T)$,则有

$$\sum_{s=1}^n \bar{r}_{m_s l} \geqslant TR_{il} \qquad (4.15)$$

其中,$l=1,2,\cdots,N_A$。

由式(4.10)、式(4.13)、式(4.14)、式(4.15)可以得到

$$\sum_{k=1}^{N_P} R_{P-T}(i,k) \cdot PR_{kl} = \sum_{k=1}^{N_P} \left(\sum_{m=1}^{N_{DM}} R_{DM-T}^E(i,m) \cdot R_{DM-P}(k,m) \cdot R_{P-T}^m(i,k) \right) \cdot PR_{kl}$$

$$= \sum_{k=1}^{N_P} \left(\sum_{s=1}^n R_{DM-P}(k,m_s) \cdot R_{P-T}^{m_s}(i,k) \right) \cdot PR_{kl}$$

$$= \sum_{s=1}^n \sum_{k=1}^{N_P} R_{DM-P}(k,m_s) \cdot R_{P-T}^{m_s}(i,k) \cdot PR_{kl}$$

$$= \sum_{s=1}^n \sum_{h=1}^{p_{m_s}} R_{P-T}^{m_s}(i,k_h^{m_s}) \cdot PR_{k_h^m sl}$$

$$\geqslant \sum_{s=1}^n TR_{il}^{m_s} = \sum_{s=1}^n \min(TR_{il}, \bar{r}_{m_s l})$$

$$\geqslant TR_{il}$$

其中,$l=1,2,\cdots,N_A$。

由于 T_i 选取的任意性,定理得证。

通过定理4.3,可以将具有大量平台和任务的规划问题分解为一些独立的具有少量平台和任务的子规划问题。对于这些子规划问题可以采用全局搜索或者其他一些列表规划方法,由于规模较小,能够得到更加优化的结果。研究

表明改进的 MDLS 算法对于小规模的规划求解具有良好的性能[127],因此本阶段将采用该算法求解这些子规划问题。

粒内规划阶段的具体过程为:

(1) 由任务集 $DM_m(T)$ 诱导出新的任务集 $DM'_m(T)$;

(2) 对于任务集 $DM'_m(T)$ 和平台集 $DM_m(P)$,采用改进的 MDLS 算法[127]得到任务 – 平台分配矩阵 $\boldsymbol{R}_{P-T}^m$;

(3) 由式(4.14)计算最终的任务 – 平台分配矩阵 $\boldsymbol{R}_{P-T}$,并得到任务完成的总时间。

4.4.2 粒内规划算法

在粒内规划阶段,对于每对任务集 $DM'_m(T)$ 和平台集 $DM_m(P)$,相当于一个小规模的任务规划问题。通常情况下可以采用全局搜索方法或者多维动态列表规划(Multidimensional dynamic list scheduling,MDLS)算法[124]进行求解,这种方法对于小规模的问题可以得到较好的结果。

本书采用改进的多优先级列表动态规划(MPLDS)算法[127]进行粒内阶段的任务规划。该算法通过定义任务选择平台、平台选择任务以及在可选任务集中选择需要处理的任务的优先权函数,以及建立可获取的各平台在资源提供与时间节省上的多个优先级列表,从而对于较小规模的任务规划问题具有更好的效果。具体算法描述如下[127,161]:

4.4.2.1 三种优先权定义

定义平台—任务分配的三种优先权:任务优先权系数、任务选择平台的优先权和平台自主选择任务的优先权。

1. 任务优先权系数

当某一任务的所有前导任务(即在该任务处理前必须完成的所有任务)都已处理完时,该任务便进入可分配的任务集中,在该集合中选择任务优先权系数高的任务首先进行平台分配。采用加权长度算法计算任务 T_i 的优先权系数 $pr(i)$:

$$pr(i) = t_i + \max_{j \in OUT(i)} pr(j) + \sum_{j \in OUT(i)} pr(j) \Big/ \max_{j \in OUT(i)} pr(j) \qquad (4.16)$$

其中,$OUT(i)$ 表示任务 T_i 的后续任务集,t_i 为任务 T_i 的处理时间,如果 $OUT(i) = \phi$,则 $pr(i) = t_i$。

2. 任务选择平台的优先权

任务选择平台一方面要最小化任务的完成时间,另一方面要充分利用聚集

65

的平台资源。最小化任务的完成时间需要选择能在较短时间内到达任务区域的平台,而聚集平台资源的充分利用需要最小化聚集资源的冗余。

通过式(4.17)、式(4.18)定义任务 T_i 选择平台 P_k 的时间优先系数 $tp_1(i,k)$ 和平台资源矢量距离优先系数 $tp_2(i,k)$:

$$tp_1(i,k) = e_{l(k)} + \rho(l(k),i)/v_k \tag{4.17}$$

$$tp_2(i,k) = \parallel R(P_k) - R(T_i) \parallel \tag{4.18}$$

其中, $T_{l(k)}$ 为平台 P_k 最后处理的任务, $e_{l(k)}$ 是该任务的结束时间, $\rho(l(k),i)$ 是任务 $T_{l(k)}$ 和 T_i 的距离, $\boldsymbol{R}(P_k)$ 为平台 P_k 的能力向量, $R(T_i)$ 为任务 T_i 的资源需求向量。

在平台的分配过程中存在两种平台:一种是已经被分配处理过任务的平台;另一种是还没有参与分配的平台。第一类平台需要在不同的任务区域转换,而第二类平台可以随时被调用,因此,对第二类平台我们认为时间优先系数为0。

将两种优先系数按升序排列,建立任务选择平台的优先级表。令 $p(i,k),q(i,k)$ 分别为平台时间优先系数和平台资源矢量距离优先系数在各自序列中的位置,则任务 T_i 选择平台 P_k 的优先权 $tp(i,k)$ 可以按下式计算[162]:

$$tp(i,k) = (p(i,k) + q(i,k) - 1) \cdot (p(i,k) + q(i,k) - 2) + p(i,k) \tag{4.19}$$

$tp(i,k)$ 越小,任务 T_i 选择平台 P_k 的优先级越高。由于任务的资源需求在平台的选择过程中不断变化,因此,任务对平台选择的优先级列表是动态的。

3. 平台自主选择任务的优先权

在平台—任务分配过程中,令 ST 表示还没有处理的任务集合,则平台自主选择任务的优先权是对 ST 中的任务进行优先级的排序。

通过式(4.20)、式(4.21)定义平台 P_k 选择任务 $T_i \in ST$ 的时间优先系数 $pt_1(k,i)$ 和任务资源需求矢量距离优先系数 $pt_2(k,i)$:

$$pt_1(k,i) = \rho(l(k),i)/v_k \tag{4.20}$$

$$pt_2(k,i) = \parallel R(P_k) - R(T_i) \parallel \tag{4.21}$$

令 $h(k,i),g(k,i)$ 分别为时间优先系数和任务资源需求矢量距离优先系数在各自序列中的位置,则平台 P_k 选择任务 $T_i \in ST$ 的优先权 $pt(k,i)$ 可以按下式计算[162]:

$$pt(k,i) = (h(k,i) + g(k,i) - 1) \cdot (h(k,i) +$$

$$g(k,i) - 2) + h(k,i) \qquad (4.22)$$

平台对任务选择的优先级列表是静态的。

4.4.2.2 消除优先选择冲突

由于任务对平台的选择是短视的、局部的,只考虑任务自身的需求,而平台对任务的选择是全局的,是对所有未处理任务的优选,因此,任务对平台的选择与平台对任务的选择经常是冲突的,也就是说 tp 与 pt 是不一致的,解决二者之间的冲突是平台—任务最佳分配的关键问题。二者之间存在以下几种情况:

(1) 任务—平台的最佳选择:平台 P_k 被任务 T_i 选择的优先权系数 $tp(i,k)$ 与任务 T_i 被平台 P_k 选择的优先权系数 $pt(k,i)$ 同时最小。

(2) 任务—平台的互补选择:$tp(i,k)$ 有较高的优先等级,而 $pt(k,i)$ 的优先级较低;或者反之。

(3) 任务—平台的最坏选择:$tp(i,k)$ 和 $pt(k,i)$ 的优先级均较低。

确定第二种情况下的任务选择平台的优先级就解决了两种选择的冲突问题。在任务—平台的选择过程中我们期望 $tp(i,k)$ 优先级高而 $pt(k,i)$ 优先级也尽可能高。记任务对平台选择的动态优先级列表为 DL,平台对任务选择的静态优先级列表为 SL,Stp 和 Spt 分别为 $tp(i,k)$ 和 $pt(k,i)$ 在 DL、SL 中的排序。采用加权方法解决任务—平台优先选择的冲突,记 PR 为两种选择优先权的协调,则加权方法可定义如下:

$$PR = (\lambda \cdot (Stp - 1 - \beta) + 2 \cdot Spt - 2) \cdot (Stp + \beta)/2 + Stp \quad (4.23)$$

其中,λ 为权系数,$\beta = (Spt - 2)/\lambda$。

4.4.2.3 MPLDS 算法流程

算法的主要工作包括以下三部分:

(1) 分配可行性检查;

(2) 从任务图中根据优先权选择要处理的任务;

(3) 选择处理任务的最佳平台组。

分配可行性检查是对从当前的平台—任务处理状态中选择的任务的可分配性检查。最佳平台组的选择包括:任务对平台的选择、平台对未处理任务的选择以及两种选择冲突的消除。算法流程如图 4.5 所示。

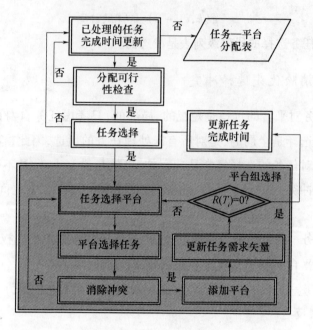

图 4.5　MPLDS 算法流程

4.5　阶段Ⅲ:组织决策树 – 决策分层

组织中知识、经验、信息、资源、责任、权利与义务分布在不同的个体成员间,个体成员间复杂的相互关系在很大程度上影响了组织效能,这使得组织内个体成员间层次结构关系的研究成为必要[116]。

通常,在正式组织中都有明确的层次结构,这种层次结构对组织有两种截然不同的影响:一方面,层次结构使得角色和分工,不同个体成员在任务的协作处理上获得了较高的效率;另一方面,层次结构对组织中交流信息的过滤也导致了个体成员间的信息交流延迟、过载或者信息的"扭曲",从而使得组织执行使命的效能下降,这一点在剧烈变化的不确定环境中的组织表现得尤为突出[163]。在较为稳定的使命环境中,经过优化设计的层次结构能使组织在使命任务的执行获得更佳的效能,这一结论得到 A^2C^2 实验的验证[130,164,165]。

由此,组织设计工作在很大程度上都集中在层次结构问题上,这些问题包括谁与谁交流? 谁控制或指导谁? 谁支配什么资源? 等等。本节定义了组织内决策者的内部工作负载、直接外部协作、间接(附加)外部协作以及工作负载的概念,基于组织协作网采用优化决策树算法设计其层次结构。

4.5.1 问题描述

组织决策树以决策者为树节点,决策者之间的决策连接为边,任意树节点只有一个父节点,决策树内不存在环路[154]。决策树是在协作网基础上建立的组织决策结构图,是组织层次结构的体现,决策树确定了决策者之间的指挥控制结构关系。适应性 C^2 组织模型中,组织决策树确定了组织结构模型的决策层次关系 $\boldsymbol{R}_{DM-DM}$。

从组织协作网到决策树的产生去除了协作网中存在的环路,设置了决策者之间新的层次结构关系,由此产生了决策者之间的间接外部协作,并增加了决策者的工作负载。

由于不只是任务的数量会影响决策者的工作负载,执行任务的时间消耗同样是影响决策者工作负载的重要因素,因此本节通过引入执行任务的时间消耗重新定义决策者的工作负载。

定义 4.13 组织协作网中 DM_m 和 DM_n 之间的协作量 $d(m,n)$ 为 DM_m 和 DM_n 必须协作完成的任务总量,即所需协作完成的所有任务的总时间:

$$d(m,n) = \sum_{i=1}^{N_T} R_{DM-T}(i,m) \cdot R_{DM-T}(i,n) \cdot DT_i \qquad (4.24)$$

令 $\forall m = 1, 2, \cdots, N_{DM}, d(m,m) = 0$。

定义 4.14 决策者 DM_m 同其他决策者通过其控制的平台在任务上的协作定义为决策者 DM_m 的直接外部协作,记 DM_m 的直接外部协作量为 $E(m)$,则

$$E(m) = \sum_{n=1}^{N_{DM}} d(m,n) \qquad (4.25)$$

定义 4.15 决策者 DM_m 对平台的管理控制为决策者 DM_m 的内部工作负载,记 DM_m 的内部工作负载量为 $I(m)$,则

$$I(m) = \sum_{k=1}^{N_P} R_{DM-P}(k,m) \cdot t(P_k) \qquad (4.26)$$

其中, $t(P_k)$ 表示平台 P_k 执行所有任务所花费的总时间,即 $t(P_k) = \sum_{i=1}^{N_T} R_{P-T}(i, k) \cdot DT_i$。

定义 4.16 间接外部协作是指在决策树 T 中由于决策者 DM_m 与 DM_n 间没有建立直接决策连接关系而导致它们之间的协作交流必须通过其他决策者。记 DM_m 与 DM_n 在决策树 T 中协作交流的路径为 path_{mn},决策者 DM_i 在 T 中的间接协作负载量记为 $A(i)$,则

$$A(i) = \sum_{m=1}^{N_{DM}} \sum_{n=m+1}^{N_{DM}} d(m,n) \cdot \text{path}_{mn}(i) \qquad (4.27)$$

其中, $\text{path}_{mn}(i)$ 为布尔函数, 当 $DM_i \in \text{path}_{mn}$ 且 $i \neq m,n$ 时 $\text{path}_{mn}(i) = 1$, 否则 $\text{path}_{mn}(i) = 0$。

记组织决策树的间接外部协作总量为 AC, 则

$$AC = \sum_{i=1}^{N_{DM}} A(i) = \sum_{m=1}^{N_{DM}} \sum_{n=m+1}^{N_{DM}} d(m,n) \cdot (\text{length}(\text{path}_{mn}) - 1) \qquad (4.28)$$

其中, $\text{length}(\text{path}_{mn})$ 为路径 path_{mn} 上边的数量。

如果把组织决策树中决策者 DM_m 的直接外部协作与间接外部协作统称为 DM_m 的外部协作负载 $EA(m)$, 则 $EA(m) = E(m) + A(m)$。

定义 4.17 组织决策树中决策者 DM_m 的工作负载为 DM_m 内部工作负载与外部协作负载的加权和, 记 DM_m 的工作负载为 $W(m)$, 则

$$W(m) = W^I \cdot I(m) + W^E \cdot EA(m) \qquad (4.29)$$

其中, W^I 和 W^E 分别为决策者 DM_n 的内部工作负载与外部协作负载的权值。

组织决策树的生成是在组织协作网的基础上产生决策者间的层次结构。可以基于多种不同的优化目标来生成决策树:

(1) 最小化决策树中所有节点的总的工作负载

(2) 以平衡决策节点的工作负载为目标, 最小化决策节点的最大工作负载。

本书通过优化第一种目标来生成组织决策树。

组织决策树 T 中所有节点的总的工作负载为

$$W(T) = \sum_{m=1}^{N_{DM}} W(m) = \sum_{m=1}^{N_{DM}} (W^I \cdot I(m) + W^E \cdot EA(m))$$

$$= W^I \cdot \sum_{m=1}^{N_{DM}} I(m) + W^E \cdot \sum_{m=1}^{N_{DM}} EA(m)$$

$$= W^I \cdot \sum_{m=1}^{N_{DM}} I(m) + W^E \cdot \sum_{m=1}^{N_{DM}} E(m) + W^E \cdot \sum_{m=1}^{N_{DM}} A(m)$$

$$= W^I \cdot \sum_{m=1}^{N_{DM}} I(m) + W^E \cdot \sum_{m=1}^{N_{DM}} E(m) +$$

$$W^E \cdot \sum_{m=1}^{N_{DM}} \sum_{n=m+1}^{N_{DM}} d(m,n) \cdot (\text{length}(\text{path}_{mn}) - 1)$$

$$= W^I \cdot \sum_{m=1}^{N_{DM}} I(m) + W^E \cdot \sum_{m=1}^{N_{DM}} \sum_{n=m+1}^{N_{DM}} d(m,n) +$$

$$W^E \cdot \sum_{m=1}^{N_{DM}} \sum_{n=m+1}^{N_{DM}} d(m,n) \cdot \text{length}(path_{mn}) \qquad (4.30)$$

因此优化决策树的数学表示为

$$\min_{T \in \Delta(DM)} W(T) \Leftrightarrow \min_{T \in \Delta(DM)} \sum_{m=1}^{N_{DM}} \sum_{n=m+1}^{N_{DM}} d(m,n) \cdot \text{length}(path_{mn}) \qquad (4.31)$$

其中,$\Delta(DM)$ 表示所有可能的组织决策树的集合。

4.5.2 组织决策树生成算法

本节将应用网络优化中的相关理论来求解式(4.31),首先定义如下概念。

定义 4.18 组织协作网记为 $G = (V, E_G, U)$,由 G 生成的任一赋权决策树记为 $T = (V, E_T, U)$。并且对于任意 $e \in E_T, e$ 的权值由式(4.32)确定。

$(V, E_T / \{e\})$ 将树 T 分成两个分支 S_e 和 $T - S_e$,这两个分支对应的节点集 $V(S_e)$ 和 $V(T - S_e)$ 是 G 的一个割,$C(V(S_e), V(T - S_e))$ 称为 G 上的割$(V(S_e), V(T - S_e))$的容量,满足

$$C(V(S_e), V(T - S_e)) = \sum_{DM_m \in V(S_e)} \sum_{DM_n \in V(T-S_e)} d(m,n) \qquad (4.32)$$

定理 4.4 由组织协作网 $G = (V, E_G, U)$ 生成的任一赋权决策树 $T = (V, E_T, U)$,树 T 上所有边的权值和记为 $U(T)$,则 $U(T) = \sum_{m=1}^{N_{DM}} \sum_{n=m+1}^{N_{DM}} d(m,n) \cdot length(path_{mn})$。

证明:由定义(4.18),有

$$U(T) = \sum_{e \in E_T} U(e) = \sum_{e \in E_T} C(S_e, T - S_e)$$

$$= \sum_{e \in E_T} \sum_{DM_m \in V(S_e)} \sum_{DM_n \in V(T-S_e)} d(m,n)$$

$$= \sum_{e \in E_T} \left(\sum_{m=1}^{N_{DM}} \sum_{n=m+1}^{N_{DM}} d(m,n) \cdot path_{mn}(e) \right)$$

$$= \sum_{m=1}^{N_{DM}} \sum_{n=m+1}^{N_{DM}} \sum_{e \in E_T} d(m,n) \cdot path_{mn}(e)$$

$$= \sum_{m=1}^{N_{DM}} \sum_{n=m+1}^{N_{DM}} d(m,n) \cdot length(path_{mn})$$

定理得证。

由式(4.31)和定理4.4可知下面定理成立:

定理 4.5 以树中所有节点的总工作负载最小为目标的优化决策树实际上

就是寻找由组织协作网 G 生成的所有边的权值和最小的赋权决策树 T。

定义 4.19　（Gomory – Hu 树[166,167]）由组织协作网 $G = (V, E_G, U)$ 生成的赋权决策树 $T = (V, E_T, U)$，如果 $\forall v_i, v_j \in V$，在图 G 和树 T 中分离 v_i 和 v_j 的最小割的容量都相等，则称树 T 为 Gomory – Hu 树。

定理 4.6[167]　由组织协作网 $G = (V, E_G, U)$ 生成的所有赋权决策树中，Gomory – Hu 树的所有边的权值和最小。

定理 4.6 说明了 Gomory – Hu 树即是我们寻求的最优组织决策树。

1. Gomory – Hu 树生成算法的基本概念[167]

组织协作网 G 的任意两个节点集 V_1 和 V_2，V_1 和 V_2 间的协作总量记为 $d(V_1, V_2)$，并满足式(3.33)：

$$d(V_1, V_2) = \sum_{m \in V_1} \sum_{n \in V_2} d(m, n) \tag{4.33}$$

定义 4.20　由组织协作网 G 中两个或两个以上的节点构成的集合称为圈。

定义 4.21　将一些圈和单个节点聚合成一个新的圈称为圈合。

定义 4.22　将一个圈拆分成单个的节点称为圈扩。

定义 4.23　对组织协作网 G 的节点集进行若干圈合和圈扩的操作后，得到由单个节点和圈组成的新的节点集（此时圈也成为了节点），由式(4.33)计算新节点集节点间的权重，得到的新的协作网称为残留网。

2. Gomory – Hu 树生成算法[167]

初始化 $|T| = 1$，树 T 只有一个圈，这个圈包含了组织协作网 G 中的所有节点。

第一步：在树 T 中任意选择一个圈 C，从树 T 分离这个圈 C（即去掉树 T 中与圈 C 相连的边），从而将树 T 分割为多个连接部分。

第二步：圈合相互连接部分的节点得到圈，并对圈 C 进行圈扩，由新得到的单个节点和圈生成残留网 H。

第三步：任意选择圈 C 中的两个节点 n 和 m，在残留网中寻找分离节点 n 和 m 的最小割 (S_1, S_2)，其中，$n \in S_1, m \in S_2, S_1 \cup S_2 = V(H)$。

第四步：创建两个新的节点集（可能是圈或者是单个节点）C_1 和 C_2，满足：$C_1 = C \cap S_1, C_2 = C \cap S_2$。在树 T 中去掉圈 C 和与之相连的边，加入节点集 C_1 和 C_2，并在它们之间建立连接边，边的权值为 $d(S_1, S_2)$。对于树 T 中原来与圈 C 相连的任意单个节点或者圈，记为 S，如果 $S \in S_1$ 则 S 与 C_1 之间建立连接边，如果 $S \in S_2$ 则 S 与 C_2 之间建立连接边，边的权值为原来 S 与圈 C 之间的权值。

第五步:如果树 T 中没有圈则算法终止;否则,返回第一步。

3. 算例

本小节以图 4.4 描述的组织协作网为例,采用 Gomory – Hu 树生成算法求得它的最佳组织决策树,见图 4.6。组织决策树的分步生成过程见图 4.7。

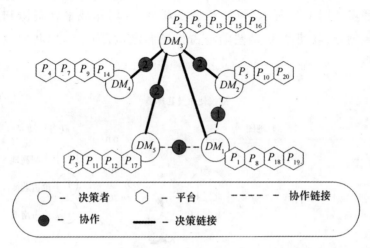

图 4.6 最佳组织决策树

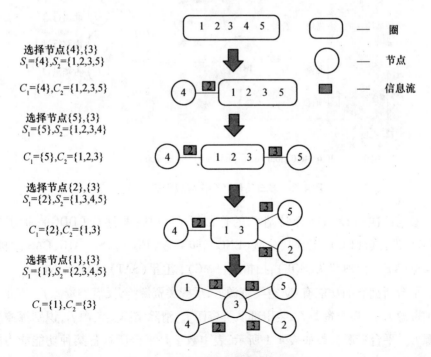

图 4.7 组织决策树的分步生成过程

4.6 案例分析

本节通过一次多军兵种联合作战的登陆战役为例说明我们的方法。战役想定环境如图 4.8 所示，包括了战役环境、战场作战平台资源和战役的任务区域划分，其使命 M 是登陆抢占机场和港口，为后续部队向纵深推进扫清障碍。

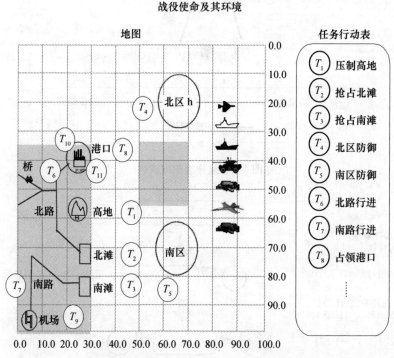

图 4.8　多军兵种联合作战战役想定环境

参与此次战役的联合特遣队的作战平台包括：驱逐舰（DDG），护卫舰（FFG），巡洋舰（CG），工程兵分队（ENG），步兵连（INFA），SD，AHI，CAS 战机，战斗机（VF），特种部队（SOF），扫雷舰（SMC），卫星（SAT），TARP，INF。

平台所拥有的功能有：防空类资源 f_1，反舰类资源 f_2，反潜类资源 f_3，地面攻击类资源 f_4，炮兵类资源 f_5，装甲部队类资源 f_6，清除雷障类资源 f_7，识别探测类资源 f_8。平台资源参数如表 4.1 所示，表中数字是平台所具备某种功能能力的量化表示（注：数据来源于 A^2C^2 实验[130]）。

74

表 4.1　平台参数

序号	平台类型	资源能力								速度
		f_1	f_2	f_3	f_4	f_5	f_6	f_7	f_8	
1	DDG	10	10	1	0	9	5	0	0	2
2	FFG	1	4	10	0	4	3	0	0	2
3	CG	10	10	1	0	9	5	0	0	2
4	ENG	0	0	0	2	0	0	5	0	4
5	INFA	1	0	0	10	2	2	1	0	1.35
6	SD	5	0	0	0	0	0	0	0	4
7	AHI	3	4	0	0	6	10	1	0	4
8	CAS1	1	3	0	0	10	8	1	0	4
9	CAS2	1	3	0	0	10	8	1	0	4
10	CAS3	1	3	0	0	10	8	1	0	4
11	VF1	6	1	0	0	1	1	0	0	4.5
12	VF2	6	1	0	0	1	1	0	0	4.5
13	VF3	6	1	0	0	1	1	0	0	4.5
14	SMC	0	0	0	0	0	0	10	0	2
15	TARP	0	0	0	0	0	0	0	6	5
16	SAT	0	0	0	0	0	0	0	6	7
17	SOF	0	0	0	6	6	0	1	10	2.5
18	INF（AAV－1）	1	0	0	10	2	2	1	0	1.35
19	INF（AAV－2）	1	0	0	10	2	2	1	0	1.35
20	INF（AAV－3）	1	0	0	10	2	2	1	0	1.35

通过使命规划,结合 A^2C^2 实验的数据[130],采用如下的任务模型[118]:完成使命 M_1 需要执行 11 个任务,使命 M_1 的任务图如图 4.9 所示,任务的属性参数见表 4.2。

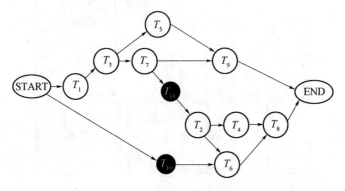

图 4.9　使命 M_1 的任务图

表 4.2　使命 M_1 的任务参数

序号	任务名称	资源需求								位置	处理时间
		f_1	f_2	f_3	f_4	f_5	f_6	f_7	f_8		
1	压制高地	0	1	1	9	16	14	0	0	[22,55]	8.6
2	抢占北滩	0	0	0	10	13	10	1	0	[23,82]	8.8
3	抢占南滩	0	1	1	11	15	13	0	0	[28,92]	9.7
4	北区防御	2	0	0	3	0	6	1	0	[24,66]	14.9
5	南区防御	0	1	0	0	0	5	0	0	[29,83]	7.2
6	北路行进	1	1	0	2	1	11	2	0	[27,39]	9.7
7	南路行进	0	1	0	0	1	11	2	0	[9,89]	7.7
8	占领港口	0	0	0	18	11	4	2	0	[26,42]	9.3
9	占领机场	2	1	0	18	8	4	0	0	[9,92]	13.6
10	随机任务	5	2	2	0	0	0	0	0	[18,44]	12.6
11	随机任务	3	2	6	0	0	0	0	5	[30,38]	12.2

最后假设组织中可用的决策者的总数量为 6 个,并且他们的能力都相同。最终设计的组织结构不一定用到全部的决策者。

4.6.1　使命实现:设计最优组织结构

这里假设内部和外部工作负载权重相等[118,124],即 $W^I = W^E = 1$。应用本章提出的 OSDBGC 方法建立与使命 M_1 相匹配的最优组织结构 O_1。

(1)阶段 I:种群数量取 100,进化代数取 100,交叉概率取 0.8,变异概率取 0.05,应用遗传算法求解得到平台 - 决策者分配和任务 - 决策者分配如图 4.10 所示。可见执行使命 M_1 只需用到 5 个决策者。

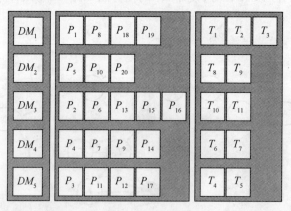

图 4.10　组织 O_1 执行使命 M_1 的决策者 - 平台 - 任务分配

遗传算法的收敛结果见图 4.11。可以看出,算法很快地收敛到近似最优解。

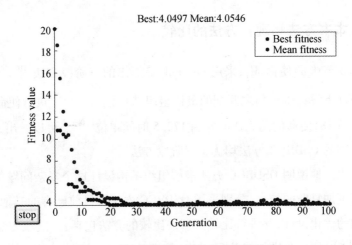

图 4.11　遗传算法运算过程的收敛结果

O_1 执行使命 M_1 的性能测度为:$W_{\mathrm{RMS}}(O_1, M_1) = \sqrt{\dfrac{1}{5}\sum_{m=1}^{5} W^2(m)} = 4.05$。

(2)阶段 Ⅱ:对每个决策者控制的资源和需要执行的任务,采用改进的 MDLS 算法求解这些子规划问题,得到最终的任务 – 平台分配及各任务的执行时间,具体分配结果见图 4.12。整个使命的完成时间是 98.9 时间单位。

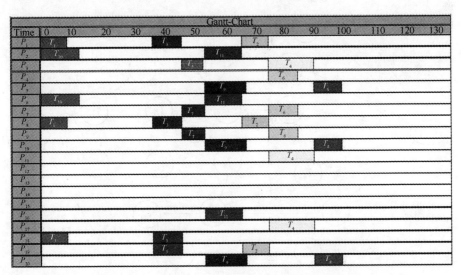

图 4.12　任务 – 平台分配结果及各任务的执行时间

（3）阶段Ⅲ：由于阶段Ⅰ获得的任务－决策者分配结果决策者不需要进行任务协作，因此不用求解阶段Ⅲ的决策分层。

4.6.2 本书方法和现有方法的比较

对 4.5 节中的使命 M_1，采用 Levchuk 等提出的三阶段方法[116,124]，在相同的假设条件下设计得到与之匹配的最优组织结构记为 $\tilde{O}_1$，$\tilde{O}_1$ 执行使命 M_1 的性能测度为 7.18，使命的总完成时间为 172.5 时间单位[118]。可以看出，在这两项指标上本书的 OSDBGC 方法均优于三阶段方法。

为了更好地说明 OSDBGC 方法求解组织结构设计这个复杂问题的有效性，本节将对更加复杂的使命，分别采用 OSDBGC 方法和目前已有的其他方法进行组织结构的优化设计，并进行比较。参加比较的方法包括：三阶段方法（简称为 3Phase）[116,118,124]，改进的三阶段方法（简称为 3Phase_Improved）[103,127] 和基于嵌套遗传算法的设计方法（简称为 NGA）[125-126]。

结合 A^2C^2 实验的数据[130]，本节采用如下的任务模型[124]：完成使命 M_2 需要执行 18 个任务，使命 M_2 的任务图如图 4.13 所示，任务的属性参数见表 4.3。

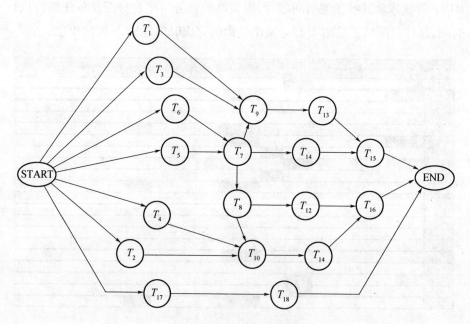

图 4.13　使命 M_2 的任务图

表 4.3　使命 M_2 的任务参数

序号	任务名称	资源需求								位置	处理时间
		f_1	f_2	f_3	f_4	f_5	f_6	f_7	f_8		
1	北区防御	5	3	10	0	0	8	0	6	[70,15]	30
2	南区防御	5	3	10	0	0	8	0	6	[64,75]	30
3	补给(北区)	0	3	0	0	0	0	0	0	[15,40]	10
4	补给(南区)	0	3	0	0	0	0	0	0	[30,95]	10
5	清除障碍	0	3	0	0	0	0	10	0	[28,73]	10
6	压制高地	0	0	0	10	14	12	0	0	[24,60]	10
7	抢占北滩	0	0	0	10	14	12	0	0	[28,73]	10
8	抢占南滩	0	0	0	10	14	12	0	0	[28,83]	10
9	北滩防御	5	0	0	0	0	5	0	0	[28,73]	10
10	南滩防御	5	0	0	0	0	5	0	0	[28,83]	10
11	北路行进	0	0	0	0	0	10	5	0	[25,45]	10
12	南路行进	0	0	0	0	0	10	5	0	[5,95]	10
13	清除威胁	0	0	0	0	0	8	0	6	[25,45]	20
14	清除威胁	0	0	0	0	0	8	0	6	[5,95]	20
15	占领港口	0	0	0	20	10	4	0	0	[25,45]	15
16	占领机场	0	0	0	20	10	4	0	0	[5,95]	15
17	桥头遭遇	0	0	0	0	0	8	0	4	[5,60]	10
18	炸桥阻援	0	0	0	8	6	0	4	10	[5,60]	20

分别应用 OSDBGC 方法、3Phase 方法、3Phase_Improved 方法和 NGA 方法，建立与使命 M_2 相匹配的最优组织结构，分别记为 O_2^{GC}、O_2^{3Phase}、$O_2^{Improved}$ 和 O_2^{NGA}。四种组织结构的平台隶属关系以及执行使命 M_2 的任务协作见图 4.14。

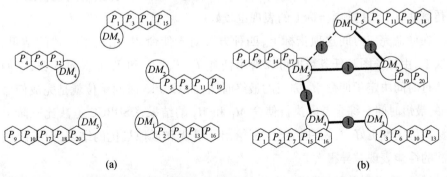

(a)　　　　　　　　　　(b)

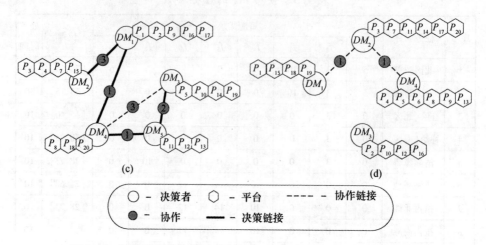

图 4.14 四种组织结构的平台隶属关系以及执行使命 M_2 的任务协作

(a) OSDBGC 方法的最优组织结构 O_2^{GC}；(b) 3Phase 方法的最优组织结构 O_2^{3Phase}；

(c) 3Phase_Improved 方法的最优组织结构 $O_2^{Improved}$；；(d) NGA 方法的最优组织结构 O_2^{NGA}。

四种方法的性能测度和使命完成时间见表 4.4（后三种方法得到的结果分别见文献[116,124]，文献[103]和文献[125]）。

表 4.4 OSDBGC 方法和现有方法的比较

	OSDBGC	3Phase	3Phase_Improved	NGA
性能测度	4.05	6.13	7.89	5.55
使命完成时间	135.15	135.15	135.15	135.15

可以看出，在组织性能测度这项指标上，我们的 OSDBGC 方法表现最好。3Phase_Improved 方法为了尽可能减少使命的完成时间，增加了决策者间的协作，因此在这项指标上表现要逊于 3Phase 方法。而 NGA 方法由于同样采用了遗传算法，因此在这项指标上的表现也较好。

在使命完成时间这项指标上，四种方法对于使命 M_2 给出了一致的结果。事实上，由任务图和任务数据可以看出任务 T_2、T_{10}、T_{14} 和 T_{16} 是关键任务，它们的执行时间决定了使命 M_2 完成的最终时间，而 135.15 时间单位就是完成使命 M_2 的最短时间。综合考虑执行使命 M_1 和 M_2 的结果，OSDBGC 方法比三阶段方法的稳定性更好，在两种情况下都给出了最优和近似最优的结果，而三阶段方法的性能表现差异很大。

另外，有必要单独将 NGA 方法与我们的 OSDBGC 方法进行比较。虽然两者在算法中都使用了遗传算法,但两种方法却有本质的不同。NGA 方法是一次性完成任务和平台到决策者的分配以及平台到任务的指派,实质是希望依靠着遗传算法的性能来解决组织结构设计这种复杂问题,但由于方法中无法考虑任务的时间属性和任务间的执行顺序,因此这种方法只是优化了结构设计问题的单个目标 – 性能测度,而无法兼顾使命完成时间的优化。而 OSDB-GC 方法则是希望依靠粒度计算理论尽可能地在不同粒度层次上同时优化这两项指标。

这一点可以通过如下试验看出:将使命 M_2 中的任务 T_{11}、T_{12} 和 T_{13} 的时间都分别增加 10 个时间单位,其他参数不变。应用两种方法分别设计与新的使命的相匹配的最优组织结构,两种方法得到的平台到任务的分配结果和各任务的执行时间分别见图 4.15 和图 4.16。

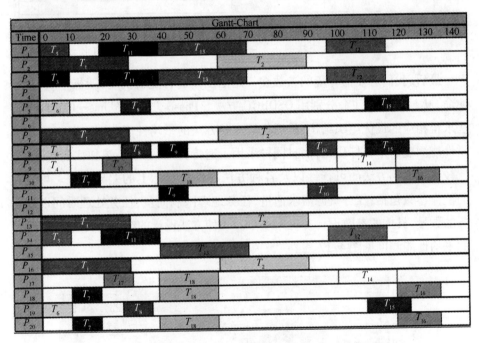

图 4.15　OSDBGC 方法的任务 – 平台分配结果和各任务执行时间

结果表明,OSDBGC 方法的使命完成时间仍然是 135.15 时间单位,实际上使命的变化也没有改变平台到任务的分配;而对于 NGA 方法来说,由于任务时间的变化并不影响该方法的设计结果,因此平台到任务的分配结果保持不变,但使命完成时间却增加到 153.22 时间单位。因此,NGA 方法不能优化使命完成时间,在这个指标上具有很大的不确定性。

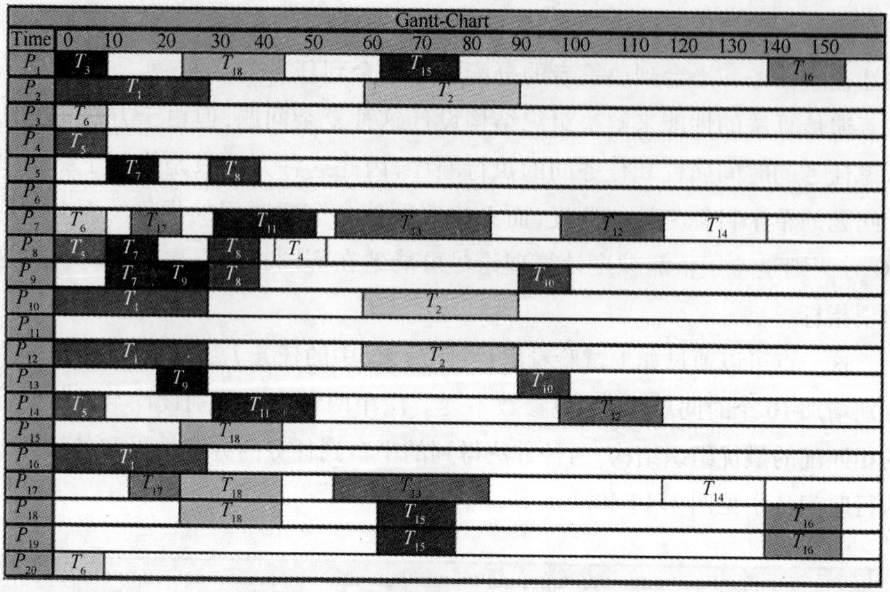

Gantt-Chart

图 4.16　NGA 方法的任务 – 平台分配结果和各任务执行时间

　　最后,我们对使命环境的参数在一定范围内进行随机扰动,随机生成 50 个使命$\{M_i\}$,对每个使命分别用 OSDBGC 方法、3Phase 方法和 3Phase_Improved 方法求得相应的最优组织结构,最后比较三种方法的平均性能(由于 NGA 方法只是性能测度的单目标优化,而且同样采用了遗传算法,这里不参加比较)。这种比较更能说明方法的可行性以及各种方法在性能指标上的差异表现。可变化的使命参数包括:任务资源需求向量,任务地理限制向量,任务处理时间以及任务的数量,具体的参数设计参见第 4 章。三种方法设计的组织结构对使命$\{M_i\}$的平均性能测度见图 4.17。

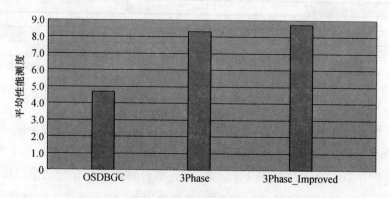

图 4.17　三种方法对使命$\{M_i\}$的平均性能测度

总的来说,在使命完成时间和组织性能测度这两项指标上,OSDBGC 方法的表现要优于三阶段方法及其改进方法和基于嵌套遗传算法的设计方法。这些方法或者是忽略了任务的时间特征和序列特征,或者是先优化使命完成时间,再优化性能测度。通过实验可以看出先优化使命完成时间对性能测度的优化影响很大;另外列表规划方法随着问题规模的增大会越来越偏离最优解,从而给使命完成时间的优化带来很大的不确定性。我们的 OSDBGC 方法通过问题论域的粒化,在论域的不同层次上优化不同的目标(在粗粒度层次上优化组织的性能测度,在粒度内的细化层次上优化使命的完成时间),在降低问题的计算复杂度的同时优化了这两项指标。

4.6.3 讨论

由于采用了遗传算法,本书方法对于组织结构执行使命的性能测度这一目标能够给出近似最优的结果,但与最优的性能测度相对应的平台集和任务集的粒化,却不一定都能实现使命完成时间的优化。对于这一问题可以通过下面的方法解决:在遗传算法求解得到的最终种群中(也可以考虑中间种群),通过设定性能测度的可接受范围,可以得到对应的可选粒化方案集合,然后从中寻找完成使命时间最短的粒化结果。这种灵活的方法可以根据实际需要来决定如何平衡这两个目标,从而得到适合的组织结构。阶段 I 通过遗传算法求得的最终种群如图 4.18 所示。

染色体(平台粒化结果)	适应度值
1 3 5 4 2 3 4 1 4 2 5 5 3 4 3 3 5 1 1 2	4.049
2 1 3 3 2 1 2 3 1 5 2 5 3 4 1 4 4 2 5 5	4.049
4 2 4 4 5 3 4 2 3 3 1 5 1 1 2 1 5 3 2 2	4.049
3 1 5 2 5 2 3 1 5 4 1 2 4 4 3 3 1 5 1 2	4.049
1 5 3 2 1 5 5 4 2 1 4 1 2 4 3 5 1 3 3 2	4.049
…	…
3 1 4 1 3 1 3 4 3 5 2 2 5 2 2 1 5 1 4 3	4.098
2 3 5 5 5 3 2 2 5 1 3 1 4 2 3 1 2 1 4 5	4.147
1 1 1 1 5 3 3 4 3 4 2 5 3 2 1 2 5 1 4 5	4.147
1 1 1 1 2 3 3 4 5 4 5 5 4 2 2 2 1 2 1 3	4.195
…	…
5 2 5 3 5 2 3 1 2 5 2 4 1 2 1 2 3 1 1 5	4.382
…	…
5 1 5 1 5 2 2 5 1 2 3 5 5 1 1 3 2 2 1 2	5.291
…	…

图 4.18　遗传算法求解的最终种群

第 5 章　C^2 组织结构的鲁棒性分析及设计方法

在不确定使命环境下设计 C^2 组织结构时,设计者面对的使命参数(比如任务对资源的需求)往往不可能准确地获得,而仅仅是估计值。一旦使命开始执行,使命参数值可能会发生变化。另外,在使命执行过程中,会有突发事件的发生,比如资源平台失效、决策节点故障、未能预料的敌方行动,这些突发事件会改变使命环境或者组织约束。这些都会使得静态环境下设计的优化组织结构不能与当前实际的使命环境相匹配。解决这种动态的、不确定使命环境下的组织结构设计有两种方法:一种方法是建立一个能够处理一定范围内的可以预期的使命的组织结构;另一种方法是对特定的使命建立优化的组织结构,但可以进行及时在线的重构,用以处理未能预见的使命参数和组织内部参数的变化。前者称为鲁棒性组织结构,能够在不改变组织结构的情况下,面对动态的使命环境保持可接受的性能。后者称为适应性组织结构,能够随着环境变化进行动态重构,从而始终保持很好的性能。

鲁棒性设计方法最早在质量计划和工程产品设计中提出,Taguchi[168]指出控制系统变化以适应动态环境通常比使得系统对动态环境不敏感要付出更大的代价。此后许多领域都针对自身的问题进行了关于鲁棒性的研究。以 Levchuk 为代表的团队通过扩展三阶段方法[116,124],提出了鲁棒性组织结构的设计方法[118]。但是由于三阶段方法本身的效果并不理想,而且对使命参数的变化非常敏感,因此设计的鲁棒性组织结构的性能同样不够理想。

5.1　不确定使命参数设计

非鲁棒的组织结构设计是基于事先估计的使命参数的。然而,这些参数实际上大多是未知的,使命环境的突然变化会导致预先设计好的组织结构失效。这就决定了设计鲁棒性组织结构时首先需要考虑使命的不确定性。

在组织结构设计问题中需要考虑以下的使命参数的不确定性:

（1）任务参数变化（包括资源需求、位置以及处理时间）；

（2）任务间依赖关系变化；

（3）任务分解变化（包括原有任务的消除和未预期任务的出现）。

对于初始的使命 M 及其使命分解，我们可以用估计值、经验值等方法来决定初始任务参数和上面的各种不确定性的变化范围。

组织的初始使命记为 M^0，初始任务集为 T^0，有 N_T^0 个任务。$\forall T_i^0 \in T^0$，T_i^0 的资源需求向量为 $\boldsymbol{TR}_i^0 = [TR_{i1}^0, TR_{i2}^0, \cdots, TR_{iL}^0]$，位置向量为 $\boldsymbol{TP}_i^0 = (x_i^0, y_i^0)$，处理时间为 DT_i^0。

定义 5.1 定义初始使命 M^0 的参数误差如下：

（1）任务资源需求向量误差：$e^R = [e_1^R, e_2^R, \cdots, e_L^R]$；

（2）任务位置误差：$e^L = [e_x^L, e_y^L]$；

（3）任务处理时间误差：e^t；

（4）最多新增 e_n 个新任务，新任务的资源需求向量上限为 $\overline{e^R} = [\overline{e_1^R}, \overline{e_2^R}, \cdots, \overline{e_{N_A}^R}]$，资源需求向量下限为 $\underline{e^R} = [\underline{e_1^R}, \underline{e_2^R}, \cdots, \underline{e_{N_A}^R}]$；任务位置向量上限为 $\overline{e^L} = [\overline{e_x^L}, \overline{e_y^L}]$，下限为 $\underline{e^L} = [\underline{e_x^L}, \underline{e_y^L}]$；处理时间的上下限为 $[\overline{e^t}, \underline{e^t}]$；假设这些新任务可以出现在任务图中的任何位置。

为了方便以后的描述，可以为初始使命 M^0 新增 e_n 个虚拟的任务 $\{T_i^0, i = N^0 + 1, \cdots, N^0 + e_n\}$，这些任务满足（4）中的约束条件。

在考虑鲁棒性组织结构设计时，本书假设初始使命以及使命规划分解是比较准确的，当真实的战场使命展开后，使命参数数据在一定误差范围内服从均匀分布。

定义 5.2 根据初始使命参数和参数的不确定性变化范围可以随机生成新的使命，所有这些新的使命构成了初始使命 M^0 的邻域，记为 $n(M^0)$。$n(M^0)$ 中的每个使命都可能作为真实的场景出现。随机选取其中的 H 个使命构成集合 $n^{(H)}(M^0) = \{M_1, M_2, \cdots, M_H\}$，$n^{(H)}(M^0)$ 可以用来近似表示 $n(M^0)$，H 越大，$n^{(H)}(M^0)$ 的分布特征越接近于 $n(M^0)$。

5.2 $\mathbf{C}^2$ 组织结构的鲁棒性分析

一个鲁棒的组织结构在动态变化的使命环境中可以保持可接受的性能同时不用改变其结构。这里的组织结构是指决策者和平台的拥有关系以及决策者和任务的执行关系。在设计一个鲁棒的组织结构之前，首先需要明确一个给定的组织结构执行使命的鲁棒性程度如何，也就是说需要定义一个组织结构的鲁棒性度量，来对组织结构执行使命的鲁棒性程度进行分析和计算。由于这种结构的鲁棒性通常由任务资源分配上的冗余来实现，从而对环境的变化具有不敏感性，因此可以根据组织结构在任务资源分配上的冗余程度来定义它执行使命的鲁棒性程度。

5.2.1 C^2 组织结构的鲁棒性度量

由 5.1 节的假设，当使命展开时，真实的战场使命是由初始使命 M^0 及其参数误差生成的新的使命，记为 M。不妨设新任务 T_i 是初始任务 T_i^0 的随机变化，则新使命的任务集可记为 $T = \{T_i, i \in \tau | \tau \subset \{1, 2, \cdots, N_T^0 + e_n\}, |\tau| = N_T\}$（即任务数量为 $N_T, N_T \leq N_T^0 + e_n$）。

由于 T_i 是 T_i^0 的在参数误差范围内的随机变化，即当 $1 \leq i \leq N_T^0$ 时满足有 TR_{il} 在 $[(TR_{il}^0 - e_l^R) \vee 0, TR_{il}^0 + e_l^R]$ 上服从均匀分布（$l = 1, 2, \cdots, N_A$）；同样，当 $N_T^0 < i \leq N_T^0 + e_n$ 时满足有 TR_{il} 在 $[\underline{e_l^R}, \overline{e_l^R}]$ 上服从均匀分布（$l = 1, 2, \cdots, N_A$）。

假设执行使命 M 的组织结构记为 $O = <\boldsymbol{R}_{P-T}, \boldsymbol{R}_{DM-P}, \boldsymbol{R}_{DM-DM}, \boldsymbol{R}_{DM-T}^E, \boldsymbol{R}_{DM-T}^C>$。决策者 DM_m 的能力向量为 $\boldsymbol{R}(\boldsymbol{DM}_m) = [\bar{r}_{m1}, \bar{r}_{m2}, \cdots \bar{r}_{mL}]$，并有下式成立：

$$\boldsymbol{R}(\boldsymbol{DM}_m) = \sum_{k=1}^{N_P} R_{DM-P}(k, m) \cdot R(P_k) \tag{5.1}$$

如果使命环境发生变化，我们希望当前组织在不改变组织结构的情况下仍能很好地完成当前使命。最好的情况是当前组织结构能够完成每一个任务，而又不会增加决策者间新的协作。这里，我们认为一个鲁棒的组织结构应该具有这样的特点，即决策者 - 平台的控制关系 $\boldsymbol{R}_{DM-P}$ 和决策者 - 任务的执行关系 $\boldsymbol{R}_{DM-T}^E$ 保持不变，但决策者可以根据自身需要调整平台在任务上的协作关系 $\boldsymbol{R}_{P-T}$。

定义 5.3　所有需要执行任务 T_i 的决策者所拥有的资源的和，称为任务 T_i 可利用的资源，记为 $\boldsymbol{R}^{DM}(\boldsymbol{T}_i) = [R_{i1}^{DM}, R_{i2}^{DM}, \cdots, R_{iN_A}^{DM}]$，并满足下式：

$$\boldsymbol{R}^{DM}(\boldsymbol{T}_i) = \sum_{m}^{N_{DM}} R_{DM-T}(i, m) \cdot \boldsymbol{R}(\boldsymbol{DM}_m) \tag{5.2}$$

由于战场环境的不确定性，任务 T_i 的资源需求可能会发生变化，因此需要判断当前的组织结构能否顺利完成该任务,或者说需要计算完成该任务的鲁棒性程度如何。我们通过如下的定义来描述当前组织结构完成任务 T_i 的鲁棒性程度。

定义 5.4 当前的组织结构 O 执行任务 T_i 时,执行 T_i 的功能类型 f_l 的鲁棒性程度记为 $P(O,T_i,f_l)$,其中,

$$P(O,T_i,f_l) = \begin{cases} \dfrac{R_{il}^{DM}}{TR_{il}^0 + e_l^R}, & R_{il}^{DM} < TR_{il}^0 + e_l^R \\ 1 & ,否则 \end{cases} \quad (1 \leqslant i \leqslant N_T^0) \quad (5.3)$$

$$P(O,T_i,f_l) = \begin{cases} \dfrac{R_{il}^{DM}}{\overline{e_l^R}}, & R_{il}^{DM} < \overline{e_l^R} \\ 1, & 否则 \end{cases} \quad (N_T^0 < i \leqslant N_T^0 + e_n) \quad (5.4)$$

定义 5.5 通过当前的组织结构执行任务的所有功能类型的平均鲁棒性程度,定义组织结构 O 执行任务 T_i 的鲁棒性程度,记为 $P(O,T_i)$,其中,

$$P(O,T_i) = \frac{1}{N_A} \cdot \sum_{l=1}^{N_A} P(O,T_i,f_l) \quad (5.5)$$

$i = 1, 2, \cdots, N_T^0 + 1$。

式(5.5)的度量 $P(O,T_i)$ 采用取和测度来反映当前组织结构完成任务 T_i 的鲁棒性程度。

定义 5.6 通过当前组织结构执行所有任务的平均鲁棒性程度定义当前组织结构 O 执行使命 M 的鲁棒性程度,记为 $P(O,M)$,其中,

$$P(O,M) = \frac{1}{N_T} \cdot \sum_{i=1}^{N_T} P(O,T_i) \quad (5.6)$$

该度量的本质是通过组织结构 O 执行使命 M 时的平均(或期望)资源冗余程度来度量组织结构执行使命 M 的鲁棒性程度。

5.2.2 实例分析

本小节以 4.6 节中采用的多军兵种联合作战的登陆战役为例,具体说明组织结构鲁棒性度量的计算。通过使命规划,结合 A^2C^2 实验的数据[130],采用如下的初始使命 $M^{0[118]}$:完成使命 M^0 需要执行 9 个任务,任务图如图 5.1 所示,任务的属性参数见表 5.1。

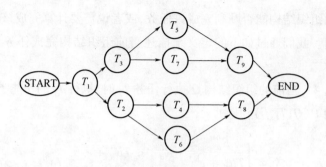

图 5.1 初始使命 M^0 的任务图

假设组织有 6 个可利用的决策者和 20 个平台资源,平台参数见表 5.1。

表 5.1 初始使命 M^0 的任务参数

任务	资源需求								位置	处理时间
	f_1	f_2	f_3	f_4	f_5	f_6	f_7	f_8		
T_1	0	0	0	10	14	12	0	0	[24,60]	10
T_2	0	0	0	10	14	12	0	0	[28,73]	10
T_3	0	0	0	10	14	12	0	0	[28,83]	10
T_4	0	0	0	0	0	5	0	0	[28,73]	10
T_5	0	0	0	0	0	5	0	0	[28,83]	10
T_6	0	0	0	0	0	10	5	0	[25,45]	10
T_7	0	0	0	0	0	10	5	0	[5,95]	10
T_8	0	0	0	20	10	4	0	0	[25,45]	10
T_9	0	0	0	20	10	4	0	0	[5,95]	10

使命参数的变化范围设计如下[118]:

(1) 任务资源需求向量误差:$e_R = [2,1,1,4,2,2,4,0]$;

(2) 任务位置误差:$e_L = [5,10]$;

(3) 任务处理时间误差:$e_t = 5$;

(4) 最多新增 10 个新任务(参数见表 5.2),这些新任务可以出现在任务图中的任何位置。

表 5.2 随机任务参数

随机任务	资源需求								位置	处理时间
	f_1	f_2	f_3	f_4	f_5	f_6	f_7	f_8		
min	0	2	2	0	0	0	0	0	[5,15]	7
max	5	7	7	0	0	0	2	10	[30,60]	14

假设当使命展开时,真实的使命场景是4.6节中的使命 M_1,采用我们的 OSDBGC 方法得到的最优组织结构为 O_1,该结构下决策者拥有的平台和需要执行的任务见表5.3。

表5.3　O_1 执行 M_1 的决策者 – 平台 – 任务分配表

决策者	平台	任务
DM_1	P_1,P_8,P_{18},P_{19}	T_1,T_2,T_3
DM_2	P_5,P_{10},P_{20}	T_8,T_9
DM_3	$P_2,P_6,P_{13},P_{15},P_{16}$	T_{10},T_{11}
DM_4	P_4,P_7,P_9,P_{14}	T_6,T_7
DM_5	P_3,P_{11},P_{12},P_{17}	T_4,T_5

由式(5.1)计算得到的各决策者拥有的总的资源见表5.4;由式(5.2)计算得到的使命 M 的每个任务 T_i 的可利用资源见表5.5。

表5.4　O_1 各决策者的资源拥有能力

决策者	资源能力							
	f_1	f_2	f_3	f_4	f_5	f_6	f_7	f_8
DM_1	13	13	1	20	23	17	3	0
DM_2	3	3	0	20	14	12	3	0
DM_3	12	5	10	0	5	4	0	12
DM_4	4	7	0	2	16	18	17	0
DM_5	22	12	1	6	17	7	1	10

表5.5　使命 M_1 的每个任务 T_i 的可利用资源

任务	可利用资源							
	f_1	f_2	f_3	f_4	f_5	f_6	f_7	f_8
T_1	13	13	1	20	23	17	3	0
T_2	13	13	1	20	23	17	3	0
T_3	13	13	1	20	23	17	3	0
T_4	22	12	1	6	17	7	1	10
T_5	22	12	1	6	17	7	1	10
T_6	4	7	0	2	16	18	17	0
T_7	4	7	0	2	16	18	17	0
T_8	3	3	0	20	14	12	3	0
T_9	3	3	0	20	14	12	3	0
T_{10},T_{11}	12	5	10	0	5	4	0	12

分别通过式(5.3)、式(5.4)及式(5.5)计算组织结构 O_1 对每个任务各功能类型的鲁棒性程度及对每个任务的鲁棒性程度,结果见表5.6。

表5.6　组织结构 O_1 对 M_1 各任务的鲁棒性程度

任务	鲁棒性程度								
	$P(O_1,T_i,f_1)$	$P(O_1,T_i,f_2)$	$P(O_1,T_i,f_3)$	$P(O_1,T_i,f_4)$	$P(O_1,T_i,f_5)$	$P(O_1,T_i,f_6)$	$P(O_1,T_i,f_7)$	$P(O_1,T_i,f_8)$	$P(O_1,T_i)$
T_1	1	1	1	1	1	1	0.75	1	0.969
T_2	1	1	1	1	1	1	0.75	1	0.969
T_3	1	1	1	1	1	1	0.75	1	0.969
T_4	1	1	1	1	1	1	0.25	1	0.906
T_5	1	1	1	1	1	1	0.25	1	0.906
T_6	1	1	0	0.5	1	1	1	1	0.813
T_7	1	1	0	0.5	1	1	1	1	0.813
T_8	1	1	0	0.83	1	1	0.75	1	0.823
T_9	1	1	0	0.83	1	1	0.75	1	0.823
T_{10},T_{11}	1	0.71	1	1	1	1	0	1	0.839

最后由式(5.6)得到组织结构 O_1 执行使命 M_1 时的鲁棒性程度为

$$P(O_1,M_1) = \frac{1}{11} \cdot \sum_{i=1}^{11} P(O_1,T_i) = 0.879$$

需要指出的是,鲁棒性度量虽然能够反映组织结构执行使命时的资源冗余程度,但却不能用来设计优化的鲁棒性组织结构,例如如下的组织结构:5个决策者,每个决策者拥有4个平台,每两个决策者之间都建立协作链接,显然这种组织结构的资源冗余程度最大,但是却是以增加组织的性能度量为代价的。设计优化的鲁棒性组织结构时需要考虑如何平衡资源冗余和组织的性能代价。

5.3　C^2 组织结构的鲁棒性设计方法

一个设计良好的鲁棒的组织结构应该能够很好地处理 $n(M)$ 中的所有使命,即执行 $n(M)$ 中使命的平均性能较好。这样可能导致对每一个特定的使命,会带来轻微的性能降低,但可以最小化组织结构的脆性[118]。考虑到计算的可行性,在进行鲁棒性设计时我们首先随机生成邻域 $n^{(H)}(M) = \{M_1,M_2,\cdots,M_H\}$ 来近似表示 $n(M)$。

由于鲁棒的组织结构不是针对某个特定的使命,所以设计参数只包括两个：一个是决策者与平台之间的控制关系 R_{DM-P}；另一个是决策者之间的决策者之间的决策层次关系 R_{DM-DM}。对于这两个参数的设计，只需扩展基于粒度计算的组织结构设计方法中阶段 I 和阶段 III 的设计方法即可，下面进行详细讨论。

5.3.1 阶段 I：平台集粒化

由于只需设计决策者与平台之间的控制关系 R_{DM-P}，因此这个阶段只需进行平台集粒化。在基于粒度计算的组织结构设计方法中，我们采用了遗传算法求解阶段 I 的平台集粒化问题，这里我们仍然采用这一方法，不同之处在于适应度函数的构造。

1. 编码

采用直接基于划分结果的整数编码。如果将 N_P 个平台划分为 N_{DM} 个子集（对应于 N_{DM} 个决策者），则一条染色体就是一个长度为 N_P 的由 1 到 N_{DM} 的整数组成的串。

2. 生成初始种群

初始种群在取值域上尽量均匀分布，种群的数量通常取 50 ~ 200。

3. 适应度函数的构造

假设一个染色体对应了一个平台集粒度划分 $\{G_i^P\}_{i \in \tau}, \tau = \{1, 2, \cdots, N_{DM}\}$，并假设将平台粒 G_i^P 分配给决策者 DM_i。

（1）当前结构执行特定使命 M_l 时的性能测度。假设特定使命 M_l 的任务集为 T_l，令 $T' \subset T_l$ 表示由那些不能由某一个平台粒单独完成的任务所组成的集合。当前平台集粒化结构执行使命 M_l 的性能测度 $W_{RMS}(O, M_l)$ 由 T' 中的任务分配决定。我们采用贪婪策略进行 T' 的分配。具体步骤如下：

初始参数：$I(i) = |G_i^P|, E(i) = 0, i = 1, 2, \cdots, N_{DM}$，其中 | | 表示集合的基数；

初始集合：T'；

第一步 任取 $T_j \in T'$，选取 T_j 到 $\{DM_i\}$ 的最优分配使得当前的 $W_{RMS}(O, M_l)$ 最小；

第二步 根据第一步的分配结果，调整相应的 $E(i)$ 值；

第三步 $T' \leftarrow T'/\{T_j\}$，如果 $T' \neq \varphi$ 转第一步，否则算法终止。

通过上面的步骤最后可以得到当前结构执行特定使命 M_l 时的性能测度 $W_{RMS}(O, M_l)$。

（2）构造适应度函数。当前平台集粒化结构执行使命邻域 $n^{(H)}(M)$ 时的平均性能测度定义为

$$W_{\text{RMS}}(O, n^{(H)}(M)) = \frac{1}{H} \sum_{i=1}^{H} W_{\text{RMS}}(O, M_i) \tag{5.7}$$

当前染色体的适应度值 f 定义为

$$f = W_{\text{RMS}}(O, n^{(H)}(M)) \tag{5.8}$$

平均性能测度 $W_{\text{RMS}}(O, n^{(H)}(M))$ 越小,相应染色体被选中的概率也就越大。

4. 选择、交叉和变异

采用轮盘法选择优良个体,同时采用最优保存策略,即群体中适应度值最小的染色体不参与交叉、变异操作,用来替换掉下一代群体中经过交叉、变异操作后所产生的适应度值最大的染色体。

采用两点交叉的方法,交叉概率 pc 的取值范围是 0.5~1.0。

采用基本位变异的方法产生变异运算,首先确定各个染色体的基因变异位置,然后依照 pm 值将变异点随机选择一个与原来不同的划分结果作为新的基因值。

5. 算法终止条件

采用规定最大迭代次数（通常取 100~500）,当遗传算法的操作次数达到最大迭代次数时,即终止运算,输出结果。

5.3.2 阶段Ⅲ:决策分层

在基于粒度计算的组织结构设计方法中,这个阶段的任务是根据阶段 Ⅰ 确定的决策者之间的任务协作数量来设计决策树或者说决策者间的决策层次关系 R_{DM-DM}。在鲁棒性组织结构的设计中,这个阶段的任务相应的变化为根据执行使命邻域 $n^{(H)}(M)$ 时决策者之间的平均任务协作量来设计鲁棒性组织的决策树。

鲁棒性组织结构执行使命 $M_i \in n^{(H)}(M)$ 时,通过式(4.2)计算决策者 DM_m 和 DM_n 之间的任务协作量 $d_i(m, n)$,通过式(4.5)计算决策者 DM_m 的内部工作负载量 $I(m)$。则由式(4.30)得到决策树 T 中所有决策者执行使命 M_i 的总的工作负载为

$$W(T, M_i) = W^I \cdot \sum_{m=1}^{N_{DM}} I(m) + W^E \cdot \sum_{m=1}^{N_{DM}} \sum_{n=m+1}^{N_{DM}} d_i(m, n) +$$

$$W^E \cdot \sum_{m=1}^{N_{DM}} \sum_{n=m+1}^{N_{DM}} d_i(m, n) \cdot \text{length}(\text{path}_{mn}) \tag{5.9}$$

令 $d^{(H)}(m,n) = \dfrac{1}{H} \cdot \sum\limits_{i=1}^{H} d_i(m,n)$，它表示执行使命邻域时决策者间的平均任务协作量，则决策树 T 中所有决策者执行使命邻域 $n^{(H)}(M)$ 时的总工作负载的平均值为

$$W(T, n^{(H)}(M)) = \frac{1}{H} \sum_{i=1}^{H} W(T, M_i)$$

$$= W^I \cdot \sum_{m=1}^{N_{DM}} I(m) + W^E \cdot \sum_{m=1}^{N_{DM}} \sum_{n=m+1}^{N_{DM}} d^{(H)}(m,n) +$$

$$W^E \cdot \sum_{m=1}^{N_{DM}} \sum_{n=m+1}^{N_{DM}} d^{(H)}(m,n) \cdot \text{length}(\text{path}_{mn}) \qquad (5.10)$$

本书以最小化决策树中所有决策者执行使命邻域 $n^{(H)}(M)$ 时的总工作负载平均值为目标，优化生成鲁棒性组织结构的决策树。

问题的数学表示为

$$\min_{T \in \Delta(DM)} W(T, n^{(H)}(M)) \Leftrightarrow \min_{T \in \Delta(DM)} \sum_{m=1}^{N_{DM}} \sum_{n=m+1}^{N_{DM}} d^{(H)}(m,n) \cdot \text{length}(\text{path}_{mn})$$

$$(5.11)$$

其中，$\Delta(DM)$ 表示所有可能的组织决策树的集合。

式(5.11)的求解方法是，对以 $d^{(H)}(m,n)$ 为协作链接权值的组织协作网，采用 Gomory – Hu 树生成算法求解最优组织决策树，具体方法参见4.5.2节。

5.4 案 例 分 析

本节以4.6节中采用的多军兵种联合作战的登陆战役为例说明我们的方法，其使命是登陆抢占机场和港口，为后续部队向纵深推进扫清障碍。关于初始使命 M 的描述以及使命参数的变化范围设计见5.2.2节。

5.4.1 非鲁棒性组织结构的性能

由初始使命参数和设定的4种参数变化范围，随机生成一个使命 M_1，它可以视为是初始使命 M 的一种可能的具体实现。这里假设这个使命就是4.6节的使命 M_1，任务图见图4.9，任务参数见表4.2。应用 OSDBGC 方法设计与使命 M_1 相匹配的最优组织结构为 O_1，O_1 执行使命 M_1 的性能测度为 $W_{RMS}(O_1, M_1) = 4.05$。

再随机生成一个使命,记为 M_3,可以视为是初始使命 M 的另一种可能的场景实现。使命 M_3 的任务图如图 5.2 所示,任务参数见表 5.7(参见文献[118])。

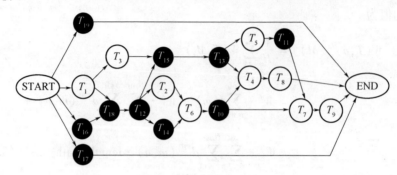

图 5.2 使命 M_3 的任务图

表 5.7 使命 M_3 的任务属性数据

序号	任务名称	资源需求								位置	处理时间
		f_1	f_2	f_3	f_4	f_5	f_6	f_7	f_8		
1	压制高地	0	0	0	13	12	12	1	0	[28,59]	9.8
2	抢占北滩	0	0	0	10	13	10	0	0	[26,77]	14.5
3	抢占南滩	2	1	1	6	12	13	0	0	[31,83]	13.7
4	北区防御	1	1	1	0	0	7	0	0	[26,67]	6.3
5	南区防御	1	0	1	1	1	3	0	0	[31,89]	5.2
6	北路行进	0	0	0	2	2	9	8	0	[30,37]	5.4
7	南路行进	0	1	0	0	2	12	3	0	[6,90]	11.6
8	占领港口	0	0	0	24	12	5	4	0	[21,53]	5.1
9	占领机场	0	0	0	19	11	4	0	0	[5,99]	8.3
10	随机任务	2	6	4	0	0	0	0	3	[22,26]	11.3
11	随机任务	1	7	3	0	0	0	0	8	[18,17]	13.1
12	随机任务	5	6	6	0	0	0	0	10	[27,21]	7.1
13	随机任务	0	5	6	0	0	0	0	4	[23,33]	13.6
14	随机任务	5	3	7	0	0	0	0	0	[30,38]	10.8
15	随机任务	1	4	6	0	0	0	1	4	[16,31]	11.2
16	随机任务	4	3	5	0	0	0	0	7	[25,18]	13
17	随机任务	2	2	2	0	0	0	1	8	[19,52]	7.1
18	随机任务	1	4	5	0	0	0	0	9	[21,42]	10.4
19	随机任务	4	3	4	0	0	0	1	1	[24,36]	12.7

94

如果维持原有的组织结构 O_1 不变,那么 O_1 执行使命 M_3 的性能测度为 $W_{\text{RMS}}(O_1,M_3)=7.46$;如果重新设计与使命 M_3 相匹配的最优组织结构记为 O_3,那么 O_3 执行使命 M_3 的性能测度为 $W_{\text{RMS}}(O_3,M_3)=4.47$。$O_1$ 和 O_3 的平台隶属关系以及执行使命 M_3 的任务协作见图5.3。

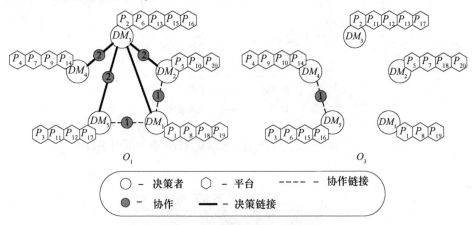

图5.3　O_1 和 O_3 的平台隶属关系以及执行使命 M_3 的任务协作

可以看出,当使命展开时,由于使命的真实场景会与计划中的有一定变化,根据原有计划设计的组织结构执行真实使命场景时可能会导致组织执行性能的严重降低,因此有必要设计鲁棒的组织结构,可以在一定的使命邻域内很好地执行。

5.4.2　鲁棒性组织结构的性能

由初始使命参数和设定的4种参数变化范围,随机生成使命 M 的3个邻域 $n^{(10)}(M)$、$n^{(20)}(M)$ 和 $n^{(30)}(M)$,应用我们的鲁棒性组织结构设计方法分别得到3个鲁棒的组织结构 $O^{(10)}$、$O^{(20)}$ 和 $O^{(30)}$。$O^{(20)}$ 和 $O^{(30)}$ 的平台隶属关系以及执行使命 M_3 的任务协作见图5.4。O_1 和 O_3 以及3种鲁棒性组织结构执行使命 M_3 的性能测度的比较见图5.5。

最后我们再随机生成使命 M 的新的邻域 $n^{(40)}(M)$,对其中每个使命,分别用这个使命的最优组织结构(由 OSDBGC 方法方法得到)和以上5种组织结构计算相应的性能测度,最后比较这5种组织结构的平均性能,比较结果见图5.6。

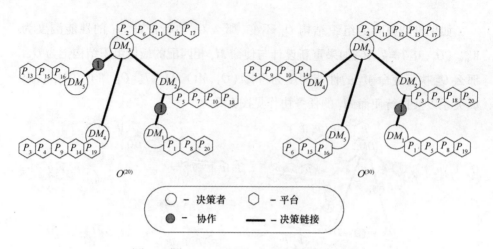

图 5.4 $O^{(20)}$ 和 $O^{(30)}$ 的平台隶属关系以及执行使命 M_3 的任务协作

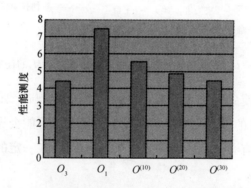

图 5.5 5 种组织结构执行使命 M_3 的性能测度的比较

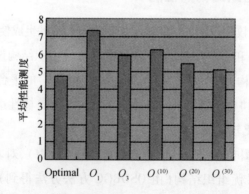

图 5.6 5 种组织结构执行使命邻域 $n^{(40)}(M)$ 的平均性能测度比较

通过图 5.5 和图 5.6 可以看出,组织结构 O_1 是脆弱的,当它执行 $n(M)$ 中可能出现的其他使命时会带来很大程度的整体性能降低;而鲁棒的组织结构

$O^{(10)}$、$O^{(20)}$ 和 $O^{(30)}$ 却可以在整体上保持很好的性能,其中 $O^{(30)}$ 的表现性能最好,这是因为邻域 $n^{(30)}(M)$ 近似 $n(M)$ 的程度更高。另外,相比于组织结构 O_1,O_3 的鲁棒性更好,甚至优于鲁棒的组织结构 $O^{(10)}$,因此也可以视为一个鲁棒的组织结构。

由于三阶段方法的效果并不理想(例如,应用该方法设计与使命 M_3 相匹配的最优组织结构的性能测度为 11.7[118],性能甚至低于前面得到的鲁棒性组织结构),因此本书不再将该方法与本书方法进行比较。

5.4.3 鲁棒性组织结构的鲁棒性度量

5.3 节通过组织结构执行使命的性能测度来衡量鲁棒性组织的性能,本节将通过 5.2 节定义的组织结构的鲁棒性度量来衡量鲁棒性组织结构的性能。

对于执行使命 M_3 的鲁棒的组织结构 $O^{(30)}$,该结构下决策者拥有的平台和需要执行的任务见表 5.8。由式(5.1)计算得到的各决策者拥有的总的资源见表 5.9;由式(5.2)计算得到的使命 M 的每个任务 T_i 的可利用资源见表 5.10。

表 5.8 $O^{(30)}$ 执行使命 M_3 的决策者 – 平台 – 任务分配表

决策者	平台	任务
DM_1	P_1,P_5,P_8,P_{19}	T_1,T_2,T_4,T_8
DM_2	P_3,P_7,P_{18},P_{20}	T_3,T_5,T_8,T_9
DM_3	$P_2,P_{11},P_{12},P_{13},P_{17}$	$T_{10}-T_{19}$
DM_4	P_4,P_9,P_{10},P_{14}	T_6,T_7
DM_5	P_6,P_{15},P_{16}	

表 5.9 $O^{(30)}$ 各决策者的资源拥有能力

决策者	资源能力							
	f_1	f_2	f_3	f_4	f_5	f_6	f_7	f_8
DM_1	13	13	1	20	23	17	3	0
DM_2	15	14	1	20	19	19	3	0
DM_3	19	7	10	6	13	6	1	10
DM_4	2	6	0	2	20	16	17	0
DM_5	5	0	0	0	0	0	0	12

表 5.10 使命 M_3 的每个任务 T_i 的可利用资源

任务	可利用资源							
	f_1	f_2	f_3	f_4	f_5	f_6	f_7	f_8
T_1	13	13	1	20	23	17	3	0
T_2	13	13	1	20	23	17	3	0
T_3	15	14	1	20	19	19	3	0
T_4	13	13	1	20	23	17	3	0
T_5	15	14	1	20	19	19	3	0
T_6	2	6	0	2	20	16	17	0
T_7	2	6	0	2	20	16	17	0
T_8	28	27	2	40	42	36	6	0
T_9	15	14	1	20	19	19	3	0
$T_{10} \sim T_{19}$	19	7	10	6	13	6	1	10

分别通过式(5.3)、式(5.4)及式(5.5)计算组织结构 $O^{(30)}$ 对每个任务各功能类型的鲁棒性度量及对每个任务的鲁棒性度量,结果见表5.11。

表 5.11 组织结构 $O^{(30)}$ 对 M_3 各任务的鲁棒性程度

任务	鲁棒性程度								
	$P(O_1,T_i,f_1)$	$P(O_1,T_i,f_2)$	$P(O_1,T_i,f_3)$	$P(O_1,T_i,f_4)$	$P(O_1,T_i,f_5)$	$P(O_1,T_i,f_6)$	$P(O_1,T_i,f_7)$	$P(O_1,T_i,f_8)$	$P(O_1,T_i)$
T_1	1	1	1	1	1	1	0.75	1	0.969
T_2	1	1	1	1	1	1	0.75	1	0.969
T_3	1	1	1	1	1	1	0.75	1	0.969
T_4	1	1	1	1	1	1	0.75	1	0.969
T_5	1	1	1	1	1	1	0.75	1	0.969
T_6	1	1	0	0.5	1	1	1	1	0.813
T_7	1	1	0	0.5	1	1	1	1	0.813
T_8	1	1	1	1	1	1	1	1	1
T_9	1	1	1	0.833	1	1	0.75	1	0.948
$T_{10} \sim T_{19}$	1	1	1	1	1	1	0.5	1	0.938

最后由式(5.6)得到组织结构 $O^{(30)}$ 执行使命 M_3 时的鲁棒性度量为

$$P(O^{(30)}, M_3) = \frac{1}{19} \cdot \sum_{i=1}^{19} P(O^{(30)}, T_i) = 0.937$$

同样方法,可以分别计算组织结构 O_3 执行使命 M_3 时的鲁棒性度量和组织

结构 $O^{(30)}$ 执行使命 M_1 时的鲁棒性度量,具体结果见表5.12。

表 5.12　鲁棒性组织结构与非鲁棒性组织结构的比较

		O_1	O_3	$O^{(30)}$
M_1	性能测度	4.05	/	4.05
	鲁棒性度量	0.879	/	0.933
M_3	性能测度	/	4.47	4.47
	鲁棒性度量	/	0.909	0.937

由表5.12可以看出,鲁棒性组织结构 $O^{(30)}$ 在执行使命 M_1 和 M_3 时的性能测度与它们的最优组织结构是相同的,但鲁棒性程度却更高。实验结果说明,我们的鲁棒性组织设计方法是满足前面建立的鲁棒性度量的,鲁棒的组织结构更大程度上实现了资源冗余与组织性能的平衡。

第6章 基于滚动时域的 C^2 组织决策层结构动态适应性优化

在使命执行期间,使命环境的变化会导致 C^2 组织的决策能力下降,从而影响 C^2 组织执行使命的效果,此时需要通过决策层结构的适应性优化,实现组织决策能力的提升。

当前决策层结构适应性优化的研究成果中,未考虑决策者能力属性以及任务决策能力需求对组织决策能力的影响;并且普遍采用面向使命期间的组织重构方式进行结构适应性优化,所涉及的结构调整范围过大,容易造成耗时过长和结构变化成本过高,影响优化结果的适用性[65,105,122]。

6.1 C^2 组织决策能力测度

根据基于能力测度的结构分层优化策略可知,C^2 组织决策能力测度是对组织决策能力的度量,构建合适的决策能力测度是进行决策层结构适应性优化的前提。Levchuk 等[65,98]提出的测度决策能力的参数主要包括:决策者工作负载、交流和决策者个体间的依赖关系,并在 A^2C^2 实验[98]和适应性组织设计[105,122]中得到了验证。但这些已有的测度参数仅从决策者间关系的角度来度量组织决策能力,无法反映决策者能力属性以及任务决策能力需求对组织决策能力的影响。第 2 章中我们已经定义了任务决策负载、任务决策质量等面向任务的决策能力参数,但那里仅仅给出了形式化定义,没有给出具体的数学模型,在本节将建立决策层结构 G_{DLS} 下 C^2 组织决策能力测度及相关参数的数学模型。

定义 6.1 决策者 DM_m 为完成任务 T_i 而承担的任务执行负载为 $DW_{exe}(m, i)$,表示为

$$DW_{exe}(m,i) = w_{exe} \cdot DT_i \cdot DI_i \cdot R_{DM-T}^E(m,i) \qquad (6.1)$$

式中:w_{exe} 为任务执行负载系数;DT_i 为任务 T_i 的处理时间;DI_i 为 T_i 的任务决策负载强度。如果取 $DI_i = 1$,则式(6.1)转化为

$$DW_{exe}(m,i) = w_{exe} \cdot DT_i \cdot R_{DM-T}^E(m,i) \qquad (6.2)$$

即此时任务执行负载只与任务的处理时间相关,处理时间越长则任务执行负载越大。

定义 6.2 决策者 DM_m 为完成任务 T_i 而承担的任务协作负载为 $DW_{coo}(m, i)$,表示为

$$DW_{coo}(m,i) = w_{coo} \cdot DT_i \cdot DI_i \cdot \sum_{m'=1,m' \neq m}^{N_{DM}} R_{DM-T}^{E}(m,i) \cdot R_{DM-T}^{E}(m',i)$$

(6.3)

式中:w_{coo} 为任务协作负载系数。

定义 6.3 决策者 DM_m 为完成任务 T_i 而承担的任务指挥负载为 $DW_{cmd}(m,i)$,表示为

$$DW_{cmd}(m,i) = w_{cmd} \cdot DT_i \cdot DI_i \cdot R_{DM-T}^{C}(m,i) \cdot \sum_{m'=1,m' \neq m}^{N_{DM}} R_{DM-T}^{E}(m',i)$$

(6.4)

式中:w_{cmd} 为任务指挥负载系数。

定义 6.4 决策者 DM_m 为完成任务 T_i 而承担的决策工作负载 $DW(m,i)$ 是其任务执行负载、任务协作负载和任务指挥负载的加和,表示为

$$DW(m,i) = DW_{exe}(m,i) + DW_{coo}(m,i) + DW_{cmd}(m,i) \quad (6.5)$$

定义 6.5 T_i 的任务决策负载 $DW(i)$ 为所有参与 T_i 的决策者 DM_m 为完成 T_i 而承担的任务执行、任务协作和任务指挥等工作负载总和,表示为

$$DW(i) = \sum_{DM_m \in DM(i)} DW(m,i) \quad (6.6)$$

式中:$DM(i)$ 为参与任务 T_i 的决策者集合。

定义 6.6 决策者 DM_m 对任务 T_i 的决策贡献度是 DM_m 为完成任务 T_i 所承担的决策工作负载与 T_i 的任务决策负载的比,反映了 DM_m 在任务 T_i 的决策工作中的重要程度。记决策者 DM_m 对任务 T_i 的决策贡献度为 $DG(m,i)$,则有

$$DG(m,i) = DW(m,i)/DW(i) \quad (6.7)$$

定义 6.7 时域 H 内决策者 DM_m 的决策工作负载 $DW(m,H)$,是 DM_m 在时域 H 内所参与各任务的决策工作负载的总和,表示为

$$DW(m,H) = \sum_{i \in T} DW(m,i) \cdot \delta_H(i) \quad (6.8)$$

式中:$H = [t_{LB}, t_{UB}]$;t_{UB} 和 t_{LB} 分别为时域 H 的结束时刻和开始时刻;$\delta_H(i)$ 为判断任务 T_i 是否在时域 H 内执行的指示函数,表示为

$$\delta_H(i) = \begin{cases} 1, & \text{任务 } T_i \text{ 在时域 } H \text{ 内执行} \\ 0, & \text{否则} \end{cases} \quad (6.9)$$

定义 6.8 时域 H 内决策者 DM_m 的决策工作质量 $q_m(H)$ 是 DM_m 完成所承担决策工作负载的程度,度量了决策者 DM_m 在时域 H 内完成决策工作的有效性。

决策工作质量 $q_m(H)$ 应该介于 $0 \sim 1$ 之间,数值取决于时域 H 内决策者 DM_m 的决策工作负载 $DW(m,H)$ 和工作负载上限 DWB_m。当 $DW(m,H)$ 在其上限 DWB_m 之内时,$q_m(H) = 1$;当 $DW(m,H)$ 超过上限 DWB_m 时,DM_m 的工作质量将下降,即 DM_m 无法提供足够的决策能力,最终影响任务的完成。DM_m 的决策工作质量下降时呈现如下特点:

(1) 通常决策者 DM_m 自身具有一定的鲁棒性,能够承受一定的超额负载,因此当 $(DW(m,H) - DWB_m)/DWB_m$ 较小时,决策者 DM_m 的决策工作质量下降的趋势较为缓慢;

(2) 当 $(DW(m,H) - DWB_m)/DWB_m$ 较大时,决策者 DM_m 所承担的决策工作负载远远超出其负载上限,因而决策者 DM_m 的工作质量将缓慢趋近于零;

(3) 当 $(DW(m,H) - DWB_m)/DWB_m$ 处于中间数值时,决策者 DM_m 的决策工作质量快速下降。

如果以 $(DW(m,H) - DWB_m)/DWB_m$ 为横轴,以 $q_m(H)$ 为纵轴,则决策工作质量变化曲线如图 6.1 所示。

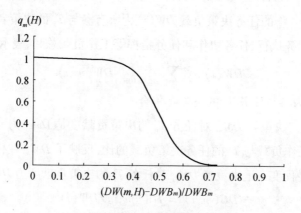

图 6.1　决策工作质量变化曲线

本书采用式(6.10)定义决策工作质量 $q_m(H)$,该式具有图 6.1 所示的特点。

$$q_m(H) = \begin{cases} 1, & 0 < DW(m,H) \leqslant DWB_m \\ \dfrac{\exp 10(1 - 2(DW(m,H) - DWB_m)/DWB_m)}{1 + \exp 10(1 - 2(DW(m,H) - DWB_m)/DWB_m)}, & DW(m,H) > DWB_m \end{cases}$$

$$(6.10)$$

在第 2 章中,我们将任务决策质量定义为参与任务的各决策者的决策工作质量、决策执行能力以及决策贡献度的关系函数,在实际中我们希望具有较大决策贡献度的决策者能够具有较高的决策工作质量与较大的决策执行能力,因此给出任务决策质量的具体定义如下。

定义 6.9 任务的决策质量是所有参与该任务的决策者的决策工作执行质量加和,反映了决策工作完成的质量。其中,决策者的决策工作执行质量是决策者的决策贡献度、决策工作质量与决策执行能力三者的乘积。

记时域 H 内任务 T_i 的任务决策质量为 $DQ(i,H)$,则有

$$DQ(i,H) = \sum_{DM_m \in DM(i)} DG(m,i) \cdot q_m(H) \cdot DA_m(H) \cdot \delta_H(i) \quad (6.11)$$

式中:$DM(i)$ 为参与任务 T_i 的决策者集合;$DA_m(H)$ 为时域 H 内 DM_m 的决策执行能力。

定义 6.10 所有任务决策质量的加和平均值反映了组织完成决策工作的有效程度,测度了 C^2 组织的决策能力。

记时域 H 内 C^2 组织的决策能力测度为 $DC(H)$,则有

$$
\begin{aligned}
DC(H) &= \sum_{T_i \in T(H)} \frac{DQ(i,H)}{|T(H)|} \\
&= \sum_{T_i \in T(H)} \frac{\sum_{DM_m \in DM(i)} DG(m,i) \cdot q_m(H) \cdot DA_m(H) \cdot \delta_H(i)}{|T(H)|} \\
&= \sum_{T_i \in T(H)} \frac{\sum_{DM_m \in DM(i)} DW(m,i) \cdot q_m(H) \cdot DA_m(H) \cdot \delta_H(i)}{DW(i) \cdot |T(H)|}
\end{aligned}
$$

$$(6.12)$$

式中:$T(H)$ 为时域 H 内所包含的任务集合。

6.2 不确定使命环境下 C^2 组织决策层结构适应性优化模型

在不确定使命环境下,无法预先针对所有的不确定场景设计优化的组织结构,只能根据使命执行期间组织决策能力的变化情况,适时地进行决策层结构适应性优化,称之为不确定使命环境下的决策层结构适应性优化问题。这里需要解决两个方面的问题,首先是明确不确定事件对组织决策能力的影响,然后是建立不确定使命环境下的决策层结构适应性优化模型。

6.2.1 影响决策能力的不确定事件

根据第 2 章中不确定因素对 C^2 组织能力的影响分析可知,由决策者执行能力不确定性和任务决策负载强度不确定性引发的不确定事件将会影响 C^2 组织决策能力。

定义 6.11 决策执行能力损耗事件是指由于指挥所的战损或受干扰导致决策者的决策执行能力下降,部分决策工作无法完成的事件。记包含多种类型的决策执行能力损耗事件集为 $E_{DUUE} = \{E_1^{DM}, E_2^{DM}, \cdots, E_l^{DM}, \cdots, E_{N_{DUUE}}^{DM}\}$,$N_{DUUE}$ 为决策执行能力损耗事件类型的数量,E_{DUUE} 中每类决策执行能力损耗事件 E_l^{DM} 的属性表示为四元组 $\langle m_l, LN_l, Ar_l^{DM}, Afp_l \rangle$,其中,

（1）m_l 是决策执行能力损耗事件 E_l^{DM} 所影响决策者的编号;

（2）LN_l 是该类事件导致决策者损耗的决策执行能力;

（3）Ar_l^{DM} 表示该类事件的到达率;

（4）Afp_l 表示该类事件可预测的概率。

定义 6.12 任务决策负载强度变化事件是指由于作战计划时任务信息的不准确,导致任务执行过程需要实时决策干预以及频繁通信协调,从而引起任务决策负载强度变化的事件。记包含多种类型的任务决策负载强度变化事件集为 $E_{TDUE} = \{E_1^T, E_2^T, \cdots, E_d^T, \cdots, E_{N_{TDUE}}^T\}$,$N_{TDUE}$ 为任务决策负载强度变化事件类型的数量,E_{TDUE} 中每类任务决策负载强度变化事件 E_d^T 的属性表示为四元组 $\langle i_d, \Delta DI_{i_d}, Ar_d^T, Afp_d \rangle$,其中,

（1）i_d 是任务决策负载强度变化事件 E_d^T 所影响任务的编号;

（2）ΔDI_{i_d} 是该类事件导致任务 T_{i_d} 的任务决策负载强度变化量;

（3）Ar_d^T 表示该类事件的到达率;

（4）Afp_d 表示该类事件可预测的概率。

6.2.2 决策层结构适应性优化模型

在使命执行期间,决策执行能力损耗事件和任务决策负载强度变化事件的发生将会导致 C^2 组织的决策能力下降,从而影响 C^2 组织执行使命的效果,此时需要进行决策层结构的适应性优化调整,包括决策者与平台间的控制关系以及决策者间的指挥关系的优化调整。通过决策层结构的适应性优化调整,组织决策能力能够得到提升,同时,组织在调整过程中也需要承担一定的结构调整代价。

定义 6.13 决策层结构调整代价包含决策者之间指挥关系的变化代价和决策者与平台间的控制关系的变化代价。决策者与平台间控制关系的变化代价是指决策者根据需要迁出和迁入某些平台资源所需的花费;决策者间指挥关系的变化代价是指由于新的任务和新的平台分配导致的决策者间指挥链接变更所需的花费。记调整前决策层结构 G_{DLS} 与优化调整后决策层结构 G'_{DLS} 之间的结构调整代价为 $TC(G_{DLS}, G'_{DLS})$,表示为

$$
\begin{aligned}
TC(G_{DLS}, G'_{DLS}) =& \frac{W_D}{N_{DM}} \cdot \sum_{m_2=1}^{N_{DM}} \sum_{m_1=1}^{N_{DM}} \mid R'_{DM-DM}(m_1, m_2) - \\
& R_{DM-DM}(m_1, m_2) \mid + \\
& \frac{W_P}{2N_P} \cdot \sum_{j=1}^{N_P} \sum_{m=1}^{N_{DM}} \mid R'_{DM-P}(m, j) - R_{DM-P}(m, j) \mid
\end{aligned}
$$

(6.13)

式中: $\sum_{m_i=1}^{N_{DM}} \mid R'_{DM-DM}(m, m_i) - R_{DM-DM}(m, m_i) \mid$ 为决策者之间的指挥连接变更的数量; $\sum_{m=1}^{N_{DM}} \mid R'_{DM-P}(m, j) - R_{DM-P}(m, j) \mid$ 为决策者 DM_m 控制平台 P_j 的连接变更的数量; W_D 和 W_P 分别为指挥连接和控制连接变化的单位代价。值得注意的是,由于指挥连接是有向的,因此指挥连接变更的数量不会被重复计算;而决策者控制平台的连接是无向的,会被平台所迁出和迁入的决策者重复计算。

结构调整代价同时还与组织的规模相关,相同数量的连接关系变化,对规模越大的组织影响往往越小,因而使用决策者的指挥连接平均变更数量以及平台的控制连接平均变更数量来评价结构调整代价。

定义 6.14 组织决策能力增益是指通过决策层结构适应性优化调整,组织决策能力所获得的提升量。记时域 H 内决策层结构 G_{DLS} 下的组织决策能力为 $DC(G_{DLS}, H)$,优化后决策层结构 G'_{DLS} 下的组织决策能力为 $DC(G'_{DLS}, H)$,组织决策能力增益 $DAC(G_{DLS}, G'_{DLS}, H)$ 表示为

$$DAC(G_{DLS}, G'_{DLS}, H) = DC(G'_{DLS}, H) - DC(G_{DLS}, H) \tag{6.14}$$

式中: $DC(G_{DLS}, H)$ 和 $DC(G'_{DLS}, H)$ 分别为在决策层结构 G_{DLS} 和 G'_{DLS} 下通过式(6.12)计算得到的决策能力测度。

定义 6.15 决策层结构适应性优化净收益是组织决策能力增益与决策层结构调整代价之差,反映了通过决策层结构适应性优化,组织决策能力实际的改善情况。记时域 H 内决策层结构适应性优化净收益为 $DAG(G_{DLS}, G'_{DLS}, H)$,表示为

$$DAG(G_{DLS}, G'_{DLS}, H) = W^P \cdot DAC(G_{DLS}, G'_{DLS}, H) - W^R \cdot TC(G_{DLS}, G'_{DLS}, H)$$

$$(6.15)$$

式中:W^P 和 W^R 分别为组织决策能力增益与决策层结构调整代价的权重。若 DAG $(G_{DLS}, G'_{DLS}, H) > 0$,说明组织决策能力增益大于决策层结构调整代价,通过决策层结构适应性优化能够提升组织决策能力,可以将决策层结构 G_{DLS} 调整为 G'_{DLS}。

通常在使命执行期间,人们所关心的并不是通过决策层结构调整能够获得多少决策层结构适应性优化净收益,相反更为关心调整之后的组织是否更有利于使命的执行,即更为关注优化后的组织决策能力。简言之,决策层结构适应性优化净收益便于描述优化后的组织决策能力提升的程度,但无法直观地表示优化后的组织决策能力提升到什么程度,为此定义决策层结构适应性优化收益来评价优化后的结构在执行使命时的效果。记时域 H 内决策层结构适应性优化收益为 $DP(G'_{DLS}, H)$,表示为

$$DP(G'_{DLS}, H) = W^P \cdot DC(G'_{DLS}, H) - W^R \cdot TC(G_{DLS}, G'_{DLS}, H) \quad (6.16)$$

通过 $DAG(G_{DLS}, G'_{DLS}, H)$ 和 $DP(G'_{DLS}, H)$,从不同角度来描述优化后的决策层结构,我们可以采用决策层结构适应性优化净收益作为优化目标,寻找结构调整方案,而采用决策层结构适应性优化收益来评价调整后的决策层结构。

当 $t_{UB} \to t_{LB}$ 时,决策层结构适应性优化收益 $DP(G'_{DLS}, H) \to DP(G'_{DLS}, t_{LB})$,即反映了 t_{LB} 时刻的组织决策能力。理想情况下,我们希望通过决策层结构的一系列调整,使得在每个时刻 t 都能够获得较高的 $DP(G'_{DLS}, t)$,从而保证组织在使命执行期间始终具有良好的组织决策能力。

根据第 2 章所提出的 C^2 组织结构的分层动态适应性优化策略,为了保持 C^2 组织结构的稳定性,决策层结构适应性优化在保持资源层结构 G_{RLS} 不变的前提下进行。考虑到决策者和平台的固有属性,决策层结构适应性优化中考虑如下约束[63]。

(1)平台隶属约束:

$$\sum_{m=1}^{N_{DM}} R'_{DM-P}(m, j) = 1, j = 1, 2, \cdots, N_P \quad (6.17)$$

(2)决策者控制平台约束:

$$\sum_{j=1}^{N_P} R'_{DM-P}(m, j) \leqslant \overline{CN}, \quad m = 1, 2, \cdots, N_{DM} \quad (6.18)$$

(3)决策树约束:

决策树中有且只有一个根节点 DM_{m^*},满足

$$\sum_{m=1, m \neq m^*}^{N_{DM}} R'_{DM-DM}(m, m^*) = 0 \quad (6.19)$$

决策树中的其余节点都能找到唯一的父节点,满足

$$\forall m' \neq m^*, \sum_{m=1, m \neq m'}^{N_{DM}} R'_{DM-DM}(m,m') = 1 \qquad (6.20)$$

以 $G'_{DLS} = (R'_{DM-P}, R'_{DM-DM})$ 为变量,以调整后决策层结构适应性优化净收益最大化为目标,综合约束式(6.17)~ 式(6.20)建立决策层结构适应性优化模型如下:

$$\max \quad DAG(G_{DLS}, G'_{DLS}, H)$$

$$\text{s. t.} \begin{cases} G'_{DLS} = (R'_{DM-P}, R'_{DM-DM}) \\ \sum_{m=1}^{N_{DM}} R'_{DM-P}(m,j) = 1, \quad j = 1,2,\cdots,N_P \\ \sum_{j=1}^{N_P} R'_{DM-P}(m,j) \leqslant \overline{CN}, \quad m = 1,2,\cdots,N_{DM} \\ \sum_{m=1, m \neq m^*}^{N_{DM}} R'_{DM-DM}(m,m^*) = 0 \\ \sum_{m=1, m' \neq m^*}^{N_{DM}} R'_{DM-DM}(m,m') = 1 \\ R'_{DM-P}(m,j) \in \{0,1\}, \quad m = 1,2,\cdots,N_{DM}, \quad j = 1,2,\cdots,N_P \\ R'_{DM-DM}(m_1,m_2) \in \{0,1\}, \quad m_1,m_2 = 1,2,\cdots,N_{DM} \end{cases}$$

$$(6.21)$$

6.3 基于滚动时域的动态适应性优化策略

信息化战争具有高度的不确定性与极大复杂性,因而对 C^2 组织结构适应性优化问题的研究提出了更高的需求,具体表现为:①对抗激烈的信息化战争导致战场态势瞬息万变,需要能够快速地对 C^2 组织结构进行调整,即 C^2 组织结构的适应性优化必须具有敏捷性;②随着作战进程的推移,使命环境中不确定因素对 C^2 组织能力的影响程度也将发生变化,C^2 组织结构的适应性优化需要在动态的环境中进行,即适应性优化必须具备动态性;③信息化战争的复杂性特点使得组织结构调整过程中存在风险代价,需要在实现组织能力优化的同时尽量降低风险代价,实现组织结构调整的"平滑过渡",即适应性优化具有风险代价有限性的约束。传统的以组织结构重构为主的 C^2 组织结构适应性优化方法,所涉及的组织结构调整范围过大,往往造成调整耗时过长和结构变化的风险代价过高,无法满足组织结构适应性优化的敏捷性和风险代价有限性的要求;同时,在面向全使命执行期间进行组织重构时,无法预料使命期间存在的各种不确定因素及其对组织能力的动态影响,优化得到的组织结构适用性较差,

难以满足变化的使命能力需求。

另一方面,在预测控制领域,预测控制的方法原理为不确定环境下解决更广泛的控制与决策问题提供了很好的启示[169],应用于广义的控制和决策问题而产生的滚动时域方法,为动态不确定环境下的规模较大的决策问题提供了很好的解决途径。通过在 C^2 组织结构适应性优化问题的研究中引进滚动时域方法,能够满足 C^2 组织结构适应性优化的实时性、灵活性和计算量可控性的需求。

本节将在分析滚动时域方法的基本原理和特征的基础上,提出基于滚动时域的动态适应性优化策略,降低求解 COSAO 模型时面临的动态不确定性。

6.3.1　滚动时域的一般理论

以优化为基础的各类问题求解,除了可归结为离线求解的优化问题以外,有的问题还需要考虑离线优化的结果在动态变化的环境中的实现,这类动态变化环境下以优化为基础的设计、规划、调度等问题被统称为广义控制问题[170]。以优化为基础的各类广义控制问题的求解必须把优化机制和反馈机制结合起来,并改变不必要的全局优化方法,才能真正具备实际效用[171]。

广义控制问题的滚动时域方法(Rolling Horizon Procedure,RHP),具有很强的通用性,其实质是用沿时间轴滚动进行的一系列小规模或有限时段的优化问题的求解过程取代一个静态的大规模或无限时段的优化问题求解的结果[172]。

6.3.1.1　滚动时域的基本原理

在研究大规模的复杂动态不确定性问题时,滚动时域方法与传统优化方法相比,既有联系又有区别。对于传统优化方法来说,或者在开始之前完成一次优化后不再进行优化;或者在某个决策时刻优化时,考虑从该时刻到结束时刻的动态变化的全局问题。而滚动时域方法通过时间分解,用一系列小规模或有限时域的局部问题来代替大规模或无限时域的全局问题,在每个决策时刻,利用当前的已知信息更新预测窗口,确定进行局部优化的滚动窗口,并将部分优化结果实施,利用滚动机制推动上述过程重复迭代执行,直到完成全部优化。由于引入了反馈机制,滚动时域方法能够及时反映并考虑环境的不确定和动态变化,在全局上完成问题求解的闭环,体现了优化机制与反馈机制的良好结合[171]。滚动时域方法与传统优化方法的区别[172]如图 6.2 所示。

文献[170]提出了利用所有已知信息进行场景预测,通过滚动窗口进行局

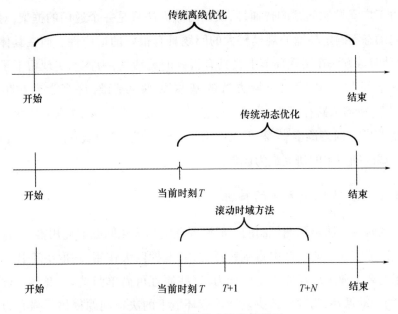

图 6.2　不同优化方法的示意图

部问题优化,以及反馈更新最新实时信息的三项滚动时域方法的基本原理:

(1)场景预测。尽管广义控制问题的结构形式各不相同,但作为以模型和优化为基础的问题求解,必须首先建立一个描绘问题场景的预测模型,这一模型包含了对所要求解问题的所有已知信息,特别要反映出场景演变的原因、演变的规律、约束的条件和优化的目标。任意给定一种求解策略,便可以根据这一模型预测出问题场景的动态演变过程,并进而求出相应的性能指标,因此,场景模型是以所要求解的策略为输入、所要优化的性能为输出的广义的预测模型。

(2)滚动窗口优化。广义控制全局问题的求解被在线滚动进行的一系列局部问题的求解所取代。在滚动的每一步,确定某种以当前状态为基点的滚动窗口,仅对这一滚动窗口内的局部问题通过场景预测和优化求解最优策略,并实施当前策略。随着动态过程的延续,以某种驱动机制推进窗口的移动,从而形成滚动优化。这里的滚动窗口可根据问题的结构性质在时间域、空间域、事件域等中定义,滚动机制也可根据问题的特点定义为周期驱动、事件驱动等。

(3)反馈初始化。在滚动的每一步,首先要根据所检测的实时信息对滚动窗口中的场景重新初始化,这意味着滚动窗口中的场景描述不只是全局场景模型演变结果的映射,而且还包含了场景模型的偏差信息和不确定意外事件所引起的场景变化。反馈初始化使每一步的优化都建立在反馈得到的最新实时信息基础上。

由于广义控制问题的普通性,滚动时域方法只是一个通用的框架,对于处理面向动态不确定环境的规模较大的问题具有很好的适应性。而在具体实现上,滚动时域方法在实现环节上又具有很好的灵活性,为技术实现留下了很大的改造空间[171]。以滚动时域方法的基本原理为基础,许多学者在生产调度[173-177]、机器人路径规划[178,179]、动态车辆调度[180,181]、港口泊位分配-装卸桥调度[183,184]、航班调度[172]和无人机任务分配[185,186]等领域开展了研究,其中,以生产调度领域中的研究最为成熟。

6.3.1.2 滚动时域方法的特征

滚动时域方法是预测控制的一般原理在实际优化问题的应用推广,预测控制之所以能够在工业生产中得到广泛应用,发挥巨大作用,均取决于其基本原理对于复杂工业生产环境的适应能力,这些原理可简单归结为"预测—优化—反馈"的滚动循环,为我们解决复杂动态环境下的决策问题提供了强有力的方法论工具,这一思想应该能够推广到不同领域的优化问题,拓宽了滚动时域方法的应用背景,堪称滚动时域方法的灵魂。滚动时域方法的主要特征表现在以下几个方面[171]:

1. 通用性

作为基于时间分解的方法,滚动时域方法可以应用于各种优化模型和优化环境,对于处理大规模、长时域优化问题的计算复杂性和动态未知环境的不确定性具有高度的适应性。滚动时域方法中的时间分解并不是针对某一具体优化问题提出的策略措施,而是一种具有通用指导意义的优化思想。

2. 优化性

现实许多决策问题都属于 NP 难优化问题,即使对于一个大规模的全局信息已知的静态优化问题,一次性求解的计算代价将很大,并且由于问题的求解难度特性,也只能得到近似解,无法得到最优解。而如果采用滚动时域方法,虽然放弃了问题的最优解,但是可以通过滚动进行的多次局部子问题优化实现全局的优化,以较小的计算代价得到较好的次优解。

3. 实时性

滚动时域方法具有前瞻性质,属于一种在线的优化方法,可以对未来信息和随时间动态变化的不确定性因素有良好的预估和反应能力。

4. 灵活性

虽然滚动时域方法采用多次小规模的局部优化来代替大规模全局优化的

方式会割裂全局优化与局部优化之间的关系,但是由于滚动时域方法中的参数可以灵活设置,使其在具体优化问题应用中可以根据实际的需求设置参数,在性能优化和成本代价之间实现权衡折中,并且通过参数设置的变化,能够及时跟踪不确定因素的动态变化,解决动态不确定环境下的优化问题。

6.3.2　面向 C^2 组织结构适应性优化的滚动时域策略

尽管滚动时域方法思想的通用性使其在目前很多研究领域都有成功的应用案例,解决了一些领域的实际问题,但是这些研究都是将具体的滚动时域方法紧密结合于各种实际应用背景,没有形成完整的普遍适用的理论体系与方法框架。文献[171]针对调度问题定义了滚动时域调度方法,并建立了滚动时域调度方法描述的一般框架,包括预测窗口、滚动窗口、调度子问题、滚动机制等要素。本书将借鉴滚动时域调度方法的描述框架,结合 C^2 组织结构适应性优化的特点,提出面向 C^2 组织结构适应性优化的滚动时域策略。

6.3.2.1　面向 C^2 组织结构适应性优化的滚动时域原理

C^2 组织结构适应性优化包括决策层结构适应性优化和资源层结构适应性优化两类优化过程:在使命执行期间,不考虑不确定事件影响的情况下,决策层结构将根据所优化任务集合的变化而灵活调整,以满足分布式作战中敏捷指控的需求;而当使命完成时回顾整个使命执行期间,只存在一个完整的资源层结构。因此,在不确定使命环境下基于滚动时域的决策层结构适应性优化过程中,期望预测窗口的选取越小越好;在基于滚动时域的资源层结构适应性优化过程中,期望预测窗口的选取越大越好。窗口大小选取准则的不一致将导致不同结构层之间的适应性优化过程存在交互影响。

因此,在研究不确定使命环境下 C^2 组织结构适应性优化问题时,需要进行简化,只以其中一个结构层的适应性优化过程作为滚动时域方法的应用主线。决策层结构适应性优化是在给定资源层结构的基础上进行的,如果资源层结构适应性优化采用滚动时域方法,资源层结构的频繁调整将引起决策层结构的频繁调整,抵消了决策层结构适应性优化的效果。如果决策层结构适应性优化采用滚动时域方法,决策层结构的实时调整对资源层结构适应性优化的效果不会产生影响,同时基于不确定事件的发生进行资源层结构的适应性优化,能够尽量减少资源层结构调整的次数,也会减少因资源层结构调整导致的决策层结构调整,以保证组织结构的整体适应性优化效果。综上所述,我们选取决策层结构的适应性优化过程作为滚动时域方法的应用主线,并将基于不确定事件的发生而进行的资源层结构适应性优化称为基于关键事件的 C^2 组织资源层结构动态适应性优化。

6.3.2.2 面向 C^2 组织决策层结构适应性优化的滚动时域方法

基于滚动时域的决策层结构适应性优化方法需要根据 C^2 组织结构适应性优化的特点设计滚动时域的要素。

1. 预测窗口

预测窗口是从每一优化时刻 t 起一段预测时域内所有已知或预测的信息集合,定义为 $FW(t) = \langle t_{FW}, T_{FW}(t), I_{FW}(t) \rangle$,其中,预测时域长度 t_{FW} 表示预测窗口 $FW(t)$ 大小,$T_{FW}(t)$ 是预测窗口 $FW(t)$ 中包含的任务集合,$I_{FW}(t)$ 表示时域 $[t, t+t_{FW}]$ 中预测到的影响决策能力测度的不确定事件的信息集合。

2. 滚动窗口

滚动窗口是按照一定规则从预测窗口中挑选的用于子问题优化的部分已知或预测信息集合,定义为 $RW(t) = \langle t_{RW}, T_{RW}(t), I_{RW}(t) \rangle$,其中,滚动时域长度 t_{RW} 表示滚动窗口 $RW(t)$ 大小,$T_{RW}(t)$ 为 $T_{FW}(t)$ 中将要优化的 N_{RW} 个任务的集合,$I_{RW}(t)$ 表示时域 $[t, t+t_{RW}]$ 中预测到的影响决策能力测度的不确定事件的信息集合。

3. 适应性优化子问题

适应性优化子问题是指在决策时刻点 t 建立滚动窗口之后,面向滚动窗口 $RW(t)$ 内的任务进行适应性优化的问题。每次触发滚动时域优化时,面向滚动窗口中的任务集合,以决策能力最大化为目标建立决策层结构适应性优化模型并进行求解。

4. 滚动机制

滚动机制是指推动窗口向前滚动的方式,是触发一次适应性优化所需的条件,在决策层结构适应性优化中,考虑以下两种滚动机制:

(1) 第一类是周期性滚动机制,在无不确定事件到达的情况下,随着使命执行过程的推进,根据对未来使命环境的预测,设置预测窗口和滚动窗口,进行决策层结构的适应性优化,此时需要判断若进行适应性优化是否能够改善组织的决策能力,如果决策能力能够得到改善则进行优化,并输出优化后的决策层结构。由于使命环境的不确定性,预测窗口的大小不是固定不变的。如果预测未来具有很大的不确定性,则取较小的预测窗口,否则取较大的预测窗口。

（2）第二类是事件触发滚动机制，使命执行期间，动态到达的不确定事件将影响 C^2 组织的决策能力。当不确定事件到达时，需要根据到达的不确定事件和对未来使命环境的预测，建立预测窗口和滚动窗口，并判断是否需要进行决策层结构的适应性优化，如果满足适应性优化的条件，则触发适应性优化。

综合以上滚动时域实现要素的有关定义，可得如图 6.3 所示基于滚动时域的 C^2 组织决策层结构动态适应性优化方法。

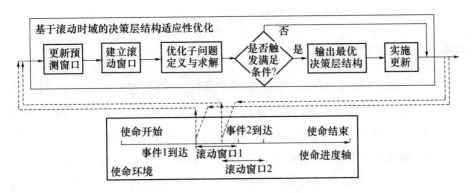

图 6.3　面向 C^2 组织决策层结构适应性优化的滚动时域方法

由图 6.3 可见，在使命执行期间，事件到达将引起预测窗口的更新，然后基于预测窗口建立滚动窗口，选取预测窗口中的任务进入滚动窗口优化，判断结果是否满足适应性优化的触发条件，如果满足就输出优化结果并进行结构调整，返回使命执行。面向 C^2 组织决策层结构适应性优化的滚动时域方法包含两类优化触发条件：一类是无不确定事件到达情况下的周期性滚动优化；另一类是不确定事件到达导致组织能力下降，此时预测窗口和滚动窗口的大小将根据不确定事件对组织能力的影响而灵活设置。

6.4　基于滚动时域的决策层结构动态适应性优化方法

根据决策层结构适应性优化模型调整决策层结构需要解决两个关键环节：①设计触发决策层结构动态适应性优化的条件；②在确定触发条件后，为单次进行的决策层结构适应性优化设计合适的求解方法。

分布式网络化作战对组织的敏捷性提出了更高的要求，需要指挥控制关系具备灵活多变的特点。传统的 C^2 组织结构适应性优化方法[65,105,122]在面向整个使命执行期间进行组织重构时，无法预料使命期间存在的各种不确定因素及其对组织能力的动态影响,优化得到的组织结构适用性较差,难以满足变化的使命能力需求。通过面向 C^2 组织决策层结构适应性优化的滚动时域策略,不仅能通过时域分解降低求解时面临的不确定性,还能通过多次子问题优化实现决策能力的提升。本节将根据决策层结构适应性优化问题的特点,设计预测窗口、滚动窗口、调度子问题、滚动机制等滚动时域要素,提出基于滚动时域的决策层结构动态适应性优化(Decision Layer Structure Dynamic Adaptive Optimizition Based on RHP, DLSDAO - RHP)方法。

6.4.1 滚动时域策略设计

在使命执行期间,一方面,动态到达的不确定事件使组织决策能力下降,无法满足使命的决策能力需求;另一方面,使命执行期间的任务开始或任务完成等信息的不断更新,导致 C^2 组织所面临的任务集合不断变化,组织的决策能力也随使命的执行进展而变化。因此,不确定使命环境下的决策层结构动态适应性优化过程应该是"使命执行—不确定事件到达和使命执行情况更新—决策层结构优化—使命执行"的不断循环,本节设计的 RHP 策略也应符合这样的特点。RHP 的基本要素包括预测窗口、滚动窗口、优化子问题和滚动触发条件[171],以下将针对决策层结构适应性优化问题的特点设计 RHP 要素。

6.4.1.1 预测窗口

预测窗口是从每一优化时刻起的一段预测时域内所有已知或预测的信息集合,其所包含的已知或预测的信息规模的大小表征预测窗口的大小[171]。根据决策层结构适应性优化问题面向使命执行期间的特点,预测窗口采用基于时间的方式定义, t 时刻预测窗口定义为 $FW(t) = \langle t_{FW}, T_{FW}(t), I_{FW}(t) \rangle$。

(1)基于时间的预测窗口的大小以预测时域长度 t_{FW} 来表示,时间区间 $[t, t+t_{FW}]$ 为预测时域;

(2) $T_{FW}(t)$ 是 t 时刻预测窗口中的任务集合,包含了预测时域内所有未执行完的任务以及未开始执行的任务,记 $T_{FW}(t) = \{T_i | ST_i \leqslant t < FT_i \cup t < ST_i < t + t_{FW}\}$;

(3) $I_{FW}(t)$ 是时域 $[t, t+t_{FW}]$ 内预测的事件信息集合, $I_{FW}(t)$ 随着实时信息的获取而不断更新。

下面以决策执行能力损耗事件的预测为例说明预测窗口的确定。关于预测窗口内决策执行能力损耗事件信息的获取本身是一个预测问题,一般预测问题的求解需要借助神经网络、支持向量机等预测方法,这些预测方法的实现都需要基于对大量历史数据的获取与分析。而在作战指挥决策过程中,战场的高度复杂性和动态性使基于历史数据的预测往往与现实作战进程之间的偏差很大,只有根据战场态势才能做出符合作战进程的判断。战场态势评估是军事决策专家研究的热点,目前该领域在理论与方法上已有诸多的研究成果,但这一问题并不是本书的研究重点,因此,本书针对实时战场态势,根据决策执行能力的损耗量的估计,提出一种设置预测窗口的策略。

决策层结构动态适应性优化采用基于时间的方式定义预测窗口,预测时域的长度代表了窗口的大小,选取合适的预测时域长度是定义预测窗口的关键步骤。当预测时域长度越长时,虽然能够包含更多的全局信息,但也会因为存在大量未预测到的不确定事件而使得全局信息失效。反之若预测时域长度选取过小,虽然能够较好地弥补不确定事件带来的影响,但无法根据全局信息实施整体优化。本书假设决策执行能力损耗事件的到达率服从泊松分布 $Ar_l^{DM} \sim \pi$ (λ_l^{DM}),λ_l^{DM} 为事件到达率的均值,并以此为基础设置合适大小的预测窗口。

当使命执行期间没有出现决策执行能力损耗事件时,可以根据各类型决策执行能力损耗事件的到达率来计算决策执行能力损耗量的期望值。记决策执行能力损耗事件的综合到达率为 $\tilde{\lambda} = \sum_{l=1}^{N_{DUUE}} \lambda_l^{DM}$,决策执行能力的期望平均损耗量是 $\overline{LN} = \sum_{l=1}^{N_{DUUE}} \lambda_l^{DM} \cdot LN_l / \tilde{\lambda}$。若预测时域长度为 t_{FW},则在时域 $[t, t+t_{FW}]$ 内决策执行能力损耗事件的期望到达数量 $n_L = \tilde{\lambda} \cdot t_{FW}$,进而可得决策执行能力损耗量的期望值为 $n_L \cdot \overline{LN} = \tilde{\lambda} \cdot t_{FW} \cdot \overline{LN}$。

我们希望所设置的预测时域长度 t_{FW} 能够包含更多的全局信息,同时尽量避免不确定事件带来的影响,即通过以下两个原则设置:①预测时域越长越好;②预测时域中不确定事件越少越好。

考虑到决策执行能力损耗事件综合到达率的理论值为 $\tilde{\lambda}$,根据以上原则,当决策执行能力损耗事件于 t 时刻到达时,我们希望 $[t, t+t_{FW}]$ 内无其他不确定事件发生,即时域 $[t, t+t_{FW}]$ 内 l 类型的决策执行能力损耗事件到达率为 n_l / t_{FW},它是 λ_l 的估计值。其中,n_l 为 t 时刻 l 类型的决策执行能力损耗事件的到达数量。

由此可得,决策执行能力平均损耗量的估计值为

$$LN = \sum_{l=1}^{N_{DUUE}} (LN_l \cdot n_l/t_{FW}) \Big/ \sum_{l=1}^{N_{DUUE}} (n_l/t_{FW})$$

$$= \sum_{l=1}^{N_{DUUE}} (n_l \cdot LN_l) \Big/ \sum_{l=1}^{N_{DUUE}} n_l$$

则时域$[t,t+t_{FW}]$内决策者的决策执行能力损耗量的估计为 $MN = \tilde{\lambda} \cdot t_{FW} \cdot LN$。

根据决策执行能力损耗量的期望值与估计值之间的偏差来设置预测窗口大小。设时域$[t,t+t_{FW}]$内决策执行能力损耗量的期望值与估计值的偏差在指定范围之内的概率不小于阈值α,可表示为

$$Pr(\,|n_L \cdot \overline{LN} - MN| \leqslant \Delta) \geqslant \alpha \tag{6.22}$$

这里假设Δ是决策执行能力损耗量的期望值与估计值的偏差上限,阈值α是指挥人员对于预测信息偏差的容忍下限。Δ和α的取值代表了指挥人员根据战场态势设置的评判预测有效性的标准。

由式(6.22)展开可得

$$Pr((MN - \Delta)/\overline{LN} \leqslant n_L \leqslant (MN + \Delta)/\overline{LN}) \geqslant \alpha \tag{6.23}$$

由于n_L服从均值为$\tilde{\lambda} \cdot t_{FW}$的泊松分布,式(6.23)可表示为

$$\pi(n_L \leqslant (MN + \Delta)/\overline{LN}) - \pi(n_L \leqslant (MN - \Delta)/\overline{LN}) \geqslant \alpha \tag{6.24}$$

由式(6.24)可得关于时域t_{FW}的函数$P(t_{FW})$,$P(t_{FW})$可表示为

$$P(t_{FW}) = \sum_{n=0}^{\lfloor (\tilde{\lambda} \cdot t_{FW} \cdot LN + \Delta)/\overline{LN} \rfloor} \frac{[\tilde{\lambda} \cdot t_{FW}]^n e^{-\tilde{\lambda} \cdot t_{FW}}}{n!} -$$

$$\sum_{n=0}^{\lfloor (\tilde{\lambda} \cdot t_{FW} \cdot LN - \Delta)/\overline{LN} \rfloor} \frac{[\tilde{\lambda} \cdot t_{FW}]^n e^{-\tilde{\lambda} \cdot t_{FW}}}{n!}$$

$$= \sum_{n=\lfloor \tilde{\lambda} \cdot t_{FW} \cdot LN - \Delta/\overline{LN} \rfloor+1}^{\lfloor \tilde{\lambda} \cdot t_{FW} \cdot LN + \Delta/\overline{LN} \rfloor} \frac{[\tilde{\lambda} \cdot t_{FW}]^n e^{-\tilde{\lambda} \cdot t_{FW}}}{n!}$$

$$\geqslant \alpha, n = 0,1,2,\cdots, \lfloor \tilde{\lambda} \cdot t_{FW} \cdot LN + \Delta/\overline{LN} \rfloor \tag{6.25}$$

在此,给出我们的预测窗口确定准则:

准则 I:当t时刻不确定事件到达时,采用式(6.25)计算预测时域长度。给定阈值α后,存在$\overline{t}_{FW}$使得$P(\overline{t}_{FW}) = \alpha$,即通过决策执行能力损耗事件的到达数量可以得到预测时域长度$\overline{t}_{FW}$为$\underset{t_{FW}}{argmin}P(\alpha)$。所以设定$t$时刻预测时域的长度为$\overline{t}_{FW}$,相应的预测窗口中的任务集合为 $T_{FW}(t) = \{T_i | ST_i \leqslant t < FT_i \cup t < ST_i < t + \overline{t}_{FW}\}$。

准则 II:当t时刻无不确定事件到达时,同样采用式(4.25)计算预测时域

116

长度，取 $LN = \overline{LN} = \sum_{l=1}^{N_{DUUE}} \lambda_l^{DM} \cdot LN_l / \tilde{\lambda}$。实际上，此时无论预测时域长度如何取值，式(6.22)都成立，我们选取 $LN = \overline{LN} = \sum_{l=1}^{N_{DUUE}} \lambda_l^{DM} \cdot LN_l / \tilde{\lambda}$ 时得到的结果作为预测时域长度。

6.4.1.2　滚动窗口

滚动窗口是按照一定规则从预测窗口中挑选的用于子问题优化的部分已知或预测的信息集合[171]，在进行决策层结构适应性优化时，我们采用基于时间的方式来定义预测窗口，同样，滚动窗口也是基于时间来定义的，记 t 时刻构建的滚动窗口为 $RW(t) = \langle t_{RW}, T_{RW}(t), I_{RW}(t) \rangle$，其中：

（1）滚动窗口 $RW(t)$ 的大小以滚动时域的长度 t_{RW} 来表示，时间区间 $[t, t + t_{RW}]$ 表示滚动时域；

（2）$T_{RW}(t)$ 是 t 时刻构建的滚动窗口中所包含的任务集合，$T_{RW}(t) = \{ T_i | ST_i \leqslant t < FT_i \cup t < ST_i < t + t_{RW} \}$，即滚动窗口 $T_{RW}(t)$ 中包含在滚动时域之内所有未完成的任务。

（3）$I_{RW}(t)$ 是时域 $[t, t + t_{RW}]$ 内的预测事件信息集合。

根据 RHP 中关于滚动窗口的定义[171]，滚动窗口只能小于或者等于预测窗口，在以往的研究中，RHP 在动态生产调度领域的应用通常采用缩短滚动时域长度的方法来减少每次子问题优化的工件数目[171,173,176]，最后通过增加优化次数实现总工期的优化。

在采用 RHP 进行 C^2 组织决策层结构适应性优化时，由于战场的高度复杂性和动态性，并不能保证指挥员通过预测窗口能对预测时域内的所有未知事件进行准确预测。对于部分未知的事件，只有当它们发生时，指挥员才能判断其对组织决策能力的影响，并进而采取相应的调整措施。因此，即使选取的滚动时域长度小于预测时域长度，也不能保证滚动时域内不再有不确定事件发生，如果组织结构在使命执行期间过于频繁的变化，最后反而可能得不到较好的优化效果，影响使命的完成。

因此，本书采用滚动窗口和预测窗口大小相等的设置方法，在构建预测窗口之后，使用预测窗口中的全部信息进行子问题优化，也就是在构建滚动窗口时选取与预测时域长度相等的滚动时域长度，即 $t_{RW} = t_{FW}$，同样滚动窗口中包含的任务集合也与预测窗口中的任务集合相同，即 $T_{RW}(t) = T_{FW}(t)$。

6.4.1.3 优化子问题

在基于 RHP 的动态适应性优化策略中,当每个决策点的滚动窗口确定后,面临滚动窗口内的局部适应性优化问题,即 RHP 要素中的优化子问题,适应性优化子问题的构造对于滚动优化策略的实施至关重要。从时间分解的角度来看,优化子问题是全局适应性优化问题在局部的体现,优化子问题与全局问题有类似的问题描述,只是问题的规模和涉及的范围不同,子问题的构造方式实际上是将适应性优化问题由全局的大规模缩小为局部的小规模,而问题模型的本身并没有什么不同[171]。

决策层结构适应性优化子问题(Decision Layer Structure Adaptive Optimization Sub – problem, DLSAOS)是原优化问题在滚动窗口 $RW(t)$ 内的映射,因此,DLSAOS 模型本身与式(6.21)没有什么不同,只是优化时域变为 t_{RW},子问题所优化的任务集合为滚动窗口 $RW(t)$ 中的任务集合 $T_{RW}(t)$。由于优化子问题是基于预测窗口中已知或预测的事件信息来定义的,因此将根据预测到的决策执行能力损耗等事件,估计决策者能力属性的变化,然后再由式(6.15)计算 DLSAOS 模型的目标。

DLSAOS 是具有多变量的组合优化问题,其求解采用嵌套改进模拟退火算法,将在后面展开研究。

6.4.1.4 滚动机制

滚动机制是指推动窗口向前滚动的方式,设计滚动机制的根本在于确定触发一次适应性优化的时刻,这些触发优化的时刻称为决策点[171]。在进行决策层结构适应性优化时,我们采用周期性滚动机制与事件驱动滚动机制结合的混合滚动机制。在周期性滚动机制中,如果滚动周期选择不当,会造成优化过于频繁或者对动态不确定事件的发生不能及时反应。如果将动态到达的不确定事件定义为关键事件,当关键事件发生时,按事件驱动滚动机制,没有关键事件发生时,就采用周期性滚动机制,可以发挥两类滚动机制各自的优势。

1. 周期性滚动机制

在使命执行期间无不确定事件到达的情况下,采用周期性滚动机制是根据决策执行能力损耗等不确定事件到达率的先验知识,设置预测窗口和滚动窗口,判断 t 时刻面向滚动窗口 $RW(t)$ 中的任务集 $T_{RW}(t)$ 进行决策层结构适应性优化后能否获得净收益,如果能够获得净收益,则触发适应性优化,将当前决策

118

层结构 G_{DLS} 调整为优化后决策层结构 G'_{DLS}。

2. 事件驱动滚动机制

在使命执行期间有决策执行能力损耗等不确定事件到达的情况下,定义这些事件为关键事件,基于关键事件对组织决策能力的影响来设置滚动决策点,即当关键事件导致 t 时刻建立的预测窗口 $FW(t)$ 中的组织决策能力下降时,根据关键事件的到达数量以及对决策者能力属性的影响来设置预测窗口和滚动窗口,判断当前决策层结构 G_{DLS} 面向滚动窗口 $RW(t)$ 中任务集 $T_{RW}(t)$ 进行适应性优化后能否获得净收益,如果能够获得净收益,则触发一次适应性优化,将当前决策层结构 G_{DLS} 调整为优化后决策层结构 G'_{DLS}。

上述两种滚动机制中触发优化的时刻 t 就是决策层结构适应性优化的决策点。

综上所述,可得基于 RHP 的决策层结构动态适应性优化方法如图 6.4 所示。

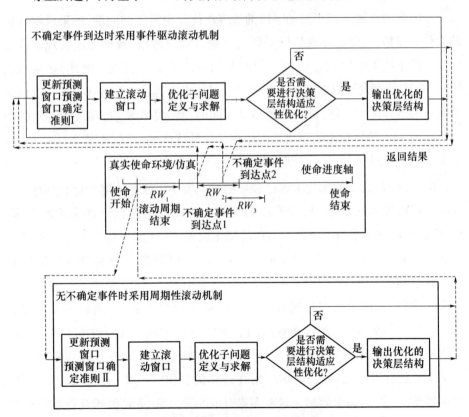

图 6.4　基于 RHP 的决策层结构动态适应性优化方法

由图 6.4 可见,基于 RHP 的决策层结构动态适应性优化方法的步骤如下:

步骤 1: 在使命执行期间的某个时刻 t,判断采用何种滚动机制,无不确定事件时采用周期性滚动机制,不确定事件到达时采用事件驱动滚动机制。

步骤2:更新预测窗口 $FW(t)$。不确定事件到达时采用预测窗口确定准则 Ⅰ;无不确定事件时采用预测窗口确定准则 Ⅱ。

步骤3:建立滚动窗口 $RW(t)$,考虑窗口内所有已预测的不确定事件的影响,定义决策层结构适应性优化子问题并进行求解。

步骤4:根据求解结果判断是否满足决策层结构适应性优化的触发条件,若不满足则转至步骤6。

步骤5:进行决策层结构适应性优化,将当前决策层结构 G_{DLS} 更新为优化后的决策层结构 G'_{DLS}。

步骤6:滚动优化结束,使命继续执行转至步骤1。

6.4.2　基于嵌套改进模拟退火的 DLSAOS 求解算法

子问题的求解是基于滚动时域的适应性优化中重要的问题,如果求解算法的设计不够精良,将会导致后续问题的求解计算量激增,致使无法实现不确定使命环境下决策层结构适应性优化问题的快速求解和实施。因此,必须根据 DLSAOS 的特点设计出速度较快且质量较好的求解算法。DLSAOS 是一个包含双变量的组合优化问题,对决策者与平台间的控制关系 R_{DM-P} 和决策者间的指挥关系 R_{DM-DM} 的优化是实现决策层结构适应性优化的关键,本节将针对 R_{DM-P} 和 R_{DM-DM} 的优化来设计子问题的求解算法。

R_{DM-P} 和 R_{DM-DM} 的优化求解已被证明是具有 NP 难度的组合优化问题[63],无法采用精确算法求解,只能采用启发式方法或者是近似算法来求解。DL-SAOS 的实质是基于当前决策层结构的变化调整,所以其求解方法可采用基于邻域的搜索。模拟退火(Simulated Annealing,SA)算法是一种基于邻域搜索且具有全局优化能力的启发式搜索算法,具有较好的鲁棒性[187],根据 Metropolis 准则,在搜索的初始过程以一定的概率接受劣解,从而能不像贪婪算法一样陷入局部最优,并且在算法的后期能逐步地减小接受劣解的概率,从而使搜索的结果收敛于比较好的结果;同时模拟退火算法也比较容易与其他优化技术进行组合,已经广泛的应用在计算机工程[188]、生产运作管理[189-191]和项目调度[192]等多个领域来求解复杂优化问题。但是它仍然具有寻优收敛性能较差、搜索过程局部反复和受到具体问题约束的影响而易停滞的缺点,为此,需要针对 DLSAOS 的特点对标准 SA 算法进行改进。标准 SA 的搜索过程如图 6.5 所示。

120

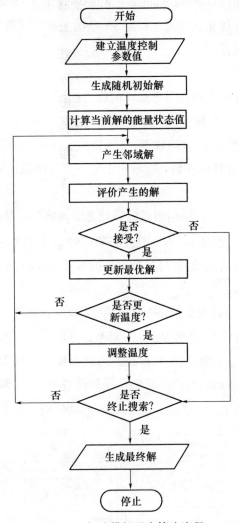

图 6.5　标准模拟退火算法流程

实现 DLSAOS 的优化目标需要同时评价 R_{DM-P} 和 R_{DM-DM}，因而可以设计一种嵌套机制将 R_{DM-DM} 的搜索过程和 R_{DM-P} 的搜索过程进行组合。单从算法的角度看，DLSAOS 的求解计算量是求解 R_{DM-DM} 的计算量和求解 R_{DM-P} 的计算量的乘积，所以无论采取将 R_{DM-DM} 的搜索过程嵌入到 R_{DM-P} 的搜索过程中，充当 R_{DM-P} 搜索的评价机制，还是将 R_{DM-P} 的搜索过程嵌入到 R_{DM-DM} 的搜索过程中，充当 R_{DM-DM} 搜索的评价机制，计算量是等价的。由于 R_{DM-P} 的调整会带来更多决策层结构中结构关系的变更，故采用 R_{DM-DM} 的搜索过程嵌入到 R_{DM-P} 的搜索过程中，充当 R_{DM-P} 搜索的评价机制。

无论是 R_{DM-P} 的外层搜索还是 R_{DM-DM} 的内层搜索，都采用我们提出的一种改进的模拟退火算法(Improved Simulated Annealing,ISA)来求解,ISA 是为了求解决策层结构适应性优化问题而在标准 SA 基础上改进得到的。ISA 在标准 SA 基础上的改进工作包括[195]:

1. 多样化温度控制

模拟退火算法在具备脱离局部最优的能力的同时,也使得搜索过程可能错过搜索路径上的优解,在标准 SA 的搜索过程中加入突然降温机制,改进标准 SA 可能因高温扰动错过优解的缺点,每当迭代 n 次就释放出一个温度为零的解,该解采用贪婪搜索算法找到当前解附近的一个局部最优解。

2. 禁忌设计

标准 SA 在当前 R_{DM-DM} 结构附近的邻域之中搜索时容易产生搜索路径局部循环和搜索范围的重复,因此,ISA 引进了禁忌搜索中的禁忌对象机制[193,194],设计了应用禁忌表所需的禁忌对象、禁忌长度和特赦准则,避免标准 SA 搜索过程的局部反复。

综上所述,本节设计求解 DLSAOS 的算法称为嵌套改进模拟退火(Nested ISA,NISA)算法。NISA 以搜索 R_{DM-P} 的 ISA 为外层算法,在评价每个搜到的解 R'_{DM-P} 时,保持 R'_{DM-P} 不变,以外层算法的当前温度为内层 ISA 的初始温度,调用搜索 R_{DM-DM} 的内层 ISA,待内层算法搜到最优解 R'_{DM-DM} 时返回到外层,外层算法将评价函数对 $G'_{DLS} = (R'_{DM-P}, R'_{DM-DM})$ 的评价值作为 R'_{DM-P} 的评价值。

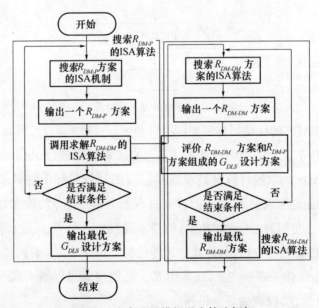

图 6.6　嵌套改进模拟退火算法框架

122

6.4.2.1 内层 ISA 设计

内层 ISA 实现对 R_{DM-DM} 的搜索,基本步骤包括解的邻域构造方法、多样化温度控制策略、解的评价函数设计和禁忌表设计。

1. 解邻域的构造

决策者间的指挥关系 R_{DM-DM} 实质上是由多个决策者构成的决策树,给定当前决策者间的指挥关系 R_{DM-DM} 作为初始解,则 R_{DM-DM} 的邻域解是经过一次断边和加边操作后得到的所有可能的树结构,记 R_{DM-DM} 的邻域为 $\Theta(R_{DM-DM})$。构造一个邻域解分成两个步骤,首先是对当前解进行断边操作,然后进行加边操作。

断边操作的过程如下:对于一个根节点为 $DM_m{}'$ 的决策树,任意选取其中满足 $R_{DM-DM}(m_1,m_2)=1$ 的两个节点 m_1 和 m_2,令 $R_{DM-DM}(m_1,m_2)=0$,这样可以得到分别以 $DM_m{}'$ 和 DM_{m_2} 为根节点的两个新的决策树,记以 $DM_m{}'$ 为根节点的决策树包含的决策者集合为 $TrDM(m')$,以 DM_{m_2} 为根节点的决策树包含的决策者集合为 $TrDM(m_2)$。其过程如图 6.7 所示。

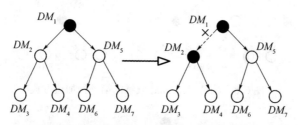

图 6.7　构造 R_{DM-DM} 邻域解的断边操作

图 6.7 所示的断边操作选取的节点是 DM_1 和 DM_2,原有决策树的根节点是 DM_1,进行断边操作后得到的两个决策者集合分别是 $TrDM(1)=\{DM_1,DM_5,DM_6,DM_7\}$ 和 $TrDM(2)=\{DM_2,DM_3,DM_4\}$。

构造 R_{DM-DM} 邻域解的加边操作有两种方式。

第一种方式是在完成构造 R_{DM-DM} 邻域解的断边操作后,任意从 $TrDM(m_2)$ 中选取一个决策者 DM_m,向决策者 $DM_m{}'$ 加边来构造新的邻域解,即令 $R_{DM-DM}(m,m')=1$。在图 6.7 所示断边操作的基础上,图 6.8 阐释了第一种加边方式的过程,依次取 $TrDM(2)$ 中的决策者作为父节点,以 $DM_2 \rightarrow DM_1$,$DM_3 \rightarrow DM_1$ 和 $DM_4 \rightarrow DM_1$ 为新添加的边。

第二种加边方式是在完成构造 R_{DM-DM} 邻域解的断边操作后,从 $TrDM(m')$ 中选取一个位于决策树中非根节点的决策者 DM_m,向决策者 DM_{m_2} 加边来构造新的邻域解,即令 $R_{DM-DM}(m,m_2)=1$。图 6.9 阐释了第二种加边方式的过程,

依次取 $TrDM(1)$ 中决策者 DM_1 之外的决策者为父节点,以 $DM_5 \rightarrow DM_2$, $DM_5 \rightarrow$ DM_2 和 $DM_7 \rightarrow DM_2$ 作为新添加的边。

由以上构造邻域解的过程可知,第一步断边操作有 $N_{DM} - 1$ 条边可供选择,第二步加边操作包含两种方式,第一种方式有 $|TrDM(m_2)|$ 条边可加,第二种方式有 $|TrDM(m')| - 1$ 条边可以加,其中, $|TrDM(m_2)|$ 和 $|TrDM(m')|$ 分别代表断边操作后获得的两个决策者集合中所包含的决策者个数,所以,加边的可选择操作也是 $N_{DM} - 1$ 种,那么,对于一个给定的决策树结构 R_{DM-DM},其邻域 Θ (R_{DM-DM}) 最多包含 $(N_{DM} - 1)^2$ 个解。

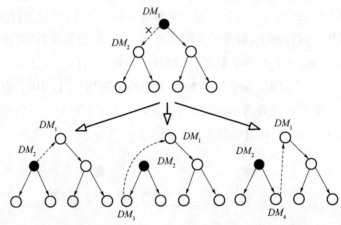

图 6.8　构造 R_{DM-DM} 邻域解的第一种加边方式

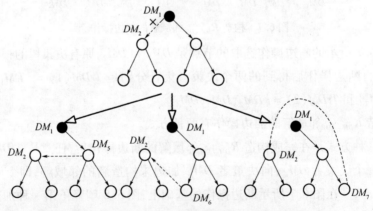

图 6.9　构造 R_{DM-DM} 邻域解的第二种加边方式

2. 多样化温度控制策略

ISA 的温度控制策略对于算法的搜索能力和收敛性有着很大的影响,具体表现为:

(1)当温度下降比较慢时,虽然 ISA 可能在温度较高的一段较长时间内搜索较大范围的解空间,但在扰动下会失去很多搜索到优解的机会,最后在低温收敛时反而得不到比较好的解。

(2)当温度下降比较快时,ISA在解空间内的搜索能力可能会受到限制,容易陷入局部最优。当前SA算法中温度控制策略设计的核心困难是没有一种兼顾搜索全局性和局部最优性的普适策略,所以ISA采用温度控制策略多样化的方法来解决这个问题。

为了改进标准SA算法可能因高温扰动错过优解以及在低温收敛容易陷入局部最优的缺点,在ISA中设计以下的温度控制策略:

(1)使用经典的从高温到低温逐渐降低的温度控制方式,设置初始温度为$Temp_0$,通过高温扰动能够使ISA有效地跳出局部解,扩大解空间中的搜索范围,后续每次邻域搜索后温度下降ΔT,每个解的退火搜索过程包括$n_{ISA} = Temp_0/\Delta T$步邻域搜索,通过温度逐渐下降的降温机制使ISA退化为搜索局部最优的贪婪算法,以达到搜索优解的目的。

(2)在SA的搜索过程中,每搜索n_{GA}步就释放出的一个温度为零的解,从当前解出发以贪婪搜索的方式找到当前邻域的最优解,以避免ISA在脱离局部最优的同时丧失获得优解的机会,记$n_{TVN} = \lfloor n_{ISA}/n_{GA} \rfloor$,则每个模拟退火的搜索过程中会在第$0, n_{GA}, 2 \cdot n_{GA}, \cdots, n_{TVN} \cdot n_{GA}$次移动之后释放出一个温度突降为零的解。

可见,每个解的退火搜索过程中实际包含了$n_{TVN} + 2$种多样化的温度控制策略,分别是$TCP(n, x)$,$n = 0, 1, 2, \cdots, n_{TVN}, n_{TVN} + 1$,其中$x$是邻域搜索的次数,那么每一种温度控制策略的降温方式表示如下:

$$TCP(n, x) = \begin{cases} Temp_0 - x \times \Delta T, & x = 0, 1, 2, \cdots, n \cdot n_{GA} \\ 0, & x = n \cdot n_{GA} + 1, \cdots, n_{ISA} \end{cases} \quad (6.26)$$

其中,$n = 0, 1, 2, \cdots, n_{TVN}, n_{TVN} + 1$,在NISA的内层ISA算法中,初始温度等于调用内层ISA时外层ISA的当前温度。

3. 解的评价函数设计

根据外层传递给内层的R_{DM-P},采用式(6.15)作为R_{DM-DM}的评价函数$E(R_{DM-DM})$。

4. 禁忌设计和精英保留策略

禁忌表是禁忌搜索中用以避免搜索路径重合的对象列表[193],其长度可以是确定的,也可以是动态变化的。禁忌表中存储的对象是禁忌对象,禁忌对象要根据问题的特征来选取,可以是已经搜索过的解、解的Hash值、解的目标函数值和解的局部组成元素等。特赦准则是若当前搜索位置的所有邻域解都在禁忌表中,或者被禁忌的邻域解质量特别好时,可以突破禁忌表的限制,使搜索得以继续的准则[194]。

对于 R_{DM-DM} 的 ISA 搜索过程,取最近添加过的 N_{EDGE} 条边为禁忌对象,禁忌表长度为 $L = N_{DM} - 1$,特赦准则是对禁忌表中当前最优邻域解的特赦以及当内层 ISA 搜索过程中出现无可行搜索方向时特赦当前解的邻域解。为了使算法的性能更好,采用了全局精英保留策略,保留搜索到的最优解。

内层 ISA 算法流程如图 6.10 所示。

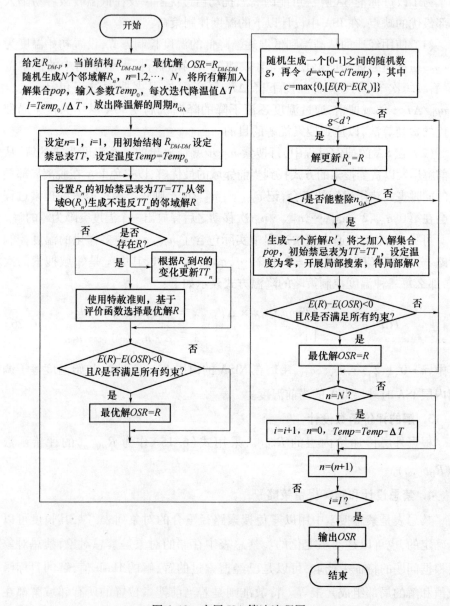

图 6.10 内层 ISA 算法流程图

6.4.2.2 外层 ISA 设计

外层搜索 R_{DM-P} 的 ISA 算法与内层搜索 R_{DM-DM} 的 ISA 算法类似,也是基于初始结构的邻域搜索问题。在此,针对 R_{DM-P} 结构调整的特点,设计出外层 ISA 算法中的解邻域构造方法、温度控制策略、解的评价函数和禁忌表机制,得到搜索 R_{DM-P} 的 ISA 算法,外层 ISA 算法的流程类似于图 6.10 的内层 ISA 算法流程,以下介绍外层 ISA 算法的的基本步骤。

1. 解邻域的构造

R_{DM-P} 解邻域的构造可通过一次决策者与平台间的控制关系变更而得到,即一个平台从一个决策者迁移到其他的决策者。对于当前结构 R_{DM-P},如果每个决策者控制平台的数量不超过其上限 $\overline{CN}$,其邻域 $\Theta(R_{DM-P})$ 最多包含 $N_P \cdot (N_{DM}-1)$ 个邻域解。

2. 多样化温度控制策略

与内层 R_{DM-DM} 搜索的 ISA 相同,外层 R_{DM-P} 搜索的 ISA 也采用相同的多样化温度控制策略,不同的是外层 ISA 的初始温度是设定值。

3. 解的评价函数设计

根据 NISA 的嵌套机制,在评价每个搜到的 R'_{DM-P} 时,以外层 ISA 算法的当前温度为内层 ISA 算法的初始温度,调用 R_{DM-DM} 的 ISA 搜索,待内层算法搜到最优解 R'_{DM-DM} 时返回到外层,得到当前 R'_{DM-P} 对应的最优解 $G'_{DLS}=(R'_{DM-P}, R'_{DM-DM})$,并以内层最优解 R'_{DM-DM} 的评价值作为外层 ISA 算法对 R'_{DM-P} 的评价值。

4. 禁忌设计和精英保留策略

R_{DM-P} 解邻域搜索的基本步骤是平台的迁移,所以,将搜索过程中每个平台最近隶属过的决策者作为平台移动的禁忌对象,对每个平台设置 N_{TDM} 个禁忌决策者,随搜索过程不断更新,禁忌表的总长度是 $N_{TDM} \cdot N_P$。对禁忌决策者的特赦准则是当所有可行的邻域解都被禁忌,或者存在禁忌解能够比已知最优解还要好时,就打破禁忌表的约束,使搜索向被禁忌的解移动。无论任何时刻搜到的优于当前最优解的新的精英解都进行保留。

NISA 算法的时间复杂度不但与初始温度 $Temp_0$ 和每次邻域搜索后下降的温度 ΔT 有关,还与 DLSAOS 中决策者的数量 N_{DM} 和平台的数量 N_P 有关,算法的时间复杂度为 $Temp_0 \cdot N_{DM} \cdot N_P^3/\Delta T$,最坏情况下的时间复杂度为 $O(N_{DM} \cdot N_P{}^3)$。一般情况下,NISA 的禁忌表设计能够减少重复搜索的次数,从而缩短计算时间。

6.5 案 例 分 析

本节仍以 4.6 节中采用的多军兵种联合作战的登陆战役为例,验证本章所提出基于滚动时域的决策层结构适应性优化方法。由于目前尚没有针对决策层结构适应性优化问题设计的现成案例,我们通过扩展该案例得到本节案例。

6.5.1 决策层结构动态适应性优化案例

采用 4.6.2 节的使命 M_2 作为案例,该使命需要执行 18 个任务,任务图参见图 4.13,任务的属性参数见表 4.3,设 $t=0$ 时刻为决策层结构适应性优化的初始时刻。

假设共有 5 个决策者,每个决策者的初始决策执行能力分别为 $DA_1(0)=1$、$DA_2(0)=3$、$DA_3(0)=5$、$DA_4(0)=7$、$DA_5(0)=9$,每个决策者的决策工作负载上限为 $DAB_m=2$。

1. 初始组织结构信息

决策层结构适应性优化需要在给定资源层结构的前提下进行,这里我们采用图 4.15 所示的分配结果,作为给定的资源层结构。

决策层结构适应性优化的初始决策层结构采用 A^2C^2 的实验结果[63,65],如图 6.11 所示。

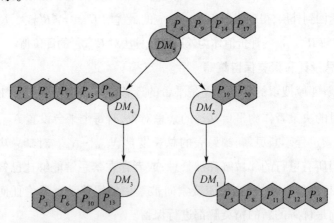

图 6.11 初始决策层结构

2. 不确定事件的参数设置

假设使命执行期间可能出现三类决策执行能力损耗事件,每类事件随机影响某个决策者,并且作用于每个决策者的概率相等。每类事件的到达率服从泊

128

松分布 $Ar_l^{DM} \sim \pi(\lambda_l^{DM})$，$\lambda_l^{DM}$ 为事件到达率的均值。事件 E_1^{DM} 造成决策执行能力损耗量为 $LN_1 = 1$，事件到达率为 $\lambda_1^{DM} = 0.09$，可预测概率 $Afp_1 = 0.5$；事件 E_2^{DM} 造成决策执行能力损耗量为 $LN_2 = 2$，事件到达率为 $\lambda_2^{DM} = 0.025$，可预测概率 $Afp_2 = 0.5$；事件 E_3^{DM} 将导致决策者完全被摧毁，事件发生时导致决策执行能力将下降为零，事件到达率为 $\lambda_3^{DM} = 0.025$，可预测概率 $Afp_3 = 0.5$。由于在使命执行期间，不确定事件可能作用于已经被摧毁的决策者，在这种情况下我们认为此事件对决策者的作用无效。

由于任务决策负载强度变化事件不影响决策层结构适应性优化模型的求解，在实验中不考虑任务决策负载强度变化事件的影响，设置所有任务的任务决策负载强度 $DI_i = 1$。

3. 适应性优化模型及 NISA 算法参数

结合 A^2C^2 实验，在决策层结构适应性优化模型中，设定每个决策者 DM_m 控制平台数量的上限为 $\overline{CN} = 5$；并假设指挥连接变化的单位代价 $W_D = 1$ 和控制连接变化的单位代价 $W_P = 1$，组织决策能力增益权重 $W^P = 1$ 和决策层结构调整代价权重 $W^R = 1/3$[65]，任务执行负载系数 $w_{exe} = 1$，任务协作负载系数 $w_{coo} = 1$，任务指挥负载系数 $w_{cmd} = 1$。

NISA 算法中外层 ISA 初始温度 $Temp_0 = 100$，每个循环温度下降 $\Delta T = 1$，降温间隔 $n_{GA} = 10$，禁忌搜索的参数 $N_{TDM} = 1$，$N_{T\_EDGE} = 8$。

4. RHP 参数设置

在设置预测窗口大小时，指挥人员对于预测信息偏差的容忍下限为 $\alpha = 0.8$，决策执行能力损耗量的期望值与估计值的偏差上限为 $\Delta = 1.5$。

6.5.2　实验与结果分析

在上述案例设置基础上，对本章所提出的基于 RHP 的决策层结构动态适应性优化方法进行验证，实验内容主要包括两个方面：

(1) 决策层结构适应性优化模型的求解实验；

(2) 基于 RHP 的决策层结构适应性优化方法有效性的验证。

6.5.2.1　DLSAOS 求解实验与结果分析

DLSAOS 求解实验是为了验证决策层结构适应性优化模型的合理性以及求解子问题的 NISA 算法的有效性。在此，选取使命执行期间的 20、40 和 60 三个验证目标如下。

（1）贪婪算法（Greedy Algorithm，GA）：GA 是最基础的组合优化求解算法，其基本原理是在初始解附近选择最大改进幅度的解作为搜索方向，往往容易陷入局部最优，NISA 和 GA 比较是为了验证 NISA 算法的全局优化特性。

（2）两阶段改进模拟退火算法（Two Stage ISA，TSISA）：TSISA 是将求解 R_{DM-P} 与 R_{DM-DM} 的改进模拟退火搜索过程串联，以牺牲求解的精确性为代价提高求解速度。NISA 和 TSISA 比较是为了验证 NISA 根据决策层结构适应性优化问题特点所设计的嵌套机制的有效性。

（3）NSA（Nest Simulated Algorithm，NSA）：NSA 是将 NISA 中省略多样化温控和禁忌设计环节后得到的算法，和 NSA 比较的目的是验证 ISA 相比标准 SA 所设计的改进环节的有效性。

1. 各种求解算法的最优解比较

采用 GA、TSISA、NSA 和 NISA 分别对 20 – DLSAOS、40 – DLSAOS 和 60 – DLSAOS 进行了 100 次实验，每次实验通过 100 次降温得到最优解，表 6.1 分别给出了最优解的均值。

表 6.1　不同方法下最优解均值对比

算法名称	20 – DLSAOS	40 – DLSAOS	60 – DLSAOS
GA	5.33	5.69	6.71
TSISA	5.23	6.21	6.34
NSA	5.34	6.19	6.77
NISA	5.43	6.38	7.14

从表 6.1 可见，在三个不同的优化时刻下，决策层结构适应性优化均能显著提升组织的决策能力，说明了决策层结构适应性优化模型的有效性，其中，采用 NISA 算法的求解效果最好，决策层结构适应性优化得到的最佳收益分别是 5.43、6.38 和 7.14。

观察表 6.1 中各种算法求解三个时刻的优化子问题所得到的适应性优化收益值，可得到以下结论：

（1）对于三个时刻的 DLSAOS，NISA 优解的均值最大；

（2）NISA 求解得到的结果均优于 TSISA，说明 NISA 中的嵌套机制能够有效改善 ISA 的搜索精度；

（3）NISA 求解得到的结果均优于 NSA，说明 NISA 在 NSA 的基础上添加的多样化温控和禁忌设计策略能够提高收敛寻优的能力。

2. 算法求解结果以及求解过程的性能分析与比较

图 6.12～图 6.14 图描述了三个时刻 100 次降温的搜索过程,同时给出了 100 次实验在每一个降温点上的方差,其中横坐标表示降温次数,纵坐标表示当前温度下的最优解,对于 GA 算法来说不存在降温,其横坐标无意义,只是为了便于比较,我们将其标记在图中。

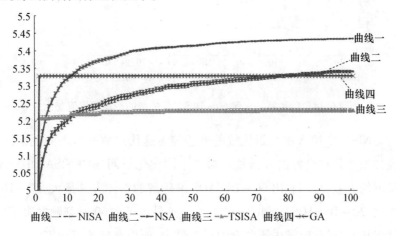

图 6.12　四种算法求解 20－DLSAOS 的平均最优值变化

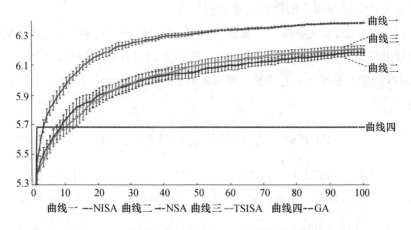

图 6.13　四种算法求解 40－DLSAOS 的平均最优值变化

通过观察图 6.12～图 6.14,可得以下结论:

（1）四种算法曲线上的平均最优解都明显优于初始解,说明四种算法能够有效求解 DLSAOS。其中,NISA 和 NSA 的平均最优解能够随着迭代次数的增加而不断改进,说明了模拟退火算法的全局最优搜索能力以及嵌套机制所发挥的提高搜索精度的作用。

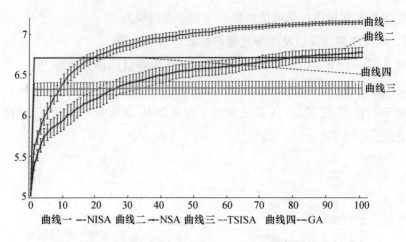

曲线一 ---NISA 曲线二 ---NSA 曲线三 ---TSISA 曲线四---GA

图 6.14 四种算法求解 60 – DLSAOS 的解的平均最优值变化

（2）NISA 和 NSA 平均最优解的方差随着迭代次数的增加而逐渐减小,说明了模拟退火具有良好的收敛性。对比不同优化子问题中 NISA 和 NSA 的平均最优解的方差,可以看出 60 – DLSAOS 最优解的整体方差最大,40 – DLSAOS 时刻次之,20 – DLSAOS 时刻的方差最小。这是由于在 60 时刻触发决策层结构适应性优化时,优化时域内所包含的任务最少,所以对应的退火搜索空间较大,不同退火搜索过程得到的优解的波动也较大。

（3）NISA 的最优解曲线明显优于 NSA,这说明每迭代 10 次发起一次的降温过程以及禁忌表的引入对于最优解有明显的改善作用,证明了 NISA 中针对 DLSAOS 问题在标准 SA 上的改进是有效的,能够加强局部搜索能力,提升搜索的精度。

6.5.2.2 基于 RHP 的决策层结构适应性优化实验与结果分析

本节将验证 DLSDAO – RHP 方法对组织决策能力的优化作用:首先分析决策执行能力平均损耗量的取值对预测窗口大小的影响,然后建立不确定事件与窗口大小之间的影响关联,最后分析不确定使命环境下 C^2 组织能力的变化情况以及 DLSDAO – RHP 方法的有效性。

1. 决策执行能力平均损耗量的取值对预测窗口大小的影响

由式(6.25)可知,在给定决策执行能力平均损耗量的基础上才能设置窗口大小,因此,不同的决策执行能力平均损耗量将导致预测时域长度的取值不同,而不同的预测时域长度又将导致动态适应性优化效果的不同。根据案例设置,指挥人员对于预测信息偏差的容忍下限为 $\alpha = 0.8$,决策执行能力损耗量的期望值与估计值的偏差上限为 $\Delta = 1.5$。

当使命执行期间没有出现决策执行能力损耗事件时,根据决策层结构动态适应性优化案例中设置的三类决策执行能力损耗事件的不同到达率,得到使命执行期间决策执行能力损耗事件的综合到达率为 $\widetilde{\lambda} = \lambda_1^{DM} + \lambda_2^{DM} + \lambda_3^{DM} = 0.14$,

$$\overline{LN} = \frac{\lambda_1^{DM} LN_1 + \lambda_2^{DM} LN_2 + \lambda_3^{DM} LN_3}{\widetilde{\lambda}} = 1.89, 由式(6.25)可得预测时域长度$$

为 $t_{FW} = 6$。

当使命执行期间只有事件 E_1^{DM} 时,根据事件到达数量来预测时域 $[t, t + t_{FW}]$ 内事件造成决策执行能力的平均损耗数量为 $LN = n_1 \cdot LN_1 / n_1 = LN_1 = 1$,代入式(6.25)可得预测时域长度为 $t_{FW} = 6$。

其他情况也可通过式(6.25)计算预测时域长度。决策执行能力平均损耗量与预测时域长度的对应关系如图6.15所示。

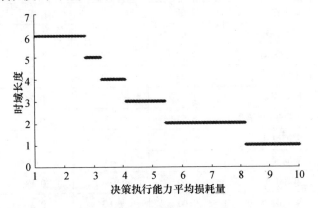

图6.15　决策执行能力平均损耗量与预测窗口之间的关系

由图6.15可见,当决策执行能力平均损耗量越大时,预测窗口所包含的时域长度越短,这种对应关系符合 RHP 的基本原理:决策执行能力平均损耗量越大说明使命环境中不确定事件对组织的影响程度越大,在这种情况下如果采用较大的预测窗口,所获取的信息很容易失真,将影响决策层结构适应性优化的效果。因此,应该缩短预测时域的长度来保证预测信息的准确性和适应性优化的有效性。

2. DLSDAO – RHP 方法的性能分析

由图4.15可知,使命完成时间为 $t_e = 135.15$,为了验证 DLSDAO – RHP 方法的有效性,我们将分别与采用初始决策层结构保持不变(Original Decision Layer Structure Unchanged, ODLSU)以及基于粒度计算的组织结构适应性设计方法[105]（OSADBGC）所得到的决策层结构适应性优化收益进行对比。

首先，在使命执行期间，采用 DLSDAO - RHP 方法进行决策层结构适应性优化得到的结果如表6.2所示。

表6.2　DLSDAO - RHP 方法的优化结果

优化触发时刻	优化触发原因	优化前组织决策能力	适应性优化收益	结构调整代价	滚动窗口大小
0	周期滚动	5.97	7.18	0.27	6
6	周期滚动	6.62	6.85	0.09	6
12	周期滚动	6.00	8.23	0.27	6
16	未预测到的事件 E_1^{DM}	6.30	6.93	0.39	6
22	周期滚动	7.45		0	6
28	周期滚动	6.00	6.44	0.15	6
31	未预测到的事件 E_1^{DM}	6.56	7.54	0.18	6
37	周期滚动	7.60	—	0	6
40	未预测到的事件 E_2^{DM}	7.60	—	0	6
46	周期滚动	7.60	7.93	0.21	6
50	事件 E_3^{DM}	8.00	—	0	3
53	周期滚动	1.36	7.92	0.24	6
57	未预测到的事件 E_1^{DM}	5.64	7.54	0.18	6
63	周期滚动	7.60	—	0	6
69	周期滚动	7.60	—	0	6
72	事件 E_3^{DM}	7.60	7.94	0.18	3
75	周期滚动	0.00	6.93	0.21	6
81	事件 E_3^{DM}	7.00	—	0	3
84	周期滚动	7.00		0	6
90	未预测到的事件 E_1^{DM}	3.27	5.13	0.21	6
96	周期滚动	3.72	5.58	0.24	6
100	未预测到的事件 E_2^{DM}	5.52	—	0	6
106	周期滚动	5.39	6.53	0.27	6
112	周期滚动	4.41	5.04	0.03	6
118	事件 E_3^{DM}	3.02	4.75	0.15	3
121	周期滚动	4.20	5.35	0.12	6
127	周期滚动	5.39	—	0	6
133	周期滚动	4.20	6.98	0.09	6

为了分析使命环境中不同类型事件到达时 DLSDAO – RHP 方法的工作原理,我们选取使命执行期间的 $t=12$、$t=31$ 和 $t=50$ 三个优化触发时刻,说明三种不同类型事件触发决策层结构适应性优化时基于 DLSDAO – RHP 方法的决策层结构适应性优化过程。

在 $t=12$ 时刻没有不确定事件到达时,设置滚动窗口大小 $t_{FW}=6$,选取待优化的任务集为 $T_{RW}(12)=\{T_i\mid ST_i\leqslant 12<FT_i\cup 12<ST_i<18\}$,经判断若进行决策层结构适应性优化可获得优化净收益 $DAG_{[12,18]}=2.23$,因此,触发决策层结构适应性优化,决策层结构调整过程如图 6.16 所示。

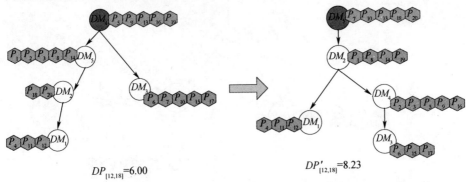

$$DP_{[12,18]}=6.00 \qquad\qquad DP'_{[12,18]}=8.23$$

图 6.16 $t=12$ 时刻决策层结构调整过程

在时域 $[30,31]$ 内未预测到的事件 E_1^{DM} 到达,使决策者 DM_5 的决策执行能力损耗量 $LN_1=1$,设置滚动窗口大小 $t_{FW}=6$,选取待优化的任务集为 $T_{RW}(31)=\{T_i\mid ST_i\leqslant 31<FT_i\cup 31<ST_i<37\}$,经判断若进行决策层结构适应性优化可获得适应性优化净收益 $DAG_{[31,37]}=0.98$,因此,在 $t=31$ 时刻触发决策层结构适应性优化,决策层结构调整过程如图 6.17 所示。

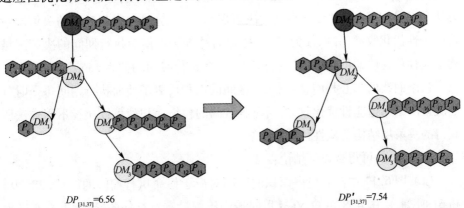

$$DP_{[31,37]}=6.56 \qquad\qquad DP'_{[31,37]}=7.54$$

图 6.17 $t=31$ 时刻决策层结构调整过程

在时域 $[49,50]$ 内事件 E_3^{DM} 到达,使决策者 DM_3 决策执行能力损耗量为 $LN_3 = 5$,即 DM_3 被摧毁,其决策执行能力降为零,设置滚动窗口大小 $t_{FW} = 3$,选取待优化的任务集为 $T_{RW}(50) = \{T_i \mid ST_i \le 50 < FT_i \cup 50 < ST_i < 53\}$,经判断若进行决策层结构适应性优化无法获得净收益,因此,在 $t = 50$ 时刻无法触发决策层结构适应性优化,只能保持当前决策层结构不变,$t = 50$ 时刻的决策层结构如图 6.18 所示。

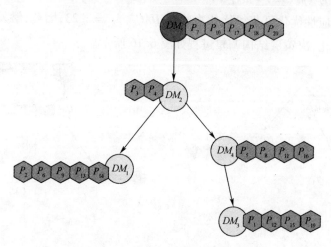

图 6.18 $t = 50$ 时刻决策层结构

下面将通过仿真实验对比每个时刻点的决策层结构适应性优化收益来评价 DLSDAO – RHP 方法的性能,采用式(6.16)作为性能评价函数。

如图 6.19 所示,首先以 ODLSU 方法得到的决策层结构为当前决策层结构,以每一时刻决策层结构适应性优化收益为半径,得到 ODLSU 方法下使命执行期间的决策层结构适应性优化收益的包络图;其次,分别基于 DLSDAO – RHP 方法和 OSADBGC 方法优化得到的决策层结构,计算每一时刻对应的决策层结构适应性优化收益,并以其为半径,得到两种方法下使命执行期间的决策层结构适应性优化收益的包络图。将圆周按使命执行时间均分为 136 个区间,由于三个包络曲线的圆心相同,所以每个区间的面积代表了使命执行期间每个时刻的决策层结构适应性优化收益,通过各区间的包络面积就可以比较不同方法所获得的决策层结构适应性优化收益。

由图 6.19 可得到以下结论:

(1) 图 6.19 中没有包络面积的区间对应于使命执行期间的时域 $[38,39]$ 和 61 时刻,由图 4.8 可知,在这段时域内组织没有执行任务,因此也没有产生决策层结构适应性优化收益。

136

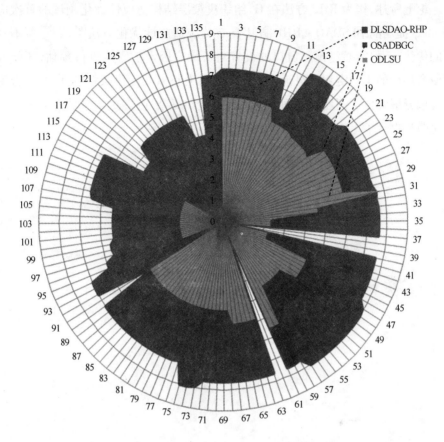

图 6.19　决策层结构适应性优化方法的性能对比

（2）采用 DLSDAO – RHP 方法所得到的决策层结构适应性优化收益在每一个时刻点上都比 ODLSU 方法得到的收益大,说明了 DLSDAO – RHP 方法通过使命执行期间决策层结构的一系列变化,能够使 C^2 组织的决策能力获得提升,而 OSADBGC 方法在一部分时刻点上无法保证一定优于 ODLSU 方法,说明了 OSADBGC 方法并无法保证适应性优化始终能够获得适应性优化收益,体现了本章所提出 DLSDAO – RHP 方法的性能优势,这是由于 OSADBGC 方法在每次适应性优化触发之后都选取面向使命结束时刻的长段时域作为优化时域,优化得到的决策层结构无法在使命执行的后续时刻一直保持最优。

（3）与 OSADBGC 方法相比,在使命执行期间的任何时刻,DLSDAO – RHP 方法的优化结果都大大优于 OSADBGC 方法,表明 DLSDAO – RHP 方法能够根据使命环境的不确定程度灵活设置滚动窗口大小以及优化触发条件,通过合理的时域分解既降低了问题求解面临的不确定性,又改善了优化结果的适用性。

综上所述,作为 RHP 方法在 C^2 组织决策层结构适应性优化领域的首次应用,本章提出的 DLSDAO – RHP 方法具有传统适应性优化方法[65,105,122] 所不具备的优势:不但能通过预测窗口的设置对不确定因素的影响进行预估,还能根据使命环境的不确定程度灵活设置滚动窗口大小以及优化触发条件,通过合理的时域分解降低了问题求解面临的不确定性和复杂性,多次短时域内的子问题优化明显提升了组织决策能力。

第7章 基于关键事件的 C^2 组织资源层结构动态适应性优化

在使命执行期间,当平台能力损耗、新增任务和任务处理时间变化等不确定事件导致组织资源能力下降时,不变的 C^2 组织结构无法始终满足使命的能力需求,需要调整资源层结构,以最小的风险代价最大程度地提升组织的资源能力,这类问题称为组织资源层结构的适应性优化。资源层结构适应性优化的实质是根据作战态势调整当前的作战资源部署,不同的资源层结构调整方法对组织资源能力提升的效果不同。

当前研究成果中,或者只考虑组织决策层结构的适应性优化,而未考虑组织资源层结构的适应性优化[105,122];或者采用组织重构的方式完成资源层结构适应性优化[65],不但所涉及的结构调整范围过大,而且容易造成调整耗时过长和结构变化成本过高,不能满足实时性和调整范围有限性的要求。为此,本章将根据第3章所提出的 C^2 组织结构分层动态适应性优化方法,对 C^2 组织资源层结构的适应性优化进行研究。

7.1 C^2 组织资源能力测度

C^2 组织资源能力测度是对组织资源能力的度量,选择合适的资源能力测度是进行资源层结构适应性优化的前提。C^2 组织的资源能力主要体现在为完成使命提供所需的多种资源,Levchuk 等[66]提出资源能力测度参数主要包括使命完成时间、任务精确度、任务延迟、任务收益等,并在 A^2C^2 实验[98]和适应性组织设计[105,122]中得到了验证,但是已有的测度参数无法反映任务的执行质量。为此,本节将在已有测度参数的基础上,分别从任务完成的时效性和任务完成的有效性两个角度来扩展定义任务完成时间、任务资源满足度、任务执行质量等资源能力测度参数,并综合得到 C^2 组织资源能力测度。

根据 C^2 组织资源能力测度参数的形式化定义,下面将在给定任务集 T 和资源层结构 G_{RLS} 的前提下建立组织资源能力测度及相关参数的数学模型。

定义 7.1 任务集 T 的完成时间是任务集 T 中最后一个任务的结束时间与第一个执行的任务的开始时间之差,记任务集 T 中最后一个任务的结束时间为 $\max\limits_{T_i \in T} FT_i$,第一个执行的任务的开始时间为 $\min\limits_{T_i \in T} ST_i$,任务集合 T 中所有任务的完成时间 $TFT(T, G_{RLS})$ 表示为

$$TFT(T, G_{RLS}) = \max_{T_i \in T} FT_i - \min_{T_i \in T} ST_i = \max_{T_i \in T}(ST_i + DT_i) - \min_{T_i \in T} ST_i \quad (7.1)$$

其中,DT_i 为任务 T_i 的处理时间。

定义 7.2 任务 T_i 的 f_k 类型资源的获取数量为 $R(i,k)$,表示为

$$R(i,k) = \sum_{j=1}^{N_P} R_{P-T}(i,j) \cdot PR_{jk} \quad (7.2)$$

其中,PR_{jk} 为平台 P_j 拥有 f_k 类型的资源数量。

定义 7.3 任务 T_i 对 f_k 类型的资源需求满足度 $TA(i,k)$ 是任务 T_i 获得 f_k 类型的资源数量 $R(i,k)$ 与其对 f_k 类型的资源需求数量之比,表示为

$$TA(i,k) = \begin{cases} 1, & R(i,k) \geqslant TR_{ik} \\ R(i,k)/TR_{ik}, & R(i,k) < TR_{ik} \end{cases} \quad (7.3)$$

其中,TR_{ik} 为任务 T_i 对 f_k 类型的资源需求数量。由式(7.3)可知,当 T_i 获取的资源数量不小于其需求数量时,资源需求满足度为 1;当 T_i 获取的资源数量小于其需求数量时,资源需求满足度将呈线性趋势下降。

定义 7.4 任务 T_i 的任务资源满足度 TA_i 是 T_i 对所有类型资源需求满足度的平均值,表示为

$$TA_i = \sum_{k \in A(i)} TA(i,k) / |A(i)| \quad (7.4)$$

其中,$A(i) = \{k \mid TR_{ik} > 0\}$ 是 T_i 所需资源类型的集合;$|A(i)|$ 是 T_i 所需资源类型的数量。

定义 7.5 任务集 T 的平均任务资源满足度 $TA(T, G_{RLS})$ 为 T 中所有任务的任务资源满足度的均值,表示为

$$TA(T, G_{RLS}) = \sum_{T_i \in T} TA_i / |T| \quad (7.5)$$

其中,$|T|$ 为任务集中的任务数量。

定义 7.6 任务 T_i 的执行质量 TQ_i 度量了任务 T_i 的完成程度,是任务资源满足度 TA_i 的函数。

TQ_i 介于 0~1 之间,TQ_i 越大说明任务 T_i 的完成程度越好。TQ_i 的数值取决于任务资源满足度 TA_i,并呈现如下特点:

(1) 当 TA_i 较小时,任务资源满足程度较差,不足以有效完成任务,随着任

140

务资源满足度的提升,任务执行质量提高的速度较慢,当 $TA_i{\rightarrow}0$ 时,$TQ_i{\rightarrow}0$。

(2) 当 TA_i 较大时,任务资源满足程度较好,随着任务资源满足度的提升,任务执行质量也将缓慢提高,当 $TA_i{\rightarrow}1$ 时,$TQ_i{\rightarrow}1$。

(3) 当 TA_i 处于中间数值时,随着任务资源满足度的提升,任务执行质量将快速提高。

如果以任务资源满足度为横轴,以任务执行质量为纵轴,则任务执行质量 TQ_i 的变化曲线如图 7.1 所示。

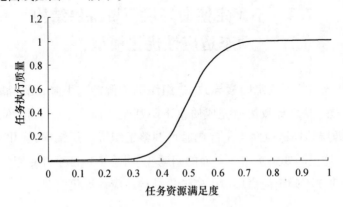

图 7.1　任务执行质量–任务资源满足度曲线

本书采用式(7.6)定义任务执行质量 TQ_i,该式具有图 5.1 所示的特点。

$$TQ_i = \frac{1}{1 + \exp 10(1 - 2TA_i)} \tag{7.6}$$

定义 7.7　任务集 T 的执行质量 $TQ(T, G_{\mathrm{RLS}})$ 为 T 中所有任务的执行质量的乘积,表示为

$$TQ(T, G_{\mathrm{RLS}}) = \prod_{T_i \in T} TQ_i \tag{7.7}$$

从式(7.7)可以看出,任务集 T 的执行质量与任务集中包含的所有任务的执行质量相关,当每个任务 T_i 的执行质量越高时,任务集 T 的执行质量越高。

定义 7.8　C^2 组织的任务执行效率为单位时间内任务集 T 中的任务资源满足度与任务执行质量的综合测度,记任务执行效率为 $TE(T, G_{\mathrm{RLS}})$,表示为

$$TE(T, G_{\mathrm{RLS}}) = \frac{TA(T, G_{\mathrm{RLS}}) \cdot TQ(T, G_{\mathrm{RLS}})}{TFT(T, G_{\mathrm{RLS}})}$$

$$= \frac{\sum_{T_i \in T} \sum_{k \in A(i)} TA(i, k) \cdot \prod_{T_i \in T} TQ_i}{TFT(T, G_{\mathrm{RLS}}) \cdot |T| \cdot |A(i)|} \tag{7.8}$$

141

作为面向使命的 C^2 组织,又好又快地执行任务体现了组织所拥有的良好资源能力,任务执行效率从任务完成时间、任务需求的满足程度以及任务的执行状况三个角度综合测度了组织执行任务的效率。

任务执行效率参数的特点体现了 C^2 组织资源能力对于任务完成的时效性和有效性两个方面的需求,因此,本章将采用任务执行效率作为 C^2 组织资源能力测度。

7.2 不确定使命环境下资源层结构动态适应性优化模型

使命环境中的不确定因素导致 C^2 组织的资源能力下降,无法满足使命的资源能力需求,从而导致使命完成质量下降甚至使命失败,不确定使命环境下 C^2 组织资源层结构适应性优化旨在通过调整组织资源层结构,优化 C^2 组织的资源能力。这里需要解决两个方面的问题:①明确不确定事件对组织资源能力的影响;②建立不确定使命环境下资源层结构适应性优化模型。

7.2.1 影响资源能力的不确定事件

根据不确定因素对 C^2 组织能力的影响分析可知,由平台能力损耗、任务处理时间变化、新增任务与任务取消、平台最大速度变化、任务资源需求变化和任务地理位置变化等不确定因素引发的不确定事件将会影响 C^2 组织资源能力。任务资源需求变化和任务地理位置变化的两类不确定事件对组织资源能力的影响可转化为新增任务与任务取消事件对组织能力的影响,平台最大速度变化事件与平台所处的恶劣的自然环境密切相关,其属性参数难以定义描述,因此,本章只考虑平台损耗、任务处理时间变化以及新增任务与任务取消三种类型的不确定事件。

定义7.9 平台损耗事件是指由于作战中的战损、故障和消耗导致平台的资源能力减少,部分任务无法完成的事件。记平台损耗事件集为 $E_{PUUE} = \{ E_1^P, E_2^P, \cdots, E_e^P, \cdots, E_{N_{PUUE}}^P \}$,$N_{PUUE}$ 为平台损耗事件的类型,E_{PUUE} 中每类平台损耗事件 E_e^P 的属性表示为三元组 $\langle j_e, LR_k^e, Ar_e^P \rangle$,其中,

(1) j_e 是平台损耗事件所影响的平台的编号;

(2) LR_k^e 是该事件导致平台 P_{j_e} 损失 f_k 类型的资源数量;

(3) Ar_e^P 表示平台损耗事件的到达率。

定义 7. 10 任务处理时间变化事件是由于制定作战任务过程中存在不确定信息,导致任务实际处理时间与预计时间不一致的事件。

记任务处理时间变化事件集为 $E_T^{VAR} = \{E_1^{VAR}, E_2^{VAR}, \cdots, E_e^{VAR}, \cdots, E_{N_{VAR}}^{VAR}\}$,$E_T^{VAR}$ 中每类任务处理时间变化事件 E_e^{VAR} 的属性表示为三元组 $\langle i_e, Ar_e^{VAR}, \Delta DT_{i_e}^{VAR} \rangle$,其中,

(1) i_e 是任务处理时间变化事件所影响的任务的编号;

(2) Ar_e^{VAR} 表示任务 T_{i_e} 处理时间变化事件的到达率;

(3) $\Delta DT_{i_e}^{VAR}$ 是任务 T_{i_e} 的处理时间变化的变化量。

定义 7. 11 新增任务与任务取消事件是由于使命环境的不确定性,导致有未预期的任务出现或者原有任务取消的事件。假设这些任务可以出现在任务图的任何位置,由于新增任务与任务取消对于组织资源能力的影响原理相同,因而以新增任务这类不确定事件为代表说明使命中包含的任务数量变化对组织资源能力的影响。

记新增任务集为 $T_{NAT} = \{T_1^{NAT}, T_2^{NAT}, \cdots, T_i^{NAT}, \cdots, T_{N_{T_{NAT}}}^{NAT}\}$,$N_{T_{NAT}}$ 为新增任务的数量,T_{NAT} 中每个新增任务 T_i^{NAT} 对应于一个不确定事件,事件属性表示为一个五元组 $\langle TR_i^{NAT}, DT_i^{NAT}, TP_i^{NAT}, DI_i^{NAT}, Ar_i^{NAT} \rangle$,其中,

(1) $TR_i^{NAT} = (TR_{i1}^{NAT}, TR_{i2}^{NAT}, \cdots, TR_{iN_A}^{NAT})$ 是新增任务的资源需求,N_A 表示任务需求的资源类型数量;

(2) DT_i^{NAT} 是新增任务的处理时间;

(3) TP_i^{NAT} 是新增任务的地理位置;

(4) DI_i^{NAT} 是新增任务的任务决策负载强度;

(5) Ar_i^{NAT} 是新增任务的到达率。

7.2.2 资源层结构适应性优化模型

C^2 组织资源层的核心结构是任务与平台间的分配关系 R_{P-T},R_{P-T} 体现了平台与任务之间的资源映射关联,设计 R_{P-T} 的过程实际是在给定作战任务后通过对作战资源的合理部署与配置,将合适的平台部署到正确的地点去执行任务。

任务与平台间的分配关系 R_{P-T} 决定了组织资源能力的提供方式,不同的 R_{P-T} 将导致不同的组织资源能力,在使命执行期间不确定事件到达导致组织资源能力下降,在 t 时刻触发了资源层结构适应性优化,通过调整 R_{P-T} 改善组织资源能力的提供方式,以提升组织资源能力。因此,在构建资源层结构适应性

优化模型时以任务与平台间的分配关系 R_{P-T} 为优化变量,所优化的任务集 T (t) 为 t 时刻起到使命结束之间所有未执行的任务,以 C^2 组织的资源能力最大化为目标,同时考虑到资源层结构适应性优化时应最大程度地保持决策层结构不变,尽量避免因资源层结构适应性优化导致组织决策能力的下降,为此,模型引入决策能力变化有限性约束:

$$DC(G_{\mathrm{DLS}}, H) - DC'(G_{\mathrm{DLS}}, H) \leqslant \theta \qquad (7.9)$$

其中,$H = [t, t_e]$,t_e 为使命结束时刻;$DC'(G_{\mathrm{DLS}}, H)$ 为资源层结构调整后的组织决策能力。式(7.9)表示要实现在保持决策层结构不变的前提下调整资源层结构,必须满足进行资源层结构适应性优化后,组织决策能力的下降量在一定的可承受范围之内,其中 θ 为决策能力的可承受变化范围阈值。

在生产调度领域,每当执行工件加工的机器或者是工件的加工路径发生变更时,会导致机器的重新设置及启动,从而引起加工的等待,带来了变更代价。组织资源层结构的变化代价是指因作战资源配置变更或者资源重新部署而产生的调整代价,由于本书在计算每个任务的开始时间时,已经考虑了任务执行地点变更引发的平台转移时间,因此,我们不再重复考虑任务与平台间分配关系变更的代价,即假设 t 时刻调整组织资源层结构 G_{RLS} 时,结构调整代价为零。

综上可得资源层结构适应性优化模型如下:

$$\max \quad TE(T(t), G'_{\mathrm{RLS}})$$

$$\mathrm{s.t.} \begin{cases} DC(G_{\mathrm{DLS}}, H) - DC'(T(t), G_{\mathrm{DLS}}, H) \leqslant \theta \\ \sum_{j=1}^{N_P} R_{P-T}(i,j) = 1, i = 1, 2, \cdots, |T(t)| \\ R_{P-T}(i,j) \in \{0,1\}, \quad i = 1, 2, \cdots, |T(t)|, \quad j = 1, 2, \cdots, N_P \end{cases}$$

$$(7.10)$$

从式(7.10)可见,资源层结构适应性优化模型是一个包含时间变量的整数约束规划模型,具有动态不确定性,其求解无法采用传统的静态优化方法。

7.3 基于关键事件的资源层结构动态适应性优化方法

在不确定使命环境下,由于事先无法预期所有的不确定事件,只能在使命执行期间不确定事件到达之后,根据事件对组织资源能力的影响情况,判断是否需要进行资源层结构适应性优化。同决策层结构适应性优化类似,资源层结

144

构适应性优化问题也需要解决两个重要环节：①设计触发资源层结构动态适应性优化的条件；②在满足优化触发条件后，为资源层结构适应性优化过程设计合适的方法。

7.3.1 基于关键事件的两阶段动态适应性优化方法

不确定使命环境下资源层结构适应性优化问题与决策层结构适应性优化问题一样具有动态性和不确定性的特点，其优化过程是"任务执行—不确定事件到达—判断优化条件—进行优化—任务执行"的不断循环。

由第 3 章中基于组织结构分层的适应性优化策略可知，为了保持 C^2 组织结构的稳定性，我们希望在尽量保持决策层结构不变的前提下，调整资源层结构，以较小的结构调整范围实现组织资源能力的提升。然而在调整 R_{P-T} 的过程中 R_{DM-T}^E 也会随之改变，因而导致组织决策能力也会发生变化，如果决策能力变化在可承受的阈值之内，可以在决策层结构保持不变的前提下进行资源层结构适应性优化；如果 R_{P-T} 的调整使组织决策能力的变化在指定的阈值范围之外，那么决策层结构也将面临调整，此时需要重新设计组织结构。针对资源层结构适应性优化问题的上述特点，基于第 3 章提出的结构分层的适应性优化过程，本章提出一种基于关键事件的两阶段动态适应性优化（Two-stage Adaptive Optimization Based on Key Event，TAOBKE）方法，包含了决策层结构不变约束下的资源层结构适应性优化以及组织重构两个阶段。第一阶段在保持决策层结构不变的约束下，进行资源层结构适应性优化，如果无法提升组织资源能力，则进入第二阶段优化。第二阶段的组织重构首先重新设计资源层结构，然后重新设计决策层结构。方法的具体流程如图 7.2 所示。

TAOBKE 方法的步骤描述如下：

步骤 1：在使命执行期间的某个时刻 t，当前组织资源能力因不确定事件影响而下降时，在保持决策层结构 G_{DLS} 不变的前提下触发资源层结构适应性优化，如果无法找到优解，转至步骤 3，否则转至步骤 2。

步骤 2：输出优化后的资源层结构 G'_{RLS}，在保持当前决策层结构 G_{DLS} 不变的前提下将资源层结构 G_{RLS} 调整为 G'_{RLS}，转至步骤 4。

步骤 3：判断触发资源层结构适应性优化的不确定事件类型，如果是任务处理时间变化事件或者是新增任务事件转至步骤 3.1，如果是平台损耗事件转至步骤 3.2。

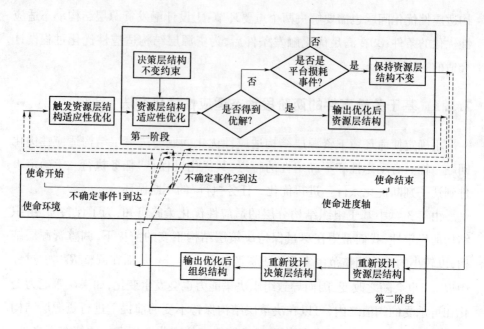

图 7.2   TAOBKE 方法流程

步骤 3.1：根据当前使命环境重新设计资源层结构 G''_{RLS}，在资源层结构 G''_{RLS} 的基础上，设计决策层结构 G'_{DLS}，输出最优组织结构，返回步骤4。

步骤 3.2：保持当前资源层结构 G_{RLS} 不变，返回步骤4。

步骤 4：结束优化，使命继续执行。

TAOBKE 方法中的重要环节是要确定触发资源层结构适应性优化的时刻，解决"何时调"的问题，这些触发优化的时刻称为决策点。在此，我们将导致资源能力下降的不确定事件作为触发资源层结构适应性优化的关键事件来设置资源层结构适应性优化的决策点。

在判断是否触发资源层结构适应性优化时，需要求解资源层结构适应性优化模型。从式(7.10)可见，资源层结构适应性优化模型是具有 NP 难度[62,196]的整数规划模型，这类问题可采用模拟退火、遗传算法[197]、蚁群算法[198]或者分散搜索算法[199]等智能优化算法求解。与决策层结构适应性优化问题类似，我们将采用改进模拟退火算法（ISA）对资源层结构适应性优化模型进行求解。

7.3.2   求解资源层结构适应性优化模型的改进模拟退火算法

资源层结构适应性优化是具有初始结构的约束优化问题，因此，我们采用基于邻域的搜索方式对资源层结构适应性优化模型进行求解，提出基于改进模拟退火算法的资源层结构适应性优化方法（Resource Layer Structure based on Improve Simulated Annealing，RLS – ISA），RLS – ISA 算法流程如图7.3所示。

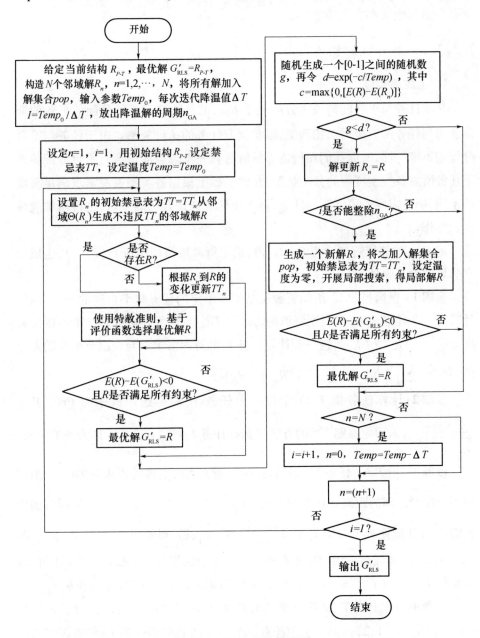

图7.3 RLS – ISA 流程图

在此,需要针对任务与平台间分配关系变化的特点来构造解邻域并进行冲突消解,设计邻域解的评价函数,同时对标准模拟退火算法改进,设计多样化的温度控制策略并增添禁忌表机制和精英保留策略等重要环节,其中多样化温度控制策略采用与 6.4.2 节中相同的温度控制策略设计,在此不再赘述,以下将重点介绍其他基本实现环节。

7.3.2.1 解邻域的构造

1. 生成解邻域

获取任务与平台间的最优分配关系 R_{P-T} 的目的是为了使分配的平台的资源能力与任务的资源需求相匹配,以此提升任务的执行效率。由于任务与平台分配的不唯一性,所以我们在构造邻域解时首先考虑当前任务与平台分配关系下任务所需各类型资源的分配情况,在此基础上根据各类型资源需求满足程度的不同,确定需要变更资源的任务,再为该任务选择合适的平台,进行增加或减少的操作。

记 R_{P-T} 的邻域解集合为 $\Theta(R_{P-T})$,给定资源层结构构造 $\Theta(R_{P-T})$,生成一个邻域解的步骤如下:

步骤 1:根据当前 C^2 组织资源层结构所给定的任务与平台间的分配关系,计算每一个任务 T_i 的 f_k 类型资源的需求量 TR_{ik} 与资源分配量 PR_{jk} 的不匹配程度 $dif_{ik} = |TR_{ik} - PR_{jk}|$,进一步计算任务 T_i 的资源需求量与资源分配量的差异值 $dif_i = \sum_{k=1}^{N_A} dif_{ik} = \sum_{k=1}^{N_A} |TR_{ik} - PR_{jk}|$。

步骤 2:计算任务集 $T(t)$ 中每一个任务 T_i 的可选择概率为 $Pr(T_i) = \dfrac{dif_i}{\sum_{i=1}^{|T(t)|} dif_i}$,采用轮盘赌[200]的方法来选择任务 $T_{i_1}(T_{i_1} \in T(t))$ 作为调整对象。

步骤 3:当选定了任务 T_{i_1},计算任务 T_{i_1} 对 f_k 类型资源的需求量 TR_{i_1k} 与当前资源分配量之间的距离 $dis(T_{i_1}, k) = TR_{i_1k} - \sum_{j=1}^{N_P^1} PR_{jk}$,根据任务 T_{i_1} 所有的资源需求与分配距离和 $dis(T_{i_1}) = \sum_{k=1}^{N_A} dis(T_{i_1}, k)$ 判断对于任务 T_{i_1} 的当前 $R_{P-T}(i_1, j)$ 的邻域是采用增加平台还是减少平台的操作,当 $dis(T_{i_1}) > 0$ 时,转至步骤 4,当 $dis(T_{i_1}) = 0$ 时,转至步骤 1,当 $dis(T_{i_1}) < 0$ 时,转至步骤 5。

步骤 4:计算任务 T_{i_1} 的执行平台集 $P(T_{i_1}) = \{P_j | R_{P-T}(i_1, j) = 1, j = 1, 2, \cdots, N_P^1\}$ $(N_P^1 \in \{1, 2, \cdots, N_P\})$ 中任意一个平台 P_j 移除后任务 T_{i_1} 的资源需求量与分配量的距离 $dis_{P_j}(T_{i_1})$,进一步可得每一个平台的可选择概率 $Pr(P_j) = \dfrac{dis_{P_j}(T_{i_1})}{\sum_{j=1}^{|N_P^1|} dis_{P_j}(T_{i_1})}$,采用轮盘赌的方法挑选到平台 $P_{j_1}(P_{j_1} \in P(T_{i_1}))$,转至步

148

骤6。

步骤 5：计算从未执行任务 T_{i_1} 的平台集 $P_u(T_{i_1}) = \mathbf{P}/P(T_{i_1}) = \{P_j | R_{P-T}(i_1,j) = 0, j = 1,2,\cdots,N_P - N_P^1\}$ 中任意一个平台 P_j 增加分配给任务 T_{i_1} 后，T_{i_1} 的资源需求量与分配量的距离 $dis_{P_j}(T_{i_1})$，进一步可得每一个平台的可选择概率 $Pr(P_j) = \dfrac{dis_{P_j}(T_{i_1})}{\sum_{j=1}^{|N_P-N_P^1|} dis_{P_j}(T_{i_1})}$，采用轮盘赌的方法挑选到平台 $P_{j_1}(j_1 \in \{1,2,\cdots,N_P - N_P^1\})$，转至步骤6。

步骤 6：将平台变更之后得到的任务与平台间分配关系 $R_{P-T}(i_1,j_1)$ 加入到解邻域 $\Theta(R_{P-T})$ 中，返回步骤1。

由于资源层结构 G_{RLS} 的邻域解是在其基础上，对于某一任务增加或移除一个平台，因此对于 t 时刻资源层结构 G_{RLS} 的解邻域集合 $\Theta(R_{P-T})$ 中至多包含了 $|T(t)| \cdot N_P$ 个邻域解。

2. 邻域解的冲突消解

在生成 R_{P-T} 的邻域解过程中，涉及任务与平台间分配关系的变更，有可能因此而产生平台争用，或者造成任务的执行顺序违背任务图中任务的先后执行顺序，因此，要对生成的邻域解进行冲突消解。

本书主要采用文献[201]中提出的加权长度算法 WL 计算任务的优先权，按照优先权由高到低的顺序依次消解平台争用的冲突，即当平台产生争用冲突时，首先满足优先权较高的任务。任务 T_i 的优先权系数 $pr(i)$ 计算方法如下：

$$pr(i) = DT_i + \max_{j \in OUT(i)} pr(j) + \sum_{j \in OUT(i)} pr(j) \Big/ \max_{j \in OUT(i)} pr(j) \tag{7.11}$$

其中，$out(i)$ 表示任务 T_i 的后续任务集；DT_i 为任务 T_i 的处理时间。

邻域解的冲突消解步骤具体如下：

步骤 1：给定初始任务与平台间的分配关系 R_{P-T} 的邻域解 R'_{P-T}，挑选触发优化时刻 t 之后开始执行的任务加入到待优化的任务集 $T(t)$，采用加权长度算法 WL 计算任务优先权，并以此按照由大到小的顺序（优先权相同时随机选取）建立任务分配顺序向量 $\mathbf{W} = (w_1,\cdots,w_h,\cdots,w_{N|T(t)|})$，由任务集 $T(t)$ 中所有任务的下标组成，$\mathbf{W}$ 必须和任务图的 R_{T-T} 矩阵给定的任务执行次序一致，即 $\forall h_1 < h_2$ 都有 $R_{T-T}(w_{h_2},w_{h_1}) = 0$，任务 T_i 的下标 i 在 $\mathbf{W}$ 中的序号记为 $W(i)$。

步骤 2：对于执行任务集 $T_h(t)$ 的平台集 $P(T_h(t))$ 中的每一个平台 $P_j,j \in P(T_h(t))$，P_j 最近一次执行的任务的下标记为 $U_{j,h}$，判断任务 T_i 的开始时间 ST_i 是否大于或等于平台在完成 $T_{U_{j,h}}$ 后从位置 $TP_{U_{j,h}}$ 移动到位置 TP_i 的时间 $ST_i' =$

149

$ST_{U_{j,h}}(R'_{P-T}) + DT_{U_{j,h}} + D(TP_{U_{j,h}}, TP_i) \big/ PV_j, D(TP_{U_{j,h}}, TP_i)$ 是两个任务地理位置之间的欧式距离,不满足则将 ST_i 推迟到 ST'_i。

步骤 3:判断 $\forall T_h \in T_h(t)$ 是否满足 $FT_h > ST_i$,若不满足则进行将 ST_i 调整至 FT_h 之后。

步骤 4:对于 t 时刻未完成的任务集 $T_{uf}(t) = \{T_u | FT_u > t\}$,判断执行任务 T_i 的平台集 $P(T_i)$ 与执行任务集 $T_{uf}(t)$ 的平台集 $P(T_{uf}(t))$ 是否满足 $P(T_i) \cap P(T_{uf}(t)) \neq 0$,如果满足转至步骤5,否则转至步骤6。

步骤 5:对于 $j \in P(T_{uf}(t))$ 的每一个平台 P_j,判断任务 T_i 的开始时间 ST_i 是否不小于平台 P_j 执行完 T_u 后从位置 TP_u 移动到位置 TP_i 的时间 $ST''_i = ST_u(R'_{P-T}) + DT_u + D(TP_u, TP_i)/PV_j$,若不满足则将 ST_i 推迟到 ST''_i。

步骤 6:将完成冲突消解后的解 R'_{P-T} 加入到初始解的邻域 $\Theta(R_{P-T})$。

7.3.2.2 解评价函数设计

通过评价解邻域 $\Theta(R_{P-T})$ 中的解,挑选出符合适应性优化目标的优解,由于在资源层结构适应性优化模型中不考虑任务与平台间分配关系变更的代价,所以在设计 RLS – ISA 时我们以资源层结构适应性优化模型中的目标函数作为解的评价函数。

7.3.2.3 禁忌设计和精英保留策略

RLS – ISA 解的邻域搜索的基本步骤是任务与平台间分配关系的迁移,所以,将 R_{P-T} 搜索过程中已添加或移除过的平台作为任务迁移的禁忌对象,为每个任务设置 N_{TP} 个禁忌平台,禁忌平台集合随着搜索过程的不断更新,禁忌表的总长度设置为 $N_{TP} \cdot |T(t)|$。禁忌表中解的特赦准则是当所有可行的邻域解都被禁忌时,或者存在禁忌解能够比已有最优解还好时,就打破禁忌表的约束,使邻域搜索向被禁忌的解移动。同时,在搜索过程中,为了保留搜索到的优解,采用精英保留策略将优于当前最优解的精英解都进行保留。

7.4 案例分析

本节仍以 6.5 节中采用的多军兵种联合作战的登陆战役为例,验证我们提出的资源层结构动态适应性优化方法。

7.4.1 资源层结构动态适应性优化案例

关于初始使命 M 的描述、任务参数以及初始决策层结构见 6.5.1 节,在这里我们将给出影响资源能力的不确定事件参数、资源层结构适应性优化模型参数以及 RLS – ISA 算法的参数。

1. 影响资源能力的不确定事件参数设置

1) 平台损耗事件

假设每类平台损耗事件的到达率服从泊松分布 $Ar_e^P \sim \pi(\lambda_e^P)$,$\lambda_e^P$ 为平台损耗事件的到达率均值。设定使命执行期间可能出现两类平台损耗事件,事件 E_1^P 造成平台 f_k 类型资源的损失量为 $LR_k^1 = 1$,事件 E_1^P 到达率的均值为 $\lambda_1^P = 0.03$;事件 E_2^P 造成平台 f_k 类型资源损失量为 $LR_k^2 = 2$,事件 E_2^P 到达率的均值为 $\lambda_2^P = 0.025$。每类事件所影响的平台编号 j_e 和影响平台 P_{j_e} 的资源类型 f_k 是通过仿真随机生成的,具体的步骤如下:

步骤 1:按照各类平台损耗事件的到达率,随机生成平台损耗事件 E_e^P。

步骤 2:判断 E_e^P 所影响的平台 P_{j_e} 是否属于 t 时刻尚未完成的任务的执行平台集合,若不属于该集合则此次生成的平台损耗事件 E_e^P 无效,返回步骤 1,若属于该集合则转至步骤 3。

步骤 3:判断平台 P_{j_e} 是否拥有事件 E_e^P 所影响的资源类型 f_k,若拥有 f_k 类型资源,则生成的此类平台损耗事件有效,设平台 P_{j_e} 的 f_k 类型资源的初始值为 $P_{j_ek}(0)$,t 时刻平台 P_{j_e} 的 f_k 类型资源值 $P_{j_ek}(t) = P_{j_ek}(0) - LR_k^e$,否则返回步骤 1。

以一个例子说明生成平台损耗事件的过程,假设事件 E_1^P 和 E_2^P 在 $t = 10$ 时刻发生,E_1^P 使平台 P_3 的 f_1 类型资源损耗,E_2^P 使平台 P_5 的 f_2 类型资源损耗,P_3 提供 f_1 类型资源,而 P_5 不具备 f_2 类型资源,因此事件 E_2^P 无效。假设 $R_{P-T}(1,3) = 1$ 且 $R_{P-T}(2,3) = 1$,$FT_1 = 9$ 且 $FT_2 = 15$,那么对于 $t = 10$ 时刻正在执行任务 T_2 的平台 P_3,事件 E_1^P 有效。

2) 新增任务事件

假设新增任务事件的到达率服从泊松分布 $Ar_i^{NAT} \sim \pi(\lambda_i^{NAT})$,其中 λ_i^{NAT} 是到达率均值。新增任务的处理时间服从正态分布 $DT_i^{NAT} \sim N(\overline{DT_i^{NAT}}, \sigma^2)$,其中 $\overline{DT_i^{NAT}}$ 是新增任务的处理时间的均值,σ^2 是新增任务的处理时间的方差。

设定新增任务 T_i^{NAT} 的到达率均值为 $\lambda_i^{NAT} = 0.025$,任务资源需求类型数量为 $N_A = 8$,每类型资源的需求数量 TR_{ik}^{NAT} 服从均匀分布 $TR_{ik}^{NAT} \sim U(0,5)$,处理时

151

间 DT_i^{NAT} 服从正态分布 $DT_i^{NAT} \sim N(15,5)$，地理位置 TP_i^{NAT} 的横纵坐标分别服从均匀分布 $x_i^{NAT} \sim U(7,14)$ 和 $y_i^{NAT} \sim U(7,14)$，决策负载强度为 $DI_i^{NAT}=1$。按照以上新增任务事件的参数，随机生成事件。

3）任务处理时间变化事件

任务处理时间变化事件 E_e^{VAR} 到达后将导致任务 T_{i_e} 的处理时间变化，假设任务 T_{i_e} 处理时间变化事件的到达率 Ar_e^{VAR} 服从泊松分布 $Ar_e^{VAR} \sim \pi(\lambda_e^{VAR})$，其中 λ_e^{VAR} 是事件的到达率均值；任务 T_{i_e} 的处理时间的变化量 $\Delta DT_{i_e}^{VAR}$ 服从均匀分布 $\Delta DT_{i_e}^{VAR} \sim U(\underline{e^t}, \overline{e^t})$，$\underline{e^t}$ 是任务 T_{i_e} 处理时间的偏差下限，$\overline{e^t}$ 是任务 T_{i_e} 处理时间的偏差上限。

设定事件 E_e^{VAR} 的到达率均值为 $\lambda_e^{VAR}=0.02$，t 时刻任务 T_{i_e} 处理时间的偏差下限为 $\underline{e^t} = -\min(FT_{i_e} - \max(t, ST_{i_e}), 0)$，偏差上限为 $\overline{e^t} = FT_{i_e} - ST_{i_e}$。每类事件所影响的任务编号 i_e 是通过仿真随机生成的，具体的步骤如下：

步骤1：按照各类任务处理时间变化事件的到达率，随机生成任务处理时间变化事件 E_e^{VAR}。

步骤2：判断 E_e^{VAR} 所影响的平台 T_{i_e} 是否属于 t 时刻尚未完成的任务，若 T_{i_e} 已经完成则此次生成的任务处理时间变化事件 E_e^{VAR} 无效。

以一次任务处理时间变化事件的生成为例说明对组织的影响，假设 $t=5$ 时刻发生事件 E_1^{VAR} 和事件 E_2^{VAR}，分别影响任务 T_1 和任务 T_2，任务 T_1 的开始时间 $ST_1=0$，结束时间 $FT_1=10$，任务 T_2 的开始时间 $ST_2=6$，结束时间 $FT_2=18$，则将使任务 T_1 的处理时间变化值服从均匀分布 $\Delta DT_1 \sim U(-5,10)$，任务 T_2 的处理时间变化值服从均匀分布 $\Delta DT_2 \sim U(-12,12)$。

2. 资源层结构适应性优化模型以及 RLS – ISA 算法的参数设置

资源层结构适应性优化模型中组织决策能力变化的阈值 $\theta=0.1$，RLS – ISA 的参数设置包括 ISA 的初始温度 $Temp_0=100$，每个循环温度下降 $\Delta T=1$，降温间隔 $n_{GA}=10$，禁忌搜索的参数 $N_{TP}=1$。

7.4.2 实验结果分析

在上述案例基础上，对本章所提出的基于关键事件的资源层结构动态适应性优化方法进行验证，实验内容主要包括两个方面：

（1）资源层结构适应性优化模型的合理性以及 RLS – ISA 有效性的验证；

（2）TAOBKE 方法有效性的验证。

7.4.2.1　资源层结构适应性优化模型求解实验及结果分析

与第 6 章相同,以使命执行期间三个时刻点 $t=20$、$t=40$ 和 $t=60$ 为例触发资源层结构适应性优化,但是由于资源层结构适应性优化的效果与优化触发时刻相关,触发优化的时刻越迟,可优化的空间就越小,实验表明 $t=60$ 时刻资源层结构难以优化,因此,仅讨论 $t=20$ 和 $t=40$ 两个时刻的资源层结构适应性优化问题。对应的两个适应性优化问题分别记为 20 – RLSAO 和 40 – RLSAO,各时刻适应性优化问题的优化时域为 $[t,t_e]$,t_e 为使命完成时间。

针对 20 – RLSAO 和 40 – RLSAO,我们分别进行了 100 次实验,得到了 100 组最优的组织资源能力及其对应的决策层结构适应性优化收益,从中选取最优的资源能力及其对应的决策层结构适应性优化收益,图 7.4 和图 7.5 描述了其搜索过程。其中图(a)的横坐标表示 RLS – ISA 求解的降温过程,纵坐标表示每一次降温后得到的最优资源能力。图(b)表示对应的温度下采用图(a)中的资源层结构时,组织所具有的决策层结构适应性优化收益,由于实验过程中决策层结构始终保持不变,因此决策层结构适应性优化收益等同于组织决策能力。图(b)中黑线表示初始资源层结构下的组织决策能力。

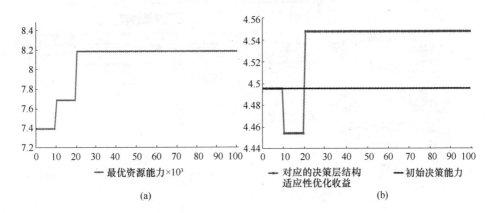

(a)　　　　　　　　　　　　(b)

图 7.4　20 – RLSAO 最优组织资源能力与对应的决策层结构适应性优化收益

（a）组织资源能力最优值；（b）对应的决策层结构适应性优化收益。

由图 7.4 和图 7.5 可知,RLS – ISA 算法能够快速搜索到最优解并收敛,说明了 RLS – ISA 算法求解资源层结构适应性优化问题的有效性。并且搜索最优资源层结构的过程中决策能力高于初始决策能力,说明在保持决策层结构不变的情况下可以搜索到资源层结构的优解。

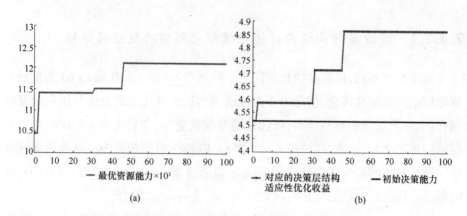

(a)

(b)

图 7.5 40 – RLSAO 最优组织资源能力与对应的决策层结构适应性优化收益

（a）组织资源能力最优值；（b）对应的决策层结构适应性优化收益。

对于 20 – RLSAO，表示从 $t = 20$ 时刻开始优化，即 $t = 20$ 时刻之前的任务分配关系不变，在此基础上对 $t = 20$ 时刻之后的所有任务进行优化，其最优资源层结构如图 7.6 所示。同样，40 – RLSAO 的最优资源层结构如图 7.7 所示。

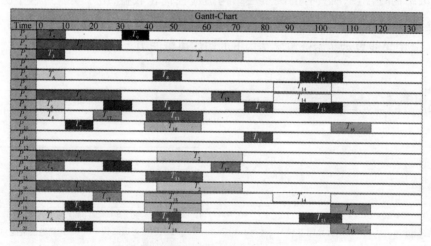

图 7.6 20 – RLSAO 最优资源层结构（$t_e = 118.40$）

由图 7.6 和图 7.7 可知，各时刻资源层结构适应性优化得到的最优解与图 6.13 中的初始资源层结构相比，都能够缩短使命结束时间。

图 7.8 展现了两个时刻的资源层结构适应性优化得到的任务满足度。如图所示，我们将每个任务的资源满足度相连，所围成的多边形的面积描述了使命的资源需求满足情况。当所有任务的资源需求都被满足时，该多边形面积最大，是一个以任务资源满足度 100% 为半径的圆。随着各个任务的资源满足度降低，多边形将出现缺口，当任务资源满足度越低，多边形的缺口也会越大。

154

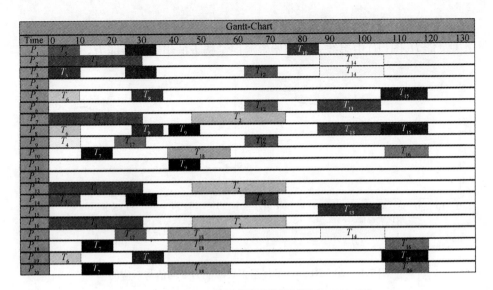

图 7.7　40 - RLSAO 最优资源层结构($t_e = 120.07$)

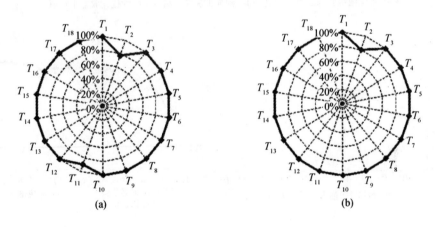

图 7.8　不同时刻 RLSAO 的任务资源满足度

(a) 20 - RLSAO 各任务资源满足度；(b) 40 - RLSAO 各任务资源满足度。

在资源能力测度中，任务资源满足度是一个重要的测度参数，反映了组织与使命之间资源供需的匹配程度，在资源层结构适应性优化过程中，我们允许损失一定的任务资源满足度，从而缩短使命结束时间，获取整体资源能力的提升。

图 7.9 和图 7.10 分别描述了两个时刻最优解的优化过程，其中，图(a)横坐标表示模拟退火算法的降温过程，纵坐标表示 100 组实验温度下降时的最优组织资源能力的平均值；图(b)表示在每次降温后，具有最优组织资源能力的资源层结构对应的决策层结构适应性优化收益的平均值。与图 7.4 和图 7.5 类

155

似,由于决策层结构始终保持不变,因此决策层结构适应性优化收益等同于组织决策能力,图(b)中黑线表示初始资源层结构下的组织决策能力。

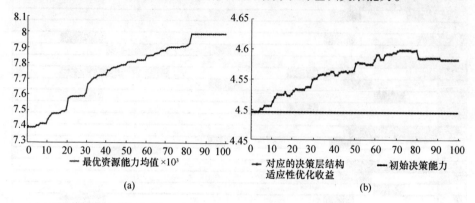

(a)

(b)

图 7.9　20 – RLSAO 最优组织资源能力平均值与对应的
决策层结构适应性优化收益平均值

（a）最优组织资源能力平均值;（b）对应的决策层结构适应性优化收益平均值。

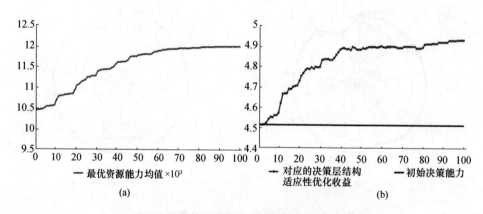

(a)

(b)

图 7.10　40 – RLSAO 最优组织资源能力平均值与对应的
决策层结构适应性优化收益平均值

（a）最优组织资源能力平均值;（b）对应的决策层结构适应性优化收益平均值。

由图 7.9 和图 7.10 可知,RLS – ISA 算法能够有效的优化组织资源能力,同时可以清楚地看到,随着组织资源能力的优化,虽然组织决策层结构保持不变,但由于任务与平台间的分配关系 R_{P-T} 的改变会引起决策者与任务间的执行关系 R_{DM-T}^{E} 和任务开始时间的变化,组织决策能力往往呈现增大的趋势。

资源层结构适应性优化往往会使组织决策能力得到优化,主要原因在于:资源层结构适应性优化有效减少了执行部分任务的冗余平台,在资源层的整个

156

优化过程中倾向于使用最少的平台来完成使命,甚至在不明显影响任务执行质量的前提下,允许只满足任务的部分资源需求,使完成任务所需要的平台减少,于是间接减少了参与任务的决策者数量,减少了决策者的工作负载,使组织决策能力得到优化。

既然资源层结构适应性优化能够带来决策能力的提升,那么能否仅通过资源层结构的调整,从而实现组织决策能力的优化呢? 为了回答这个问题,我们挑选了100组实验中具有最优决策层结构适应性优化收益的资源层结构,图7.11和图7.12展示了其适应性优化过程。

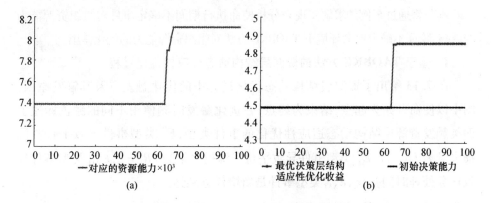

图7.11 20 – RLSAO 最优决策层结构适应性优化收益与对应的组织资源能力

(a)对应的资源能力;(b)最优的决策层结构适应性优化收益。

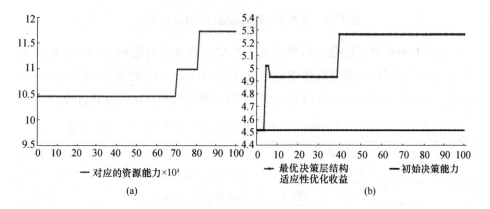

图7.12 40 – RLSAO 最优决策层结构适应性优化收益与对应的组织资源能力

(a)对应的资源能力;(b)最优的决策层结构适应性优化收益。

由于资源层结构的优化会带来任务与平台间的分配关系 R_{P-T} 变化,从而间接改变了决策者与任务间的执行关系 R_{DM-T}^{E},与最优资源能力的搜索过程对比,决策层结构适应性优化收益的变化过程与寻找最优资源能力过程中的组织决策能力变化过程并不一致,说明最大的资源能力提升并不一定会带来最大的决策能力提升,同时与表6.1中对应时刻点决策层结构适应性优化的结果相比,其优化效果明显劣于决策层结构的直接优化。因此,资源层结构调整带来的决策能力提升是间接有限的,要获取组织的最优组织决策能力,最直接有效的方法仍然是调整决策层结构。

7.4.2.2 TAOBKE 方法有效性实验及结果分析

本节将通过案例的求解实现来分析使命执行期间不确定事件对组织资源能力的影响,验证不确定使命环境下 TAOBKE 方法对组织资源能力的优化作用。

1. 基于 TAOBKE 方法的资源层结构动态适应性优化过程

图 7.13 给出了资源层结构动态优化过程中的优化触发点及其触发原因,图中以使命开始为起点,结束为终点,在优化触发时刻使用不同的颜色标注了四类触发资源层结构动态适应性优化的事件类型,E_1^P 类型事件导致平台资源损失量为 $LR_k^1 = 1$,E_2^P 类型事件导致平台资源损失量为 $LR_k^2 = 2$,E_{VAR} 类型事件导致任务处理时间变化,E_{NAT} 类型事件是新增任务到达。

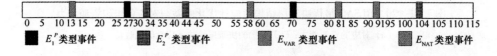

图 7.13 资源层结构动态适应性优化决策点

表 7.1 中给出了使命执行期间几类典型的触发事件影响下基于 TAOBKE 方法的资源层结构动态适应性优化结果,以下将以 $t=13$ 时刻、$t=27$ 时刻、$t=44$ 时刻、$t=58$ 时刻和 $t=91$ 时刻为例,说明资源层结构适应性优化过程。

表 7.1 基于 TAOBKE 方法的资源层结构动态适应性优化结果

优化触发时刻	触发事件类型	优化前后资源能力对比($\times 10^{-3}$)		优化前后决策层结构适应性优化收益对比		优化后使命完成时间	是否重新设计决策层结构
		优化前	优化后	优化前	优化后		
13	E_{VAR}	7.39	8.12	4.30	4.25	118.40	否
27	E_1^P	8.09	8.12	4.56	4.58	118.40	否
44	E_2^P	12.54	12.54	—	—	118.40	否
58	E_{NAT}	0.00	12.06	4.92	5.97	118.40	否
91	E_{VAR}	28.57	28.57	5.36	7.34	118.40	是

158

在资源层结构动态适应性优化过程中,TAOBKE 方法能从提升任务资源满足度和缩短使命完成时间两个方面实现对组织资源能力的优化,由于为任务分配更多的平台能够提升任务的资源满足度,但同时也必然增加了任务之间因争用平台而产生冲突的可能性,从而会导致使命完成时间延长;反之,较低的任务资源满足度能够提升任务并发执行的可能性,有效缩短了使命的完成时间。因此,*TAOBKE* 方法的优化过程实际是综合权衡任务资源满足度和使命完成时间,向资源能力测度优化的方向搜索。

由表 7.1 可知,由于在时域 $[12,13]$ 内 E_{VAR} 类型事件到达,使任务 T_9 的处理时间增加了 3 个时间单位,即 $\Delta TD_9^{VAR} = 3$,因此触发了资源层结构适应性优化,在满足组织决策能力下降量不超过阈值的前提下,改变任务与平台间的分配关系以及在满足任务图的约束下调整任务的执行过程,以组织资源能力最大化为目标优化资源层结构,将初始资源层结构调整为 $t = 13$ 时刻的资源层结构,如图 7.14 所示。

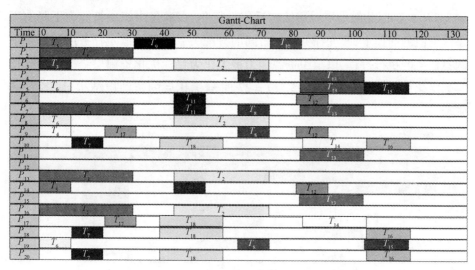

图 7.14　$t = 13$ 时刻优化后的资源层结构

虽然不确定事件使任务 T_9 的处理时间延长,导致与 T_9 使用相同平台或者与 T_9 具有前后序关系的任务发生级联效应,可能造成整个使命执行期间多个任务的开始时间后移,但 TAOBKE 方法改变了各任务的平台资源分配关系,成功消除了任务 T_9 处理时间延长所带来的问题。由图 7.14 可知,整个过程改变了任务 T_2、T_8、T_9、T_{10}、T_{11}、T_{12}、T_{13} 和 T_{15} 等任务的平台资源分配,观察其优化过程,不难发现 TAOBKE 方法从两个方面实现了使命完成时间的优化:一方面,应

159

该尽量避免与处理时间较长且开始时间较早的任务使用相同的平台。例如,图 4.15 所示的初始资源层结构下平台 P_2 执行任务 T_1 与任务 T_2,而任务 T_1 的处理时间 $DT_1 = 30$,并且平台 P_2 移动速度比其他共同执行任务 T_2 的平台慢,使得任务 T_2 必须等待较长的时间,在 60.15 时刻才能开始执行;而 TAOBKE 方法调整了任务 T_2 的平台资源分配,消除了与任务 T_1 争用平台 P_2 的冲突,从而将任务 T_2 的开始时间 ST_2 提前为 43.4 时刻,使多个任务能够并发执行,同时间接地优化了与任务 T_2 相关的其他任务的开始时间,从而缩短了使命完成时间。另一方面,对于使用相同平台的任务应尽量分配其他的平台来代替,以降低它们之间产生平台冲突的可能性。例如,任务 T_{12}、T_{13} 使用相同的平台 P_1 和 P_3,经资源层结构适应性优化后消除了争用冲突,从而成功使任务 T_{13} 的开始时间 ST_{13} 由 93.85 时刻提前至 83.4 时刻,并使其后续任务 T_{15} 的开始时间 ST_{15} 由 120.15 时刻提前至 103.4 时刻。

由于在时域 $[26,27]$ 内 E_1^P 类型事件到达,使平台 P_8 的 f_1 类型资源量下降量为 $LR_1^1 = 1$,因此触发资源层结构适应性优化,在满足组织决策能力下降值不超过阈值的前提下,改变任务与平台间的分配关系以及在满足任务图的约束下调整任务的执行过程,以组织资源能力最大化为目标优化资源层结构,将 $t = 13$ 时刻优化后的资源层结构调整为 $t = 27$ 时刻优化后的资源层结构,如图 7.15 所示。

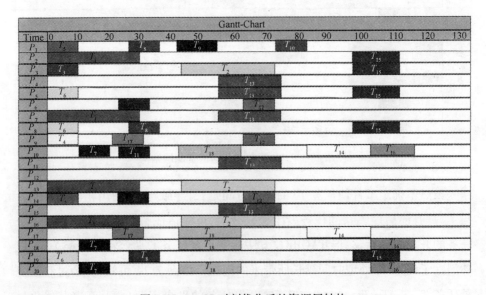

图 7.15 $t = 27$ 时刻优化后的资源层结构

在 $t=26$ 时刻之前,如图 5.14 所示,平台 P_8 执行的任务是 T_2、T_6,P_8 的 f_1 类型资源在 $[26,27]$ 内由于平台损耗事件的影响而减少,导致任务 T_2 和 T_6 的执行受影响,其中,T_6 在该事件发生之前结束,所以受影响的任务只有 T_2。从优化结果图 7.15 可知,平台 P_8 拥有较多的 f_5 类型的资源,因此,调整平台 P_8 所执行的任务,调整后平台 P_8 执行对 f_5 类型资源需求较多的任务 T_8,不再执行任务 T_2,这样虽然会使 T_2 的资源满足度降低,但却缩短了使命完成时间,并提升了组织资源能力,可见 T_2 的资源满足度降低有益于使命的整体效果的提升。

在时域 $[43,44]$ 内 E_2^P 类型事件到达使组织的资源能力下降,在 $t=44$ 时刻首先触发资源层结构适应性优化,在保持决策层结构不变的约束下调整资源层结构,优化前后的组织资源能力均为 12.54,未能提升组织资源能力,因而需要重新设计最优的资源层结构,然而重新设计的资源层结构仍未提升资源能力,说明这是由于组织本身已不适于执行使命,与优化方法无关,因此保持当前资源层结构不变。

由于在时域 $[57,58]$ 内 E_{NAT} 类型事件到达,使命任务集新增了一个任务 T_{19},该任务在 $t=57$ 时刻开始执行,需要为其分配合理的平台,因此触发了资源层结构适应性优化,在满足组织决策能力下降量不超过阈值的前提下,通过改变任务与平台间的分配关系以及在满足任务图的约束下调整任务的执行过程,以组织资源能力最大化为目标优化资源层结构,将 $t=58$ 时刻的资源层结构由图 7.16 调整为图 7.17 所示结构。

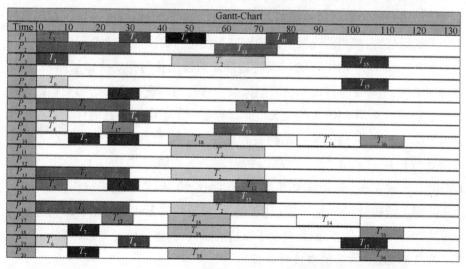

图 7.16　$t=58$ 时刻优化前的资源层结构

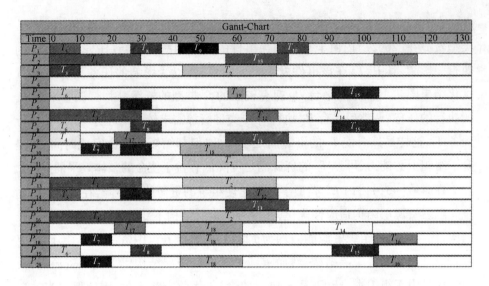

图 7.17 $t = 58$ 时刻优化后的资源层结构

在时域 $[90, 91]$ 内出现的 E_{VAR} 类型事件同时影响了组织的资源能力和决策能力,根据 C^2 组织结构动态适应性优化框架,在 $t = 91$ 时刻首先触发了资源层结构适应性优化,此时在保持决策层结构不变的约束下调整资源层结构,优化前后的资源能力均为 28.57×10^{-3},未能提升组织资源能力,需要重新设计资源层结构,但重新设计的资源层结构仍未实现组织资源能力的提升,因而保持当前资源层结构不变。由于新增任务事件影响了组织的决策能力,因此我们在保持当前资源层结构不变的前提下进行决策层结构适应性优化,通过优化提升了组织的决策能力,将当前决策层结构调整为优化后的决策层结构。

在 TAOBKE 方法中,是否需要进行第二阶段优化与初始决策层结构、初始资源层结构、不确定事件的到达时刻以及事件对组织资源能力的影响情况等诸多因素密切相关,不同因素的交叉组合将对基于 TAOBKE 方法的优化过程产生很大影响。例如,初始决策层结构具有良好的决策能力时,调整资源层结构很容易导致组织的决策能力下降,进而引发决策层结构适应性优化。虽然 TAOBKE 方法在部分时刻需要重新设计组织结构,但是与组织重构方法相比,由于采用了结构分层的适应性优化策略,能够有效降低优化时组织结构与能力测度之间的复杂关联性,因而减少了重构的次数,具体分析可见第 8 章。

2. TAOBKE 方法的有效性分析

资源层结构适应性优化方法的有效性体现为两个方面:一方面取决于该方法能否缩短使命的完成时间,另一方面取决于该方法能否提升任务资源满足

162

度。然而,如前文所述,在组织资源有限的情况下二者之间相互矛盾,如何权衡二者,是资源层结构适应性优化的关键问题。以下我们将从使命完成时间和任务资源满足度两个方面对 TAOBKE 方法的有效性进行分析。

图 7.18 给出了使命执行期间保持资源层结构不变的情况下,任务与平台间的分配关系,由于不确定事件的影响,导致使命完成时间延长为 $t_e = 139.15$。

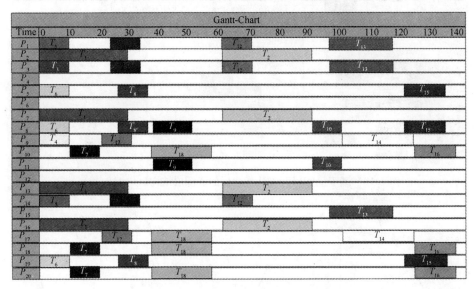

图 7.18　未进行适应性优化的资源层结构($t_e = 139.15$)

使用 TAOBKE 方法优化后,当使命完成时,回顾每个任务的平台分配和执行情况,得到在整个使命执行期间,任务与平台间的分配关系以及任务执行过程,图 7.19 给出了基于 TAOBKE 方法优化后的资源层结构,图 7.20 描述了每个任务的资源满足度。

对比图 7.18 和图 7.19,在未优化资源层结构的情况下,使命完成时间较长,而采用 TAOBKE 方法之后,能够通过增加并发执行的任务数量,有效缩短使命完成时间。

为了说明 TAOBKE 方法对任务资源满足度的优化效果,我们将通过 TAOBKE 方法优化得到的任务资源满足度与未优化时的任务资源满足度进行对比,如图 7.20 所示。

由图 7.20 可以看出,在初始资源层结构下,由于组织无法分配平台资源来执行新增任务,因此在新增任务 T_{19} 和任务 T_{20} 的位置上存在缺口,同时由于受到其他不确定事件的影响,任务 T_9、T_{10} 和 T_{13} 的资源需求无法完全满足。在采用 TAOBKE 方法进行资源层结构适应性优化之后,任务 T_9、T_{10}、T_{19} 和 T_{20} 的资源满

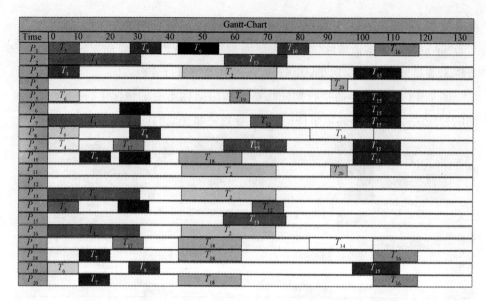

图 7.19 基于 TAOBKE 方法优化后的资源层结构($t_e = 118.40$)

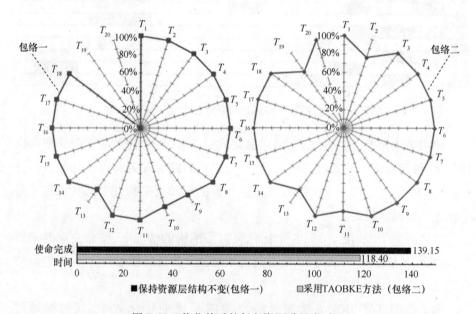

图 7.20 优化前后的任务资源满足度对比

足度得到提升,但任务 T_2、T_{11}、T_{13} 和 T_{19} 的资源满足度未达到 100%。造成这种结果的原因在于:①在提升任务资源满足度时,往往会改变参与执行任务的平台,导致控制平台的决策者的工作负载发生变化,从而影响组织的决策能力,最终有可能引发决策层结构的调整;②以较少的平台参与任务,将会降低平台争用冲突,从而缩短使命完成时间,提升组织资源能力。因此,在资源层结构适应性优化过程中,一方面为了保持决策层结构的稳定性,另一方面为了提升组织资源能力,使得部分任务的资源满足度将无法得到提高。

为了更清晰地展现 TAOBKE 方法的优化效果,我们统计了使命执行期间每个时刻点的组织资源能力,如图 7.21 所示,横坐标表示使命执行期间的时刻点,纵坐标表示从某一时刻起至使命结束期间组织资源能力的取值,其中曲线一上的点表示不确定事件到来时采用 TAOBKE 方法优化后的组织资源能力,与之相比较,曲线二上的点表示保持资源层结构不变时的组织资源能力。

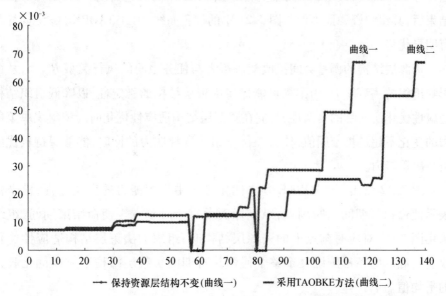

图 7.21　使命执行期间各时刻点的组织资源能力值

在图 7.21 中,时域[57,58]内和时域[80,81]内分别有新增任务 T_{19} 和任务 T_{20} 到达,由于未分配平台资源,其任务执行质量为零,因而导致这两个时刻的组织资源能力值为零,如红色曲线所示,当保持资源层结构不变时,这种影响会持续到新增任务的自然结束时组织资源能力才得以恢复,而 TAOBKE 方法能够迅速调整资源层结构,分配平台执行新增任务,因而组织资源能力得以迅速恢复。

由于初始资源层结构优化之后,使命完成时间缩短,使命于 t_e = 118.4 结束,而对于保持资源层结构不变的组织来说,由于受到不确定事件的影响,造成使命完成时间延长至 t_e = 139.15,因此图 7.21 中蓝色统计线先于红色结束。

在使命执行期间,随着时间的推移,一方面由于任务数量的逐渐减少使任务与平台间的分配方式增多,另一方面剩余的使命执行时间会变短,因此组织资源能力呈现增长趋势。

以上分析表明与保持资源层结构不变且不处理新增任务的策略相比，TAOBKE 方法具有明显优势。下面考虑当保持资源层结构不变时为新增任务分配平台的策略。首先，它的搜索空间是 TAOBKE 方法的子集，因此不会优于 TAOBKE 方法；其次，新增任务对平台的需求往往会与已有任务产生平台争用的冲突，导致使命完成时间延长，从而降低了新增任务完成之后的组织资源能力。因此，对于保持资源层结构不变并为新增任务分配平台的策略来说，在新增任务执行期间，其组织资源能力低于图 7.21 中的蓝色曲线，当新增任务执行结束后，其组织资源能力低于图 7.21 中的红色曲线，因此 TAOBKE 方法同样具有明显优势。

资源层结构的调整会间接改变决策者与任务之间的执行关系 R_{DM-T}^{E}，从而影响组织的决策能力，为了尽可能保持决策层结构的稳定性，以降低组织结构适应性优化所面临的复杂性，我们在资源层结构适应性优化时希望组织决策能力的变化不超过指定阈值，使得在优化组织资源能力的同时，能够保持较优的组织决策能力。

图 7.22 给出了 TAOBKE 方法优化过程中决策能力的变化过程，横坐标表示使命执行期间的时刻点；纵坐标表示每个时刻点至使命结束期间，组织采用图 7.22 对应时刻点上的资源层结构时，组织的决策层结构适应性优化收益。底部的条形图统计了整个使命执行期间决策层结构适应性优化收益的平均值。

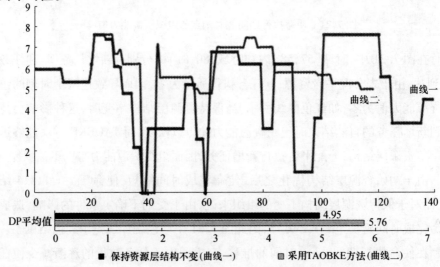

图 7.22　使命执行期间各时刻点的决策层结构适应性优化收益

166

图 7.22 表明,保持资源层结构不变时,组织决策能力的波动很大,而采用 TAOBKE 方法优化资源层结构之后,组织决策能力维持在一个平稳的较优值附近(时域[39,43]为平台的移动时间,无任务执行,故不考虑),这是由于初始资源层结构下使命的完成时间较长,不同时刻组织所面临的任务集变化较大,因此导致决策能力发生较大波动,在进行资源层结构适应性优化之后,有效缩短了使命的完成时间,提升了任务的并发执行程度,因此使决策能力波动较小,并且从实验结果来看,大部分时刻基于 TAOBKE 方法优化组织资源能力时,都能够提升组织决策能力。

第8章 C^2 组织结构动态适应性优化的综合案例分析

C^2 组织结构适应性优化问题是一个包含时间因素的复杂动态优化问题。针对传统 C^2 组织结构适应性优化方法的局限性,本书在第 3 章提出了 SLDAO 方法,通过组织结构分层降低适应性优化时面临的复杂关联性,通过时域分解降低适应性优化时面临的动态不确定性;并在第 6 章和第 7 章分别研究了针对决策层结构的适应性优化方法和针对资源层结构的适应性优化方法。在这两章的案例研究中,分别只考虑了影响决策能力的不确定事件和影响资源能力的不确定事件,然而在实际的作战过程中,各种不确定事件对组织的影响并不是孤立的,决策能力影响事件和资源能力影响事件往往会综合作用于 C^2 组织。鉴于以上考虑,本章以一次多军兵种联合作战的登陆战役为例,综合讨论决策能力影响事件和资源能力影响事件对 C^2 组织的影响,对本书所提出的 SLDAO 方法进行验证。

8.1 C^2 组织结构动态适应性优化案例描述

关于初始使命 M 的描述以及任务参数、平台参数和决策层结构适应性优化模型的参数见 6.5.1 节,资源层结构适应性优化模型以及 RLS – ISA 的参数见 7.4.1 节,在此不再赘述,我们只对使命环境中出现的各种不确定事件的参数进行设置。

8.1.1 影响决策能力的不确定事件参数

在设置决策能力不确定事件参数时考虑决策执行能力损耗事件,假设使命执行期间可能出现三类决策执行能力损耗事件,即 $N_{DUUE} = 3$,每类事件所影响的决策者是随机生成,E_1^{DM} 类型事件造成决策执行能力损耗量为 $LN_1 = 1$,事件到达率为 $\lambda_1^{DM} = 0.09$,可预测概率 $Afp_1 = 0.5$;E_2^{DM} 类型事件造成决策执行能力损耗量为 $LN_2 = 2$,事件到达率为 $\lambda_2^{DM} = 0.025$,可预测概率 $Afp_2 = 0.5$;E_3^{DM} 类型事件造成决策执行能力损耗量为 $LN_3 = 4$，事件到达率为 $\lambda_3^{DM} = 0.025$，可预测概率 $Afp_3 = 0.5$。指挥人员对于预测信息偏差的容忍下限为 $\alpha = 0.8$，决策执行能力损耗量的期望值与估计值的偏差上限为 $\Delta = 1.5$。

8.1.2 影响资源能力的不确定事件参数

1. 平台损耗事件

假设使命执行期间可能出现两类平台损耗事件，即 $N_{PUUE} = 2$，事件 E_1^P 造成平台 f_k 类型资源的损失量为 $LR_k^1 = 1$，事件 E_1^P 到达率的均值为 $\lambda_1^P = 0.03$；事件 E_2^P 造成平台 f_k 类型资源损失量为 $LR_k^2 = 2$，事件 E_2^P 到达率的均值为 $\lambda_2^P = 0.025$。每类事件所影响的平台编号 j_e 和影响平台 P_{j_e} 的资源类型 f_k 是通过仿真随机生成的。

2. 新增任务事件

假设新增任务事件的到达率服从泊松分布 $Ar_i^{NAT} \sim \pi(\lambda_i^{NAT})$，其中 λ_i^{NAT} 是到达率均值。新增任务的处理时间服从正态分布 $DT_i^{NAT} \sim N(\overline{DT_i^{NAT}}, \sigma^2)$，其中 $\overline{DT_i^{NAT}}$ 是新增任务的处理时间的均值，σ^2 是新增任务的处理时间的方差。

设定新增任务 T_i^{NAT} 的到达率均值为 $\lambda_i^{NAT} = 0.025$，任务资源需求类型数量为 $N_A = 8$，每类型资源的需求数量 TR_{ik}^{NAT} 服从均匀分布 $TR_{ik}^{NAT} \sim U(0,5)$，处理时间 DT_i^{NAT} 服从正态分布 $DT_i^{NAT} \sim N(15,5)$，地理位置 TP_i^{NAT} 的横纵坐标分别服从均匀分布 $x_i^{NAT} \sim U(7,14)$ 和 $y_i^{NAT} \sim U(7,14)$，决策负载强度为 $DI_i^{NAT} = 1$。按照以上新增任务事件的参数，随机生成事件。

3. 任务处理时间变化事件

任务处理时间变化事件 E_e^{VAR} 到达后将导致任务 T_{i_e} 的处理时间变化，假设任务 T_{i_e} 处理时间变化事件的到达率 Ar_e^{VAR} 服从泊松分布 $Ar_e^{VAR} \sim \pi(\lambda_e^{VAR})$，其中 λ_e^{VAR} 是事件的到达率均值；任务 T_{i_e} 的处理时间的变化量 ΔDT_n^{VAR} 服从均匀分布 $\Delta DT_e^{VAR} \sim U(\underline{e^t}, \overline{e^t})$，$\underline{e^t}$ 是任务 T_{i_e} 处理时间的偏差下限，$\overline{e^t}$ 是任务 T_{i_e} 处理时间的偏差上限。

设定事件 E_e^{VAR} 的到达率均值为 $\lambda_e^{VAR} = 0.02$，t 时刻任务 T_{i_e} 处理时间的偏差下限为 $\underline{e^t} = -\min(FT_{i_e} - \max(t, ST_{i_e}), 0)$，偏差上限为 $\overline{e^t} = FT_{i_e} - ST_{i_e}$。每类事件所影响的任务编号 i_e 是通过仿真随机生成的。

8.2 C² 组织结构动态适应性优化方案设计

在仿真实验中,需要根据 SLDAO 方法设计对应的 C² 组织结构动态适应性优化实验方案。SLDAO 方法中包含了决策层结构适应性优化过程以及资源层结构适应性优化过程,在使命执行期间,根据使命的执行过程以及不确定事件对组织能力的影响来调用不同的优化过程。C² 组织结构动态适应性优化的实验方案流程如图 8.1 所示。

实验方案流程具体步骤如下:

步骤 1:给定初始 C² 组织结构(G_{DLS},G_{RLS}),设置当前时刻 $t=0$,根据预测信息设置决策层结构适应性优化中的预测窗口 $FW(0)$ 和滚动窗口 $RW(0)$,根据不确定事件的到达率随机生成事件,开始执行使命。

步骤 2:获取当前时刻的不确定事件集,更新组织元素状态。

步骤 3:判断当前时刻是否满足以下窗口更新条件之一:

(1) 滚动窗口结束;

(2) 未预测到的 E_1^{DM} 类型事件和 E_2^{DM} 类型事件到达;

(3) E_3^{DM} 类型事件到达。

如果满足以上条件之一,则根据式(6.25)更新预测窗口 $FW(t)$,转至步骤 3.1,否则转至步骤 4。

步骤 3.1:更新滚动窗口 $RW(t)$,考虑窗口内所有已预测的决策执行能力损耗事件的影响,定义决策层结构适应性优化子问题并进行求解。

步骤 3.2:根据求解结果判断是否满足决策层结构适应性优化的触发条件,若不满足则转至步骤 4。

步骤 3.3:进行决策层结构适应性优化,将当前决策层结构 G_{DLS} 更新为优化后决策层结构 G'_{DLS}。

步骤 4:判断是否存在事件需要触发资源层结构适应性优化,如触发则进入资源层结构适应性优化过程,否则转至步骤 7。

步骤 5:在满足当前组织决策能力下降量不超过阈值 θ 的前提下,优化当前资源层结构,如果找到优解则转至步骤 7。

步骤 6:判断事件是否是平台损耗事件,如果是转至步骤 6.1,否则转至步骤 6.2。

步骤 6.1:保持资源层 G_{RLS} 不变,转至步骤 7。

170

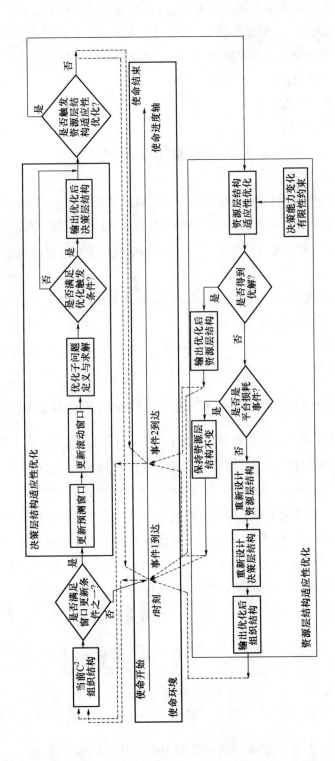

图 8.1 C^2组织结构动态适应性优化实验方案流程

171

步骤6.2：重新设计资源层结构 G'_{RLS}，并在资源层结构 G'_{RLS} 的基础上重新设计决策层结构 G''_{DLS}，转至步骤7。

步骤7：判断使命是否完成，如果完成，转至步骤9。

步骤8：设置当前时刻 $t = t + 1$，转至步骤2。

步骤9：仿真实验结束。

8.3 实验结果分析

在给定 C^2 组织结构动态适应性优化案例以及实验方案的基础上，本节将通过具体的仿真实验验证 SLDAO 方法的有效性，实验内容包括以下三个方面：

（1）通过不确定使命环境下 C^2 组织结构适应性优化过程说明基于 SLDAO 方法的原理；

（2）与保持组织结构不变的情况对比，验证基于 SLDAO 方法对不确定使命环境下组织能力的优化作用；

（3）与组织重构（Organization Reconfiguration，OR）方法对比，验证 SLDAO 方法的性能优势。

8.3.1 基于 SLDAO 方法的 C^2 组织结构适应性优化过程

根据案例中不确定事件的参数设置在使命执行期间随机生成不确定事件，经过组织结构适应性优化后，使命完成时间为 $t_e = 118.40$，在使命执行期间共产生了 20 个不确定事件，其中有 4 个事件是事先已预测到的 E_1^{DM} 类型事件和 E_2^{DM} 类型事件，不会触发决策层结构适应性优化，因而在使命执行期间存在 16 个由不确定事件触发适应性优化的时刻点，其余触发优化的时刻均为未发生不确定事件时采用周期滚动机制进行决策层结构适应性优化的决策点。图 8.2 展示了使命执行期间所有触发决策层或资源层结构适应性优化的时刻点。

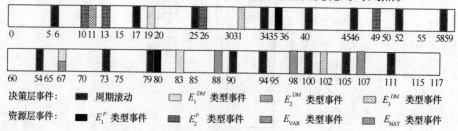

图 8.2 使命执行期间组织结构适应性优化的决策点

172

以下将以图 8.2 中时域 $[0,11]$ 内的组织结构适应性优化过程为例，说明基于结构分层的动态适应性优化方法。

在 $t=0$ 时刻，使命开始执行，由于没有出现不确定事件，因而保持资源层结构不变，设置滚动窗口大小 $t_{RW}=6$，判断若进行决策层结构适应性优化能否获得优化收益，经过判断满足优化触发条件，于是以 $t_{RW}=6$ 的滚动窗口进行决策层结构适应性优化。在 $t=6$ 时刻没有影响决策能力的不确定事件到达，因此，仍然保持资源层结构不变，设置滚动窗口大小为 $t_{RW}=6$，经判断满足适应性优化触发条件之后，进行决策层结构适应性优化。与优化前的决策层结构相比，优化后的决策层结构面向滚动窗口内的任务集合具有更优的决策能力，更有利于滚动窗口内任务的执行。图 8.3 展示了 $t=6$ 时刻决策层结构的调整过程。

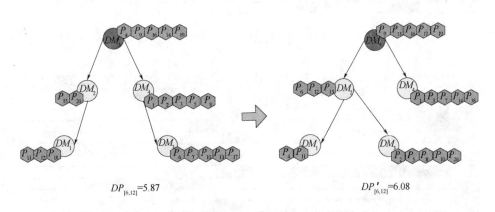

$DP_{[6,12]}=5.87$　　　　　　　　$DP'_{[6,12]}=6.08$

图 8.3　$t=6$ 时刻的决策层结构调整过程

随着使命的继续执行，在时域 $[9,10]$ 内 E_2^P 类型事件到达，导致组织资源能力下降，因此在 $t=10$ 时刻触发资源层结构适应性优化，在保持决策层结构不变的前提下进行资源层结构适应性优化以提升组织资源能力。图 8.4 给出了 $t=10$ 时刻优化前的资源层结构，使命完成时间为 $t_e=135.15$，此时对应的组织决策能力为 3.06。

采用 TAOBKE 方法优化当前资源层结构，增加了并发执行的任务数量，提高了平台资源利用率，优化后的使命完成时间为 $t_e=118.40$，组织资源能力由 7.36×10^{-3} 提升到 8.26×10^{-3}，组织决策能力由 3.06 提升到 3.35，因此，结束资源层结构适应性优化，将资源层结构调整为优化后结构，优化后资源层结构如图 8.5 所示。

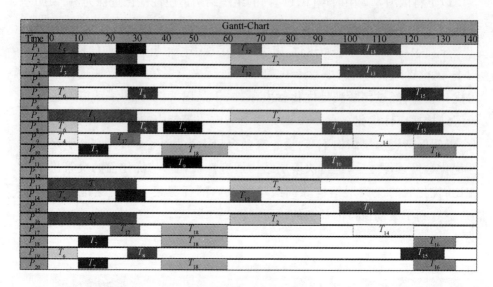

图 8.4　$t=10$ 时刻优化前的资源层结构（$t_e=135.15$）

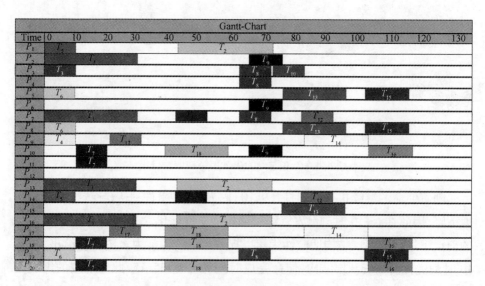

图 8.5　$t=10$ 时刻优化后的资源层结构（$t_e=118.40$）

　　使命继续执行,在时域$[10,11]$内E_2^{DM}类型事件到达,由于其未被预测,因此在$t=11$时刻触发了决策层结构适应性优化,根据不确定事件导致决策执行能力的损耗量,利用4.3.1.1节中所提出的窗口设置方法,设置滚动窗口大小为$t_{RW}=6$,面向时域$[11,17]$内的任务集进行决策层结构适应性优化,将决策层结构调整为优化后的结构,$t=11$时刻决策层结构的调整过程如图8.6所示。

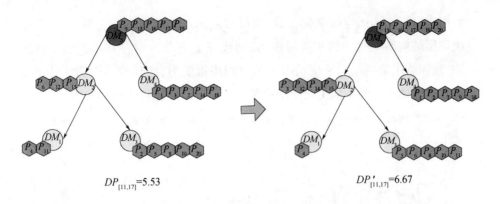

$DP_{[11,17]}=5.53$ $DP'_{[11,17]}=6.67$

图 8.6　$t=11$ 时刻决策层结构调整过程

本书提出的 SLDAO 方法包括决策层结构适应性优化和资源层结构适应性优化两个优化过程,纵观整个使命的执行过程,该方法能够根据不同事件对组织所产生的不同影响来调整对应的结构层。在决策层结构适应性优化过程中,通过基于 DLSDAO – RHP 能够根据不同事件的影响来灵活设置滚动窗口;而在资源层结构适应性优化过程中,由于任务与平台间的分配关系的改变会导致组织决策能力变化,从而有可能引起决策层结构的调整,甚至重新设计资源层结构,虽然在进行资源层结构适应性优化时无法完全避免 C^2 组织结构的重新设计,但通过 TAOBKE 方法进行资源层结构适应性优化可以尽量减少 C^2 组织重构的次数。因此,通过 SLDAO 方法降低了 C^2 组织结构适应性优化时结构变量与组织能力测度间的复杂关联性,有效缩小了组织结构的调整范围。

8.3.2　基于 SLDAO 方法对组织能力的优化作用

以下我们将与组织结构保持不变的情况进行对比,验证不确定使命环境下基于结构分层的动态适应性优化方法对组织决策能力和资源能力的优化作用。

1. 基于 SLDAO 方法对组织决策能力的优化作用

首先,当组织结构保持不变时,对比有无不确定事件到达的两种情况下,所得到使命执行期间各时刻的决策层结构适应性优化收益,说明不确定事件对组织决策能力的影响;然后,在不确定事件到达的情况下,对比采用 SLDAO 方法与保持组织结构不变时,每个时刻决策层结构适应性优化收益,说明基于 SLDAO 方法对组织决策能力的优化作用。

如图 8.7 所示,以使命执行期间的时刻点为横坐标,以各时刻点对应的适应性优化收益值为纵坐标,得到使命执行期间三种情况下决策层结构适应性优化收益曲线。曲线一上的点表示存在不确定事件,并采用 SLDAO 方法优化后的组织决策层结构适应性优化收益,曲线二上的点表示无不确定事件,并且保持决策层结构不变时的组织决策能力,曲线三上的点表示存在不确定事件到达,并且保持决策层结构不变情况下的组织决策能力,底部的条形图统计了整个使命执行期间三种不同情况下的决策层结构适应性优化收益平均值。

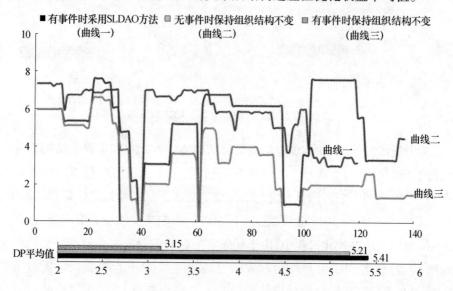

图 8.7　基于 SLDAO 方法对组织决策能力的优化作用

如图 8.7 所示,对比使命执行期间三种不同情况下的决策层结构适应性优化收益的平均值,由 SLDAO 方法所获得的决策层结构适应性优化收益的平均值最高,不确定事件到达时决策层结构保持不变情况下的适应性优化收益均值最低。根据式(6.16)可知,当决策层结构保持不变时,不存在结构调整代价,此时决策层结构适应性优化收益与组织决策能力相等。对比有无不确定事件到达的情况,可以看出使命执行期间任务处理时间变化事件的到达导致使命完成时间延长,同时由于受到其他不确定事件的影响,组织决策能力下降明显,特别是时域 $[92,98]$ 内唯一的任务 T_{10} 由决策者 DM_1 执行,而之前 DM_1 的决策执行能力已下降为零,因而此时绿色的曲线下降为零。

通过 SLDAO 方法,不但能够有效提升组织决策能力,而且与保持组织结构不变情况下的每个时刻相比,决策层结构适应性优化收益波动的幅度大为减小。这是由于结构分层的动态适应性优化方法中包含了决策层结构适应性优化过程和资源层结构适应性优化过程,通过资源层结构适应性优化,使命完成时间缩短,增加了并发执行的任务数量,有效避免了任务平台冲突现象,因而优化后任务的执行时域更加集中,减少了不同时刻组织所面临任务集合的变化,从而减小了决策层结构适应性优化收益的波动幅度。

由图4.15可知,初始决策层结构在时域[38,39]内和61时刻,平台在不同的任务地点之间移动,任务均未执行,因此,如图8.7的曲线二和曲线三所示,组织决策能力为零,同样当采用SLDAO方法后,如图8.7的曲线一所示,在时域[32,40]内也存在相似情况,这些时刻点上无任务执行,因此我们不做考虑。

2. 基于SLDAO方法对组织资源能力的优化作用分析

首先,对比有无不确定事件到达的两种情况下,采用保持组织结构不变策略下的组织资源能力,说明使命执行期间不确定事件对组织资源能力的影响;然后,在考虑不确定事件到达的情况下,将使命执行期间分别采用基于SLDAO法与保持组织结构不变的策略下的组织资源能力进行对比,说明基于SLDAO方法对组织资源能力的优化作用。

如图8.8所示,以使命执行期间各时刻点为横坐标,以该时刻起至使命结束期间组织资源能力的取值为纵坐标,得到使命执行期间三种情况下的组织资源能力曲线,曲线一上的点表示SLDAO方法优化后的资源能力,曲线二上的点表示无事件时保持决策层结构不变情况下的组织资源能力,曲线三上的点表示不确定事件到达时保持决策层结构不变情况下的组织资源能力。在使命完成之后,我们根据使命执行期间实际的任务与平台间的分配关系,可计算组织面向使命执行期间的资源能力,底部的条形图统计了三种不同情况下组织面向使命执行期间的资源能力值 RC_{ter}。由于新增任务到达时,在保持资源层结构不变的情况下无法为其分配平台,因此这种情况下组织面向使命执行期间的资源能力为零。

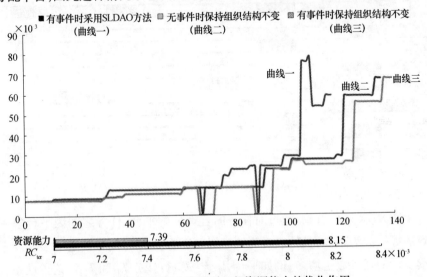

图8.8　基于SLDAO方法对组织资源能力的优化作用

如图 8.8 所示,无论是否存在不确定事件,随着使命执行期间的推进,未完成的任务数量逐渐减少,因而组织资源能力逐渐增大。而不确定事件导致了组织资源能力的下降,特别是在时域 [71,79] 新增任务 T_{19} 到达,组织无法分配平台执行 T_{19},因而任务执行质量为零,导致组织资源能力也为零,而通过 SLDAO 方法,能够迅速调整资源层结构,分配平台 P_{11} 执行任务 T_{19},提升组织资源能力。

通过 SLDAO 方法优化之后,组织面向使命执行期间的资源能力上升为 8.15,优于无事件影响时保持资源层结构不变情况下的资源能力,这主要是因为 SLDAO 方法在优化资源层结构之后为任务分配了更加匹配合理的执行平台,提升了任务的资源满足度,同时缩短了使命的完成时间,从而优化了资源能力,能够在较高的资源满足度下更加快速的完成使命。为了直观对比,图 8.9 给出了不确定事件到达时保持组织结构不变情况下的资源层结构,图 8.10 给出了 SLDAO 方法优化后的资源层结构,对比两图可见,图 8.10 中不确定事件到达时,通过优化使任务的执行时段更加集中,增加了任务的并发执行度,缩短了使命执行时间。

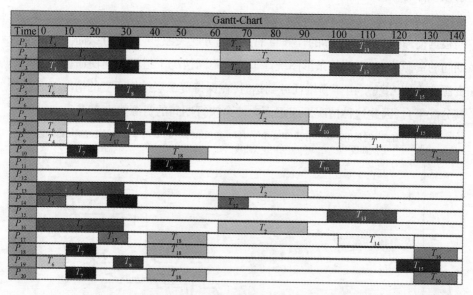

图 8.9 保持组织结构不变情况下的最终资源层结构

由图 8.10 还可看到,通过对任务的合理分配平台,任务之间因平台争用而导致的等待大为减少,具体表现为同一时刻正在执行的任务数量增多以及平台连续执行的任务数也增多,例如平台 P_7 连续执行任务 T_{14} 和 T_{16}。这种现象表明在 SLDAO 过程中,尽可能给发生在相同地域的任务分配相同的平台,从而减少

178

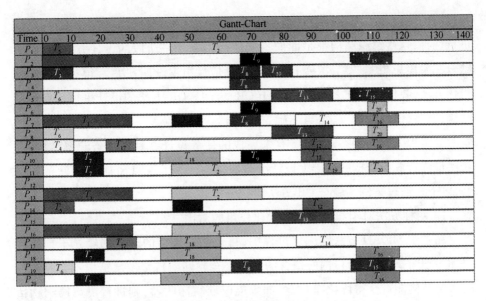

图 8.10　SLDAO 方法优化后的最终资源层结构

了平台的移动时间,缩短了使命的完成时间,同时为了减少平台损耗不确定事件对使命执行的影响,对于无法满足资源需求的任务,给予了更多的平台支持,同时对于新增的任务,尽量分配空闲平台,一方面保证了任务的资源满足度,另一方面避免任务之间出现平台争用的情况,增加了任务的并发执行度,降低其对使命执行的影响。

　　同时,随着使命完成时间的不断优化,提高了组织抵御不确定事件影响的能力。例如,在使命执行期间的 $t = 59$ 时刻,敌方针对我方将要执行的任务 T_{13} 制定了干扰阻止的行动计划,在准备完毕和有效实施后将于 $t = 98$ 时刻发挥作用,会导致任务 T_{13} 的处理时间延长 3 个时间单位,即 $\Delta DT_{13} = 3$。

　　由图 8.9 可见,对于保持组织结构不变的情况,敌方的行动将导致我方使命的完成时间延长,但采用 SLDAO 方法优化资源层结构之后,在 $t = 98$ 时刻,任务 T_{13} 已提前完成,于是成功规避了突发事件的影响。因而,SLDAO 方法能够通过缩短使命完成时间,从而有效避免突发事件的影响,在一定程度上提高了使命执行的鲁棒性,随着不确定事件的增多,SLDAO 方法的优势会体现得更加明显。

8.3.3　SLDAO 方法与 OR 方法对比分析

　　目前 C² 组织适应性研究领域的具有代表性的成果是 OSADBGC 方法[105]和 Levchuk 等提出的适应性组织设计方法[65],由于 OSADBGC 方法只对组织决策层结构进行了优化,在第 6 章中已进行了实验对比,在此不再分析。Levchuk

179

等提出的适应性组织设计方法根据使命的变化在预先设计好的组织结构之间进行选择,这些组织结构都是面向特定使命由基于三阶段的设计方法得到的。结合三阶段思想[62,64,65],扩展 Levchuk 的适应性组织设计方法[65]得到的适应性优化方法,我们这里称之为组织重构(OR)方法。OR 方法的设计思想是在考虑结构调整代价的前提下,每当不确定事件到达时就触发一次组织重构,根据触发时刻组织元素的状态,面向所有未完成的任务设计一种最优资源层结构,在获得最优资源层结构的基础上设计决策层结构。为了说明 SLDAO 方法的有效性,以下将通过案例实验与 OR 方法对比分析。

1. 两种方法对组织决策能力优化作用的对比

在基于 SLDAO 方法的优化过程中,每个触发优化的时刻都建立了预测窗口和滚动窗口,针对窗口内所包含的任务集合判断保持资源层结构不变时调整决策层结构能否获得优化净收益,如果能够获得净收益,则进行决策层结构适应性优化,随着窗口的不断推进,决策层结构根据使命环境的变化而不断调整。

如图 8.11 所示,以使命执行期间的时刻点为横坐标,以各时刻点对应的决策层结构适应性优化收益值为纵坐标,得到使命执行期间采用两种方法得到的决策层结构适应性优化收益曲线。曲线一上的点表示采用 SLDAO 方法优化后的决策层结构适应性优化收益,曲线二上的点表示采用 OR 方法优化后的决策层结构适应性优化收益,底部的条形图统计了整个使命执行期间两种不同方法下的决策层结构适应性优化收益的平均值。

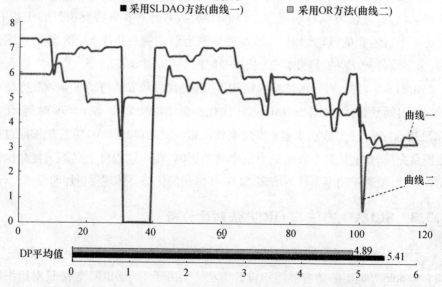

图 8.11 两种方法下决策层结构适应性优化收益对比

180

由图 8.11 所示，OR 方法在所有事件的到达时刻都触发了优化，而对于 SLDAO 方法，影响资源能力的不确定事件不会触发决策层结构适应性优化，因此在这些时刻点上，OR 方法的决策层结构适应性优化收益可能会优于 SLDAO 方法，但从整体来看，采用 OR 方法得到的决策层结构适应性优化收益平均值 $\overline{DP}_{OR} = 4.89$，而采用 SLDAO 方法得到的决策层结构适应性优化收益平均值 $\overline{DP}_{SLDAO} = 5.41$，表明在使命执行期间 SLDAO 方法的优化效果优于 OR 方法，具体原因如下：

一方面，两种方法的优化时域不同。采用 OR 方法优化时，优化时域为触发优化时刻起到使命完成时刻之间的较长时域，并期望在后续使命执行过程中始终保持结构不变，但这样的理想状况并不存在，不确定事件到达将导致决策层结构改变，即使没有不确定事件的干扰，在局部的较短优化时域内，往往存在比长时域优化结果更优的局部最优解，因此由 OR 方法得到的决策层结构无法在长时域内保持较优；面向滚动窗口内的任务来优化决策层结构，得到适应性优化净收益最大的决策层结构，随着窗口的推进，SLDAO 方法能够根据使命环境的变化及时调整决策层结构，使决策层结构始终比较符合当前时域的任务，因而能够获得较好的优化结果。

另一方面，两种方法的优化触发时刻不同。采用 OR 方法优化时，无须判断不确定事件对组织的影响，任意不确定事件的到达都会触发优化；而采用 SLD-AO 方法首先需要判断不确定事件对组织能力的影响，根据影响的能力类型判断所需要调整的结构层，加强了结构调整的针对性，缩小了结构调整范围，提高了组织的稳定性。同时，决策层结构调整时需要考虑结构调整代价，因而决策层结构适应性优化的最优结果是净收益最大的决策层结构，即考虑了结构调整代价的最优决策层结构。采用 OR 方法进行优化，往往会因为优化触发时刻的决策层结构与最优决策层结构之间的结构调整代价过大而选择一个次优决策层结构作为调整目标，因此并非优化次数越多，最终优化结果就越好。

2. 两种方法对组织资源能力优化作用的对比

在进行资源层结构适应性优化时，为了尽量保持组织的稳定性，SLDAO 方法中设置了决策能力变化的阈值，而采用 OR 方法时没有决策能力变化有限性约束，即 SLDAO 方法得到的适应性优化方案的可行解是 OR 方法得到的解的子集。因此，在不考虑结构调整代价的情况下，对于资源层结构适应性优化来说，OR 方法具有一定的优势。

为了说明两种方法对组织资源能力的优化作用,图 8.12 给出了两种方法下所获得的任务资源满足度和使命完成时间。

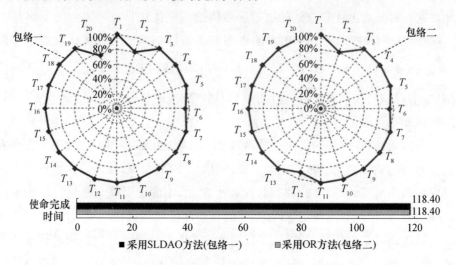

图 8.12　两种方法下的任务资源满足度和使命完成时间

如图 8.12 所示,当使命完成时,回顾所有任务的资源满足度及使命完成时间,两种方法没有明显的差距,均较好地权衡了任务资源满足度和使命完成时间,通过降低部分任务的资源满足度,有效缩短了使命完成时间。这是由于资源能力的优化与优化时刻点相关,主要体现在越早优化,效果越好,而 OR 方法虽然优化次数较多,但其触发优化的最早时刻点与 SLDAO 方法相同,均发生在 $t=10$ 时刻,因此两种方法对于资源能力的优化作用相似。

以使命执行期间各时刻点为横坐标,以某一时刻起至使命结束期间组织资源能力的取值为纵坐标,得到使命执行期间的组织资源能力曲线,如图 8.13 所示,曲线一上的点表示 SLDAO 方法优化后的组织资源能力,曲线二上的点表示 OR 方法优化后的组织资源能力,底部的条形图统计了两种方法下面向使命执行期间的资源能力值。在使命结束后,计算组织面向使命期间的组织资源能力 RC_{ter},由条形图可见,采用 OR 方法得到的结果为 $RC_{ter}^{OR}=8.25\times10^{-3}$,而采用 SLDAO 方法得到的结果为 $RC_{ter}^{SLDAO}=8.15\times10^{-3}$。

图 8.13 描述了使命执行期间每一个时刻至使命结束,面向所有未完成任务的组织资源能力,随着未完成的任务数量减少,组织资源能力将逐渐增大。由图 8.13 可知,两种方法能够有效快速地弥补不确定事件带来的影响,例如在 $t=66$ 时刻和 $t=87$ 时刻分别有新增任务到达,使组织资源能力下降为零,而两种方法都能够快速反应,为新增任务分配平台并优化使命的任务流程,保证任

务的正常执行。但由于 OR 方法会在所有不确定事件到来后都触发结构适应性优化,并且对组织决策能力的变化没有限制,其搜索空间大于 SLDAO 方法,因而通过 OR 方法优化得到的组织资源能力稍优于 SLDAO 方法,但是两种方法在资源层结构的优化效果上并不存在太大的差距。

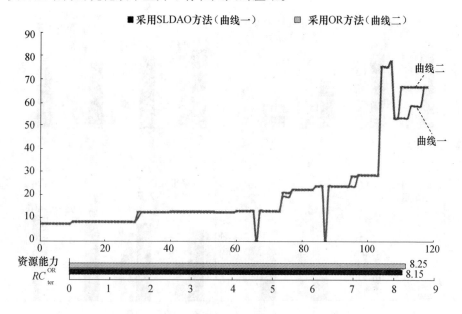

图 8.13　两种方法下的组织资源能力

3. 不同事件到达率下两种方法的性能对比

为了进一步对比 SLDAO 方法与 OR 方法的性能,在实验案例中设置不同的不确定事件到达率,对比不同的事件到达率下两种方法对组织决策能力和资源能力的提升作用以及两种方法下的组织重构次数和结构调整代价。实验中我们考虑了四种事件到达率,依次是 λ、2λ、3λ 和 4λ,其中 λ 代表 6.1 中所有不确定事件的综合到达率参数,实验结果如图 8.14 所示。

如图 8.14(a)和图 8.14(b)所示,随着不确定事件到达率的不断增大,组织决策能力和资源能力不断下降,无论采用哪种方法都无法完全弥补不确定事件对组织能力的影响,我们从以下四个方面进行对比分析。

1）决策层结构适应性优化收益平均值对比

图 8.14(a)展示了在不同的不确定事件到达率下,SLDAO 方法和 OR 方法在整个使命执行期间,决策层结构适应性优化收益平均值的对比情况。实验表明 SLDAO 方法对组织决策能力的提升作用始终比 OR 方法显著。这种现象与图 8.11 一致。如上文所述,由于 SLDAO 方法引入了滚动窗口,优化时仅面向

滚动窗口内的任务集合,因而决策层结构能够根据使命的执行过程而灵活调整,无论不确定事件的到达率如何取值,SLDAO 方法始终比 OR 方法的优化效果明显。

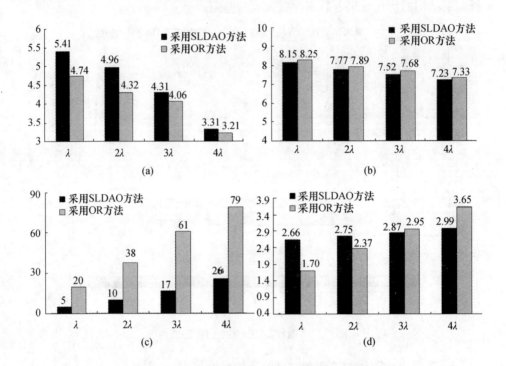

图 8.14　不同事件到达率下两种方法的性能对比
(a) 决策层结构适应性优化收益平均值对比; (b) 组织资源能力提升作用对比;
(c) 组织重构次数对比; (d) 结构调整代价对比。

2) 组织资源能力优化作用对比

图 8.14(b)展示了在不同的不确定事件到达率下,SLDAO 方法和 OR 方法对于面向使命执行期间的组织资源能力的提升作用对比。实验表明 SLDAO 方法对组织资源能力的提升作用略差于 OR 方法。这种现象与图 8.13 一致,如前文所述,主要由于 OR 方法不必保证决策层结构的稳定,采用组织重构的方式得到优化后的资源层结构,而 SLDAO 方法需要在保证决策层结构不变的情况下优化资源层结构,因此 OR 方法的搜索空间更大,组织资源能力优化效果更显著,但需要注意的是 OR 方法的这种优势建立在较多次数的组织重构基础上,如图 8.14(c)所示。

184

3) 组织重构次数对比

图 8.14(c)展示了在不同的不确定事件到达率下,SLDAO 方法和 OR 方法在整个使命执行期间,组织重构次数的对比情况。组织重构将重新设计组织元素之间的关系,严重影响组织运作的稳定性,还会导致较高的调整代价,所以在使命执行期间组织重构的次数越少越利于组织的良好运作。实验表明 SLDAO 方法的组织重构次数明显少于 OR 方法,这是由于采用 OR 方法时,只要有不确定事件到达就会触发组织重构,而采用 SLDAO 方法只有在无法完成优化的情况下才会触发重构,因此 SLDAO 方法有效控制了组织重构的次数。

4) 结构调整代价对比

图 8.14(d)展示了在不同的不确定事件到达率下,SLDAO 方法和 OR 方法在整个使命执行期间结构调整代价的对比情况。通过实验发现,随着随机事件的到达率逐渐增大,OR 方法带来的结构调整代价快速增加,同样情况下 SLDAO 方法的增长则较为缓慢。当不确定事件的到达率大于 3λ 时,OR 方法所产生的结构调整代价开始大于 SLDAO 方法,并且这个趋势随着事件到达率的增大而增大,说明 SLDAO 方法尤其适用于不确定事件较多的情况。

造成这种结果的原因在于:

(1) OR 方法的结构调整次数只与不确定事件的到达率有关,所有不确定事件都将触发结构调整。当不确定事件的到达率较小时,OR 方法触发结构调整的频率较低,产生的结构调整代价也较小;随着不确定事件到达率的增大,OR 方法触发结构调整的频率增高,结构调整代价也明显增大。

(2) SLDAO 方法的结构调整频率与不确定事件的可预测概率和使命执行期间 E_3^{DM} 事件到达的数量相关。当不确定事件的到达率较小时,SLDAO 方法由于窗口的滚动优化而产生了较大的调整代价,随着不确定事件到达率的增大,由于仅有 E_3^{DM} 以及未预测到的 E_1^{DM} 和 E_2^{DM} 事件会影响滚动窗口,导致 SLDAO 方法触发结构调整的频率提高较少,结构调整代价的增长速度较慢。

参 考 文 献

［1］ Alberts D S,Hayes R E. Power to the Edge:Command Control in the Information Age［M］. United States:
Command and Control Research Program Publications,2003.

［2］ 刘振亚. 面向 C^2 组织效能测度的探索性分析方法研究［D］. 长沙:国防科技大学,2009.

［3］ Adizes I. Organizational Passages:Diagnosing and Treating Life Cycle Problems of Organizations［J］. Or-
ganizational Dynamics,1979,8(1):3 – 25.

［4］ Alberts S,Hayes R E. Power to the Edge:Command Control in the information Age,Information Age Trans-
formation Series,CCRP Publications,2003.

［5］ David S Alberts. The Agility Advantage:A Survival Guide for Complex Enterprises and Endeavors,2011.

［6］ DeCanio,Stephen J,Dibble,et al. Keyvan Importance of organizational structure for the adoption of innova-
tions,［J］,Management Science v 46 n 10 Oct 2000. pp:1285 – 1299.

［7］ Reiner K Huber. Achieving Agile C^2 by Adopting Higher Levels of C^2 Maturity［C］//CCRP17th,2012.

［8］ Mark E Nissen. A Computational Approach to Diagnosing Misfits,Inducing Requirements and Delineating
Transformations for Edge Organizations［C］// In Proceedings of the 10th International Command and Control
Research and Technology Symposium (ICCRTS),McLean,VA,June 2005.

［9］ Mark E Nissen. Hypothesis Testing of Edge Organizations:Specifying Computational C^2 Models for Experi-
mentation［C］// In Proceedings of the 10th International Command and Control Research and Technology
Symposium (ICCRTS),McLean,VA,June 2005.

［10］ Tara A Leweling,Mark E Nissen. Hypothesis Testing of Edge Organizations:Laboratory Experimentation u-
sing the ELICIT Multiplayer Intelligence Game［C］. In Proceedings of the 12th International Command and
Control Research and Technology Symposium (ICCRTS),2007.

［11］ Douglas J MacKinnon,Marc Ramsey,Raymond E Levitt,et al. Hypothesis Testing of Edge Organizations:
Empirically Calibrating an Organizational Model for Experimentation［C］// In Proceedings of the 12th In-
ternational Command and Control Research and Technology Symposium (ICCRTS),2007.

［12］ Ford David N,Voyer John J,Wilkinson Janet M. Gould. Building learning organizations in engineering cul-
tures:Case study［J］. Journal of Management in engineering v 16 n 4 2000,pp:72 – 83.

［13］ Dr Anthony H Dekker. Analyzing Team C^2 Behaviour using Games and Agent［C］//CCRP17th,2012.

［14］ Xin Y,Savage T. Adaptability in Organisms and Artifacts:A Multi Level Perspective on Adaptive Processes
［J］. Cognitive Systems Research,2010,11:231 – 242.

［15］ Irene H,Siu C. Organizational Socialization and Career Success of Asian Man Agrees［J］. The Interna-
tional Journal of Human Resource Management,2002,13(4):720 – 737.

［16］Kang D L,Sorensen A B. Ownership Organization and Firm Performance［J］. Annual Review of Sociology,1999,25:121－144.

［17］Brown J S,Duguid P. Knowledge and Organization:A Social－Practice Perspective［J］. Organization Science,2001,12(2):198－213.

［18］Kontoghiorghes C,Awbrey S M,Feurig P L. Examining the Relationship Between Learning Organization Characteristics and Change Adaptation,Innovation,and Organizational Performance［J］. Human Resource Development Quarterly,2005,16(2):185－208.

［19］Lomi A. The Population Ecology of Organizational Founding:Location Dependence and Unobserved Heterogeneity［J］. Administrative Science Quarterly,1995,40(1):111－444.

［20］吕鸿江,刘洪,程明. 多重理论视角下的组织适应性分析［J］. 外国经济与管理,2007,29(12):56－64.

［21］彭璧玉. 组织生态学理论述评［J］. 经济学家,2006(5):111－117.

［22］Morel B,Ramanujam R. Through the looking Glass of Complexity:The Dynamics of Organizations as Adaptive and Evolving Systems［J］. Organization Science,1999,10(3):278－293.

［23］Amaral L A,Uzzi B. Complex Systems－A New Paradigm for the Integrative Study of Management,Physical,and Technological Systems［J］. Management Science,2007,53(7):1033－1035.

［24］Palmberg K. Complex Adaptive Systems as Metaphors for Organizational Management［J］. The Learning Organization,2009,16(6):483－498.

［25］刘洪. 组织结构变革的复杂适应系统观［J］. 南开管理评论,2004,7(3):51－56.

［26］Carley K M. Organizational Learning and Personnel Turnover［J］. Organization Science,1992,3(1):20－46.

［27］Carley K M. Computational and Mathematical Organization Theory:Perspective and Directions［J］. Computational and Mathematical Organization Theory,1995,1(1):39－56.

［28］Carley K M. Computational Organizational Science and Organizational Engineering［J］. Simulation Modelling Practice and Theory 2002,10:253－269.

［29］Timmermans J,Haan H,Squazzoni F. Computational and mathematical Approaches to Societal Transitions［J］. Computational and Mathematical Organization Theory,2008,14(4):391－414.

［30］Meyer M,Zaggl M A,Carley K M. Measuring CMOT's Intellectual Structure and Its Development［J］. Computational and Mathematical Organization Theory,2010.

［31］Canio D,Stephen J,Dibble. Importance of Organizational Structure for the Adoption of Innovations［J］. Management Science,2000,46(10):1285－1299.

［32］Chakraborty,Ashok B. Organisational Design and Systems for Effective Safety and Environment Management［C］//Proceedings of SPE Annual Technical Conference and Exhibition. USA:Society of Petroleum Engineers,1999:237－239.

［33］方卫国,周泓. 不确定性环境中组织结构设计［J］. 管理科学学报,2000,3(2):9－14.

［34］Ford D N,Voyer J J. Building Learning Organizations in Engineering Cultures:Case study［J］. Journal of Management in Engineering,2000,16(4):72－83.

［35］Takadama,K,Shimohara,K,Terano T. Agent－based Model toward Organizational Computing:From Organizational Learning to Genetics－based Machine Learning［C］//Proceedings of IEEE International Conference on Systems, Man and Cybernetics. Tokyo, 1999:604 – 609.

[36] AxelrodR. The Evolution of Strategies in the Iterated Prisoner's Dilemma [M]. Genetic Algorithms and Simulated Annealing. London: Pitman, and Los Altos, CA: Morgan Kaufman, 1987:32 – 41.

[37] Axelrod R, Dion D. The Further Evolution of Cooperation [J]. Science, 1988, 242(4884):1385 – 1390.

[38] Crowston K. Evolving Novel Organizational Forms [M]. Computational Organization Theory. USA: Lawrence Erlbaum Associates, Inc., 1994:19 – 38.

[39] Holland J H, Miller J H. Artificial Adaptive Agents in Economic Theory [J]. American Economic Review, 1991, 81(2):365 – 370.

[40] Padgett J F. The Emergence of Simple Ecologies of Skill: A Hypercycle Approach to Economic Organization [M]. The Economy as an Evolving Complex System. New Jersey: Addison – Wesley, 1997:199 – 221.

[41] Lawrence P R, Lorsch J W. Organization and Environment: Managing Differentiation and Integration [M]. Boston: Graduate School of Business Administration, Harvard University, 1967.

[42] Hannan M T, Freeman J. The Population Ecology of Organizations [J]. American Journal of Sociology, 1977, 82(5):929 – 964.

[43] Rajan R G, Wulf J. The Flattening Firm: Evidence from Panel Data on the Changing Nature of Corporate Hierarchies [J]. Review of Economics and Statistics, 2006, 88(4):759 – 773.

[44] Chuma H. Increasing Complexity and Limits of Organization in the Microlithography Industry: Implications for Japanese Science – based Industries [J]. Research Policy, 2006, 35(3):393 – 411.

[45] Barr J, Nobuyuki H. Organizations Undertaking Complex Projects in Uncertain Environments [J]. Journal of Economic Interaction and Coordination, 2008, 3(2):119 – 135.

[46] Lin Z. Environmental Determination or Organizational Design: An Exploration of Organizational Decision Making Under Environmental Uncertainty [J]. Simulation Modelling Practice and Theory, 2006, 14(4): 438 – 453.

[47] DiMaggio P J, Powell W W. The Iron Cage Revisited: Institutional Isomorphism and Collective Rationality in Organizational Fields [J]. American Sociological Review, 1983, 48:147 – 160.

[48] Stinchcombe A. Organization – creating Organizations [J]. Society, 1965, 2(2):34 – 35.

[49] Romanelli E. The Evolution of New Organizational Forms [J]. Annual Review of Sociology, 1991, 17:79 – 103.

[50] Kilmann R H, Covin T J. Corporate Transformation: Revitalizing Organizations for a Competitive World [M]. San Francisco, CA: Jossey – Bass, 1988.

[51] Butler R. The Evolution of the Civil Service – A Progress Report [J]. Public Administration, 1993, 71 (3):395 – 406.

[52] March J G. Footnotes to Organizational Change [J]. Administrative Science Quarterly, 1981, 26 (4):563 – 577.

[53] Mackenzie K D. Organizational Design: The Organizational Audit and Analysis Technology [M]. Norwood, N. J: Ablex Pub. Co., 1986.

[54] Carley K M. Organizational Adaptation [J]. Annals of Operations Research, 1998, 75:25 – 47.

[55] DeLoach S A, Wood M F, Sparkman C H. Multiagent Systems Engineering [J]. The International Journal

of Software Engineering and Knowledge Engineering,2001,11(3):231 – 258.

[56] Papastavrou J D,Athans M. On Optimal Distributed Detection Architectures in a Hypothesis Testing Environment [J]. IEEE Transactions on Automatic Control,1992,37(8):1154 – 1169.

[57] Reibman A,Nolte L W. Design and Performance Comparison of Distributed Detection Networks [J]. IEEE Transactions on Aerospace and Electronic Systems,1987,23(6):789 – 798.

[58] Pete A,Kleinman D L,Pattipati K R. Structural Congruence of Tasks and Organizations[C]//Proceedings of the 1994 Symposium on Command and Control Research and Decision Aids,NPS,Monterey,CA,1994: 168 – 175.

[59] Levchuk Y N,Pattipati K R,Curry M L. Normative Design of Organizations to Solve a Complex Mission: Theory and Algorithms[C]//Proceedings of the 1997 Command and Control Research and Technology Symposium,Washington,DC,1997.

[60] Levchuk Y N,Luo J,Levchuk G M,et al. A Multi – Functional Software Environment for Modeling Complex Missions and Devising Adaptive Organizations[C]//Proceedings of the 1999 Command and Control Research and Technology Symposium,NPS,Newport,RI,1999.

[61] Levchuk Y N,Levchuk G M,Pattipati K R. A Systematic Approach to Optimize Organizations Operating in Uncertain Environments:Design Methodology and Applications. [C]//Proceedings of the 7 – th International Command & Control Research & Technology Symposium,Québec City,QC,Canada,2002.

[62] Levchuk G M,Levchuk Y N,Luo J,et al. Normative Design of Organizations – Part I:Mission Planning [J]. IEEE Transactions on Systems,Man,and Cybernetics,2002,32(3):346 – 359.

[63] Levchuk G M,Levchuk Y N,Luo J,et al. Normative Design of Organizations – Part II:Organizational Structure [J]. IEEE Transactions on SMC,2002,32(3):360 – 375.

[64] Levchuk G M,Meirina C,Levchuk Y N,et al. Design and Analysis of Robust and Adaptive Organizations [C]// Proceedings of Command and Control Research and Technology Symposium (A^2C^2 session),Annapolis,MD,2001.

[65] Levchuk G M,Levchuk Y N,Meirina C,et al. Normative Design of Organizations – Part III:Modeling Congruent,Robust,and Adaptive Organizations [J]. IEEE Transactions on SMC,2004,34(3):337 – 350.

[66] Levchuk G M,Kleinman D L,Sui R,et al. Congruence of Human Organizations and Missions:Theory versus Data[C]//Proceedings of International Command and Control Research and Technology Symposium, Washington,DC,2003.

[67] Levchuk G M,Levchuk Y N,Pattipati K R,et al. Mapping Flows onto Networks to Optimize Organizational Processes[C]// Proceedings of the 7 – th Command and Control Research and Technology Symposium, Monterey,CA,2002.

[68] Levchuk G M,Yu F,Pattipati K R,et al. From Hierarchies to Heterarchies:Application of Network Optimization to Design of Organizational Structures[C]//Proceedings of the 7 – th Command and Control Research and Technology Symposium,2002,Monterey,CA,2002,11 – 14.

[69] Yang D S,Lu Y L,Liu Z. Research on Algorithms of Task Scheduling[C]// Proceedings of 2004 International Conference on Machine Learning and Cybernetics. Shanghai:IEEE Press,2004:42 – 47.

[70] Yang D S, Zhang W M, Liu Z. Task Allocating among Group of Agents[C]// Proceedings of International Conference on Web Intelligence. Beijing: IEEE Press, 2004: 574 – 578.

[71] 杨春辉. 基于 CPN 的面向任务指挥控制组织建模、仿真及优化方法研究[D]. 长沙: 国防科学技术大学, 2008.

[72] 杨春辉, 刘翔, 陈洪辉, 等. 动态使命环境下指挥控制资源动态规划组织的仿真研究[J]. 系统仿真学报, 2009, 21(1): 9 – 14.

[73] Forney J, et al. The Viterbi algorithm[C]// Proceedings of the IEEE Conference, 1973, 61(3): 268 – 278.

[74] Bertsekas D P. Dynamic Programming and Optimal Control [M]. Athena Scientific, Belmont, MA, 1995.

[75] Busacker R, Saaty T. Finite Graphs and Networks: An Introduction with Applications [M]. New York: McGraw – Hill, 1965.

[76] Yu F, Tu F, Pattipati K R. A Novel Congruent Organizational Design Methodology Using Group Technology and a Nested Genetic Algorithm [J]. IEEE Transactions on Systems, Man, and Cybernetics – Part A: Systems and Humans, 2006, 36(1): 5 – 18.

[77] Nuschke P, Jiang X C. A Framework for Inter – organizational Collaboration and Sensemaking Integrating Communication and Knowledge Management Tools[C]//Proceedings of the 2007 Command and Control Research Technology Symposium, San Diego, California, 2007.

[78] See K, Weil S A, Entin E E, et al. Test Environment for FORCEnet Concepts[C]//Proceedings of the 2007 Command and Control Research Technology Symposium, San Diego, California, 2007.

[79] Weil SA, Diedrich F J, Entin, E E, et al. $A^2 C^2$: Experiment 9 – 1 [R]. USA: Office of Naval Research, 2004.

[80] 黄广连, 阳东升, 张维明, 等. 分布式作战体系的描述[J]. 舰船电子工程, 2007, 27(5): 3 – 6.

[81] 黄广连, 阳东升, 张维明, 等. 分布式作战体系的自同步构建研究[J]. 舰船电子工程, 2007, 27(6): 1 – 6.

[82] Kleinman D L, Young P, Higgins G S. The DDD – III: A Tool for Empirical research in Adaptive Organizations[C]// Proceedings of the 1996 Command and Control Research and Technology Symposium, Monterey, CA, 1996.

[83] Kemple W G, Kleinman D L, Berigan M C. $A^2 C^2$ Initial experiment: Adaptation of the Joint Scenario and Formalization[C]// Proceedings of the 1996 Command and Control Research and Technology Symposium, Monterey, CA, 1996: 837 – 846.

[84] Levchuk Y N, Pattipati K R, Kleinman D L. Analytic Model Driven Organizational Design and Experimentation in Adaptive Command and Control [J]. Systems Engineering, 1999, 2(2): 89 – 97.

[85] Burton R M, Obel B. Strategic Organizational Diagnosis and Design: Developing Theory for Application [M]. Holand: Kluwer Academic Publishers, 1998.

[86] Duncan R. What Is the Right Organization Structure Decision Tree Analysis Provides the Answer [J]. Organizational Dynamics, 1979, 7(3): 59 – 80.

[87] Mintzberg H. Structure in Fives: Designing Effective Organizations [M]. New Jersey: Prentice Hall, 1993.

[88] Galbraith J R. Designing Organizations [M]. San Francisco: Jossey Bass, 1995.

[89] Galbraith J R. Organization Design [M]. New Jersey: Addison – Wesley, 1977.

[90] Lawrence P R,Lorsch J W. Organization and Environment [M]. Boston:Mass,Harvard University Press,1967.

[91] Miller D. Relating Porter's Business Strategies to Environment and Structure:Analysis and Performance Implications [J]. Academy of Management Journal,1988,31:280-308.

[92] Wood S. A Reappraisal of the Contingency Approach to Organization [J]. Journal of Management Studies, 1979,16(3):334-354.

[93] Hollenbeck,John R West,et al. Structural Contingency Theory and Individual Differences:Examination of External and Internal Person-Team Fit [J]. Journal of Applied Psychology,2002,87(3):599-606.

[94] Entin E,Serfaty D,Kerrigan C. Choice and Performance under Three Command and Control Architectures [C]//Proceedings for Command and Control Research and Technology Symposium. Monterey,CA,1998: 132-137.

[95] Entin E. Optimized Command and Control Architectures for Improved Process and Performance[C]// Proceedings for Command and Control Research and Technology Symposium,Newport RI,1999.

[96] Diedrich F,Entin E S,Hutchins,et al. When Do Organizations Need to Change -Part I:Coping with Organizational Incongruence [C]//Proceedings for the International Command and Control Research and Technology Symposium,Washington,DC,2003.

[97] Entin E,Diedrich F,Kleinman D,et al. When Do Organizations Need to Change -Part II:Incongruence in Action[C]// Proceedings for the International Command and Control Research and Technology Symposium,Washington,DC,2003.

[98] Kleinman D L,Levchuk G M,Hutchins S G,et al. Scenario Design for the Empirical Testing of Organizational Congruence[C]// Proceedings for the International Command and Control Research and Technology Symposium,Washington,DC ,2003.

[99] Daft R L. Organizational Theory and Design [M]. Singapore:Cengage Learning,2007.

[100] 阳东升,张维明,刘忠,等. C^2 组织的有效测度与设计 [J]. 自然科学与进展,2005,15(3):349-356.

[101] 阳东升. C^2 组织的有效测度与设计研究[D]. 长沙:国防科技大学,2004.

[102] 谭跃进,陈英武,易进先. 系统工程原理[M]. 长沙:国防科技大学出版社,1999.

[103] 阳东升. C^2 组织的有效测度与设计研究[D]. 博士学位论文,2004,9.

[104] 阳东升,张维明,刘忠,等. C^2 组织的有效测度与设计. 自然科学进展,2005,15(3):349-P356.

[105] 修保新,张维明,刘忠,等. C^2 组织结构的适应性设计方法[J]. 系统工程与电子技术,2007,29(7):1102-1108.

[106] Monguillet J M,Ash H Levis. Modeling and Evaluation of Variable Structure Organizations. Toward a Science of Command Control and Communications,Carl R. Jones,Ed. ,AIAA Press,Washington,DC,1993.

[107] Levis A H. Quantitative Models of Organizational Information Structures. Concise Encyclopedia of Information Processing in Systems and Organizations,A. P. Sage,Ed. ,Pergamon Books Ltd. ,Oxford 1988.

[108] Kathleen M. Carley. Organizational Adaptation. Annals of Operations Research. 1998,75:25-47.

[109] Kathleen M Carley,Svoboda D M. Modeling Organizational Adaptation as a simulated annealing process. Sociological Methods and Research,1996,25(1),pp. 138-168.

[110] Eric S, Yu K, John Mylopoulos, et al. Modelling the Organization: New Concepts and Tools for Re – Engineering, IEEE Expert: *AI* Models for Business Process Reengineering, August 1996, pp. 16 – 23.

[111] Yu E, Modelling Strategic Relationships for Process Reengineering, Ph. D. thesis, Department of Computer Science, University of Toronto, 1995.

[112] Lawrence P R, Lorsch J W. Organization and Environment. Boston, Mass. : Harvard University Press. 1967.

[113] Scott A DeLoach, Eric Matson. An Organizational Model for Designing Adaptive Multiagent Systems. The AAAI – 04 Workshop on Agent Organizations: Theory and Practice (AOTP2004). Technical Report WS – 04 – 02. AAAI Press, San Jose, California, July, 2004, p 66 – 73.

[114] Diedrich F, Entin E, S. Hutchins, et al. When Do Organizations Need to Change – Part I: Coping with Organizational Incongruence. International Command and Control Research and Technology Symposium, Washington, DC, June, 2003.

[115] Kleinman D L, Levchuk G M, Hutchins S G, et al. Scenario Design for the Empirical Testing of Organizational Congruence, International Command and Control Research and Technology Symposium, Washington, DC, June, 2003.

[116] Levchuk G M, Levchuk Y N, Jie Luo, et al. Normative Design of Organizations – Part II : Organizational Structure. IEEE Transactions on SMC, May 2002, 32(3) :360 – 375.

[117] O' Leary DE, Kukka D, Plant R T. Artificial Intelligence and Virtual Organizations. CACM January 1997, 40(1) :52 – 59.

[118] Levchuk G M, Levchuk Y N, Meirina C, et al. Normative Design of Organizations – Part III : Modeling Congruent, Robust, and Adaptive Organizations. IEEE Transactions on SMC, 2004, 34(3) :337 – 350.

[119] Levchuk G M, et al. Mapping Flows onto Networks to Optimize Organizational Processes. Proceedings of the 7 – th Command & Control Research & Technology Symposium, 2002, Monterey, CA, June 11 – 14, 2002.

[120] Levchuk G M, et al. From Hierarchies to Heterarchies: Application of Network Optimization to Design of Organizational Structures, Proceedings of the 7 – th Command & Control Research & Technology Symposium, 2002, Monterey, CA, June 11 – 14, 2002.

[121] Joy Galbraith. Designing Complex Organization. Addison – Wesley Publishing Company, 1987.

[122] 修保新, 张维明, 刘忠, 等. 基于粒度计算和遗传算法的 C^2 组织结构设计方法[J]. 自然科学进展, 2007, 17(5) :662 – 671.

[123] Pete A, Kleinman D L. , Pattipati K R. Structural congruence of tasks and organizations. Proceedings of the 1994 Symp. on Command and Control Research and Decision Aids, NPS, Monterey, CA, 1994, pp168 – 175.

[124] Levchuk G M, Levchuk Y N, Jie Luo, et al, Normative Design of Organizations – Part I: Mission Planning. IEEE Transactions on Systems, Man, and Cybernetics, May 2002, 32(3) :346 – 359.

[125] Feili Yu, Levchuk G M, et al. A Novel Congruent Organizational Design Methodology Using Group Technology and a Nested Genetic Algorithm. Proceedings of the 9 – th Command & Control Research & Technology Symposium, CA, June, 2004.

[126] Feili Yu, Fang Tu, Krishna R Pattipati. A Novel Congruent Organizational Design Methodology Using

192

Group Technology and a Nested Genetic Algorithm. IEEE Transactions on Systems, Man, and Cybernetics, Part A, 2006, 36(1):5 – 18.

[127] Dong – Sheng Yang, Yinglong Lu, Zhong Liu. Research on Algorithms of Task scheduling. ICMLC2004, IEEE Press, ShangHai, 4 – 5 August 8 2004. pp:42 – 47.

[128] Dong – Sheng Yang, Wei – Ming Zhang, Zhong Liu. Task allocating among group of agents WI 2004, IEEE Press, BeiJing, September, 2004.

[129] Kleinman D L, Young P, Higgins G S. The DDD – III: A Tool for Empirical research in Adaptive Organizations. Proceedings of the 1996 Command and Control Research and Technology Symposium, Monterey, CA, June 1996.

[130] Kemple W G, Kleinman D L, Berigan M C. A^2C^2 Initial experiment: Adaptation of the Joint Scenario and Formalization. Proceedings of the 1996 Command & Control Research & Technology Symposium, Monterey, CA, June 1996, pp. 837 – 846.

[131] Levchuk Y N, Pattipati K R, Kleinman D L. Analytic Model Driven Organizational Design and Experimentation in Adaptve Command and Control. Systems Engineering, 1999, Vol. 2, pp. 89 – 97.

[132] Zadeh L A. Fuzzy sets and information granularity. In: Gupta N, Ragade R, Yager R, editors. Advances in fuzzy set theory and applications. Amsterdam: North – Holland, 3 – 18, 1979.

[133] Zadeh L A. Fuzzy Graphs, Rough Sets and Information Granularity, in: Proc. Third Int. Workshop on Rough Sets and Soft Computing, San Jose, Nov. 1994.

[134] Zadeh L A. Information Granulation, Fuzzy Logic and Rough Sets, in: Proc. of the Fourth Int. Workshop on Rough Sets, and Machine Discovery, Tokyo, Nov. 1996.

[135] Zadeh L A. Towards a theory of fuzzy information granulation and its centrality in human reasoning and fuzzy logic. Fuzzy Sets and Systems, 1997(19):111 – 127.

[136] 李道国,苗夺谦,张东星,等. 粒度计算研究综述. 计算机科学, 2005, 32(9):1 – 12.

[137] Yao Y Y. Granular computing: basic issues and possible solutions. Proceedings of the 5th Joint Conference on Information Sciences, 1999, 186 – 189.

[138] 修保新,吴孟达. 图像模糊信息粒的适应性度量及其在边缘检测中的应用. 电子学报, 2004, 32(2):274 – 277.

[139] 修保新,任双桥,张维明. 基于模糊信息粒化理论的图像插值方法. 国防科技大学学报, 2004, 26(3):34 – 38.

[140] Bao – Xin Xiu, Shuang – Qiao Ren, Wei – Ming Zhang, et al. Image Interpolation Method based on the Theory of Fuzzy Information Granulation. The 11th World Congress of International Fuzzy Systems Association, Beijing 2005, p:1010 – 1013.

[141] Bao – Xin Xiu, Wei – Ming Zhang, Zhong Liu, et al. Complementary image compression based on the theory of fuzzy information granulation. In Proceedings – IEEE International Conference on Systems, Man and Cybernetics, 2005, v 4, p 3024 – 3029.

[142] Hirota K, Pedrycz W. Fuzzy relational compression. IEEE Trans. Syst., Man, Cybern, pt. B, 1999, 29(3):407 – 415.

[143] Pedrycz W, Smith M H, Bargiela A. A granular signature of data. Int. Conf. NAFIPS – 2000, Atlanta, June 2000, p:69 – 73.

[144] Pawlak Z. Granularity of knowledge, indiscernibility and rough sets. Proceedings of 1998 IEEE International Conference on Fuzzy Systems, 1998, p:106 – 110.

[145] Polkowski L, Skowron A. Towards adaptive calculus of granules. Proceedings of 1998 IEEE International Conference on Fuzzy Systems, 1998, p:111 – 116.

[146] Yao Y Y. Granular computing using neighborhood systems. In: Roy R, Furuhashi T, Chawdhry, PK, editors. Advances in soft computing: engineering design and manufacturing. London: Springer – Verlag, 1999, p:539 – 553.

[147] Yao Y Y. Information Granulation and Rough Set Approximation. International Journal of Intelligent Systems, 2001(16):87 – 104.

[148] Bao – Xin Xiu, Wei – Ming Zhang, Shuang Wang, et al. Generalized Multilayer Granulation and Approximations. In Proc. of the IEEE International Conference on Machine Learning and Cybernetics. IEEE Press, Xi' an, China, 02 – 05 November, 2003. pp:1419 – 1423.

[149] Skowron A, Stepaniuk J. Information granules: towards foundations of granular computing. International Journal of Intelligent Systems, 2001, Vol. 16, 57 – 85.

[150] Yao Y Y. Neighborhood systems and approximate retrieval, Technical Report TR 2000 – 02, 2000, Regina University, Canada. Available from www. cs. uregina. ca/ Research /techreport. html .

[151] 张铋,张铃. 问题求解理论及应用[M]. 北京:清华大学出版社,1990.

[152] 张铋,张铃. 模糊商空间理论(模糊粒度计算方法)[J]. 软件学报,2003,14(4):770.

[153] 李道国,苗夺谦,张红云. 粒度计算的理论、模型与方法[J]. 复旦学报(自然科学版),2004,43(5):837 – 841.

[154] 阳东升,彭小宏,修保新,等. 组织协作网与决策树[J]. 系统工程与电子技术,2006,28(1),P. 63 – 67.

[155] Muthucumaru Maheswaran, Howard Jay Siegel. A Dynamic Matching and Scheduling Algorithm for Heterogeneous Computing Systems. HCW'98, pages 57 – 69, Orlando, USA, March 1998. IEEE Computer Society Press.

[156] Hyunok Oh, Soonhoi Ha. A Static Scheduling Heuristic for Heterogeneous Processors. Proceedings of Europar'96, volume 1124 of Lecture Notes in Computer Science, pages 573 – 577, Lyon, France, August 1996. Springer – Verlag.

[157] Gilbert Sih, Edward Lee. A Compile – Time Scheduling Heuristic for Interconnection constrained Heterogeneous Processor Architectures. IEEE Transactions on Parallel and Distributed Systems, 1993, 4(2):175 – 187.

[158] Joines J A, Culbreth C T, King R E. Manufacturing cell design: An integer programming model employing genetic. IIE Transactions, 1996, 28(1):69 – 85.

[159] 林智勇. 带约束集合划分优化问题及其求解[J]. 计算机工程与科学,2005,27(7):98 – 100.

[160] 陈亮,任世军. 一种遗传算法在集合覆盖问题中的应用研究[J]. 哈尔滨商业大学学报(自然科学

版),2006,22(2):67-70.

[161] 阳东升,张维明,刘忠,等. C² 组织结构设计:平台 - 任务关系设计[J]. 火力与指挥控制,2006 31 (3) P.9 - 13.

[162] 王永炎 王强 王宏安,等. 基于优先级表的实时调度算法及其实现[J]. 软件学报,2004,15(3): 360 - 370.

[163] Krackhart D. Graph Theoretical Dimensions of Informal Organizations. In Computational Organization Theory,edited by K. M. Carley and M. J. Prietula. Hillsdale,NJ:Lawrence Erlbaum Associates,1994.

[164] Hollenbeck John R,et al. Structural Contingency Theory and Individual Differences:Examination of External and Internal Person - Team Fit. Journal of Applied Psychology. 2002,87(3):599 - 606.

[165] Susan P Hocevar,William G. Kemple,et al. Assessments of Simulated Performance of Alternative Architectures for Command and Control:The Role of Coordination,Proceedings of the 2000 Command & Control Research & Technology Symposium,Monterey,CA,June 2000.

[166] Brian Jacokes. Lecture notes on multiway cuts and k - cuts,2006.

[167] Hu T C. Combinatorial Algorithms. Reading,MA:Addison - Wesley,1982.

[168] Taguchi,G. Introduction to Quality Engineering. White Plains,New York:UNIPUB/Krauss International, 1986.

[169] 席裕庚. 预测控制[M]. 北京:国防工业出版社,1993.

[170] 席裕庚. 动态不确定环境下广义控制问题的预测控制[J]. 控制理论与应用,2000,17 (5):665 - 670.

[171] 王冰. 滚动时域调度方法及其性能分析研究[D]. 上海:上海交通大学,2005.

[172] 嘉晓岚. 航班着陆调度的智能优化方法研究[D]. 合肥:中国科学技术大学,2009.

[173] Chand S,Traub R,Uzsoy R. Rolling Horizon Procedures for the Single Machine Deterministic Total Completion Time Scheduling Problem with Release Dates [J]. Annals of Operations Research, 1997, 70:115 - 125.

[174] 王冰. 动态单机调度的一种滚动时域策略及全局能力分析[J]. 系统工程理论与实践,2004,24 (9):65 - 71.

[175] 杨春节,何川. 基于蚁群算法的供应链滚动优化决策方法[J]. 计算机集成制造系统,2010,16 (1):133 - 139.

[176] Narayanan A,Robinson P. Evaluation of Joint Replenishment Lot - sizing Procedures in Rolling Horizon Planning Systems [J]. International Journal of Production Economics,2010,127(1):85 - 94.

[177] 邵浩,陈华平,孙广中,等. 带有缓冲区的资源受限调度问题的滚动时域求解算法[J]. 系统工程理论与实践,2010,30(1):119 - 125.

[178] 张纯钢. 机器人滚动路径规划的方法研究[D]. 上海:上海交通大学,2002.

[179] 李静,席裕庚. 一种改进多机器人分布式滚动路径规划算法[J]. 控制工程,2007,14 (5):540 - 543.

[180] 张武梅. 车队动态调度优化模型与算法研究[D]. 济南:山东大学,2007.

[181] Jia Y J,Gu H Y,Xi Y G. Rolling Horizon Scheduling Algorithm for Dynamic Vehicle Scheduling System

[J]. Journal of Southeast University (English Edition),2005,21(1):92-96.

[182] Wen M,Cordeau J F,Laporte G,et al. The Dynamic Multi-period Vehicle Routing Problem [J]. Computers and Operations Research,2010,37(9):1615-1623.

[183] Li W,Wu Y,Petering M E H,et al. Discrete Time Model and Algorithms for Container Yard Crane Scheduling [J]. European Journal of Operational Research,2009(198):165-172.

[184] He J,Chang D,Mi W,et al. A Hybrid Parallel Genetic Algorithm for Yard Crane Scheduling [J]. Transportation Research Part E,2010(46):136-155.

[185] 霍霄华. 多 UCAV 动态协同任务规划建模与滚动优化方法研究[D]. 长沙:国防科技大学,2007.

[186] 彭辉. 分布式多无人机协同区域搜索中的关键问题研究[D]. 长沙:国防科技大学,2009.

[187] 康立山,谢云,尤矢勇,等. 非数值并行算法—模拟退火算法[M]. 北京:科学出版社,1994.

[188] Mohan R,Akellaa,Battaa R,et al. Cellular Network Configuration with Co-channel and Adjacent-channel Interference Constraints [J]. Computers and Operations Research,2008,35:3738-3757.

[189] Abdelsalam H M. Optimization-based Architecture for Managing Complex Intergrated Product Development Project [D]. USA:Old Dominion University,2003.

[190] Chandra Sekhar Pedamallu,Linet Ozdamar. Investigating a Hybrid Simulated Annealing and Local Search Algorithm for Constrained Optimization [J]. European Journal of Operational Research, 2008, 185:1230-1245.

[191] Mishraa N,Prakashb M K, Tiwaria,et al. Hybrid Tabu-simulated Annealing based Approach to Solve Multi-constraint Product Mix Decision Problem [J]. Expert Systems with Applications, 2005 (29):446-454.

[192] Crama Y,Schyns M. Simulated Annealing for Complex Portfolio Selection Problems [J]. European Journal of Operational Research 2003,150:546-571.

[193] Gutenschwager K,Niklaus C,Voβ S. Dispatching of an Electric Monorail System:Applying Metaheuristics to an Online Pickup and Delivery Problem [J]. Transport Science,2004,38(4):434-446.

[194] 汪定伟. 智能优化算法[M]. 北京:高等教育出版社,2007.

[195] Mu L,Feng Y H,Zhang W M,et al. The Adaptive Optimization of C^2 Organization Decision Layer Structure Based on Nested Improved Simulated Annealing Algorithm[C]// Proceedings for the 2010 IEEE International Conference on Intelligent Computing and Intelligent Systems. Xiamen:IEEE Press, 2010:682-687.

[196] 阳东升,张维明,刘忠,等. 战役任务计划的数学描述与求解算法研究[J]. 系统工程理论与实践, 2006,26(1):26-34.

[197] 李敏强,寇纪淞,林丹. 遗传算法的基本理论与应用[M]. 北京:科学出版社,2002:120-170.

[198] 邢文训,谢金星. 现代优化计算方法[M]. 北京:清华大学出版社,2005.

[199] 王晓晴,唐加福,韩毅. 分散搜索算法研究进展[J]. 系统仿真学报,2009,21(11):3155-3160.

[200] 玄光男,程润伟. 遗传算法与工程优化[M]. 北京:清华大学出版社,2004.

[201] Shirazi B,Wang M F,Pathak G. Analysis and evaluation of Heuristic methods for static task scheduling [J]. Journal of Parallel and Distributed Computing,1990,10(3):222-232.